"十四五"职业教育新形态一体化教材——土木工程类

线桥隧施工测量

（第2版）

主　编　张志刚
副主编　冯海鹏　王昌洪

西南交通大学出版社
·成都·

图书在版编目（CIP）数据

线桥隧施工测量 / 张志刚主编. —2 版. —成都：西南交通大学出版社，2021.12（2024.6 重印）
ISBN 978-7-5643-8401-2

Ⅰ. ①线… Ⅱ. ①张… Ⅲ. ①道路测量 – 高等职业教育 – 教材②桥梁测量 – 高等职业教育 – 教材③隧道测量 – 高等职业教育 – 教材 Ⅳ. ①U412.24②U442.4③U452.1

中国版本图书馆 CIP 数据核字（2021）第 238168 号

Xian-qiao-sui Shigong Celiang

线桥隧施工测量
（第 2 版）

主编　张志刚

责 任 编 辑	王　旻
封 面 设 计	何东琳设计工作室
出 版 发 行	西南交通大学出版社 （四川省成都市金牛区二环路北一段 111 号 　西南交通大学创新大厦 21 楼）
发 行 部 电 话	028-87600564　028-87600533
邮 政 编 码	610031
网　　　　址	http：//www.xnjdcbs.com
印　　　　刷	四川森林印务有限责任公司
成 品 尺 寸	185 mm×260 mm
印　　　　张	13.25
字　　　　数	329 千
版　　　　次	2014 年 5 月第 1 版　2021 年 12 月第 2 版
印　　　　次	2024 年 6 月第 9 次
书　　　　号	ISBN 978-7-5643-8401-2
定　　　　价	42.00 元

课件咨询电话：028-81435775
图书如有印装质量问题　本社负责退换
版权所有　盗版必究　举报电话：028-87600562

第 2 版前言

本教材在 2008 年出版的《线桥隧测量》的基础上经过修改后，2014 年 12 月修订后更名为《线桥隧施工测量》再版，出版以来深受广大读者、教师、学生的好评。

本次修订是以高等职业技术教育培养高素质技术技能型专门人才的目标为指导思想，技术技能并重。按照 TB10101—2018《铁路工程测量规范》、GB/T50308—2017《城市轨道交通工程测量规范》修订。删去了部分传统测量手段，着重体现了现代测量的应用，并在教材中融入了数字资源的内容，以便使学生更好地学习。

本书由陕西铁路工程职业技术学院张志刚任主编，并负责全书修改定稿。冯海鹏（中国中铁一局集团桥梁工程有限公司）、王昌洪（中铁隧道勘测设计院有限公司）任副主编。同时，本次修订过程中得到了中国中铁十二局一、三公司、四公司测量大队、上海华测导航技术股份有限公司及读者给予的支持和帮助，表示衷心的感谢！修订中，对引用了有关资料的作者表示衷心的感谢，对西南交通大学出版社的大力支持和辛勤劳动表示衷心感谢。由于编者水平所限，书中定有疏漏及不妥之处，恳请读者批评指正。

编　者

2021 年 4 月

第 1 版前言

本教材是在 2008 年出版的《线桥隧测量》的基础上经过修改和进一步完善编写而成。本次修订是以高等职业技术教育，培养高素质技能型专门人才的目标为指导思想，对部分文字叙述进行了修改。随着 GPS 全球定位系统在施工中的广泛应用，增加了附录"GPS 定位测量技术基础与应用"。较详细地介绍了 GPS 定位测量的基本原理，施工控制测量基本知识，RTK 放样等内容。

本书由陕西铁路工程职业技术学院张志刚任主编，并负责全书修改定稿。冯海鹏（中国中铁一局集团桥梁工程有限公司）、王昌洪（中铁隧道勘测设计院有限公司）任副主编。第二、五、六、七、十一、十二章由陕西铁路工程职业技术学院张志刚编写；第一章由中国中铁一局第五工程有限公司周建东编写；第八、九、十章由中国中铁一局集团桥梁工程有限公司冯海鹏编写；第三章由天津铁道职业技术学院陈金芳编写；第四章由陕西铁路工程职业技术学院黄跃祥编写；第十三、十四、十五、十六章由中铁隧道勘测设计院有限公司王昌洪编写。附录由陕西铁路工程职业技术学院曾庆伟编写。同时，本书在编写过程中得到了中国中铁一局集团桥梁工程有限公司、中国中铁一局第五工程有限公司、中铁隧道勘测设计院有限公司、天津铁道职业技术学院、陕西铁路工程职业技术学院给予的支持和帮助，表示衷心的感谢！编写中，对引用了有关资料的作者表示衷心的感谢。对西南交通大学出版社的大力支持和辛勤劳动表示衷心感谢。由于编者水平所限，书中定有疏漏及不妥之处，恳请读者批评指正。

编 者

2014 年 2 月

目 录

导入　施工控制测量认知 ……………………………………………………………………… 1
　　知识点1　国家控制网概念 …………………………………………………………………… 1
　　知识点2　施工控制网 ………………………………………………………………………… 2
　　知识点3　施工平面控制网的建立 …………………………………………………………… 3
　　知识点4　施工高程控制网的建立 …………………………………………………………… 6
　　学习情境小结 …………………………………………………………………………………… 6
　　课后训练 ………………………………………………………………………………………… 6

学习情境一　施工控制测量实施 …………………………………………………………… 7
　　任务1　精密导线测量 ………………………………………………………………………… 7
　　任务2　卫星定位平面控制网的建立 ………………………………………………………… 11
　　任务3　三、四等水准测量 …………………………………………………………………… 17
　　任务4　一、二等水准测量 …………………………………………………………………… 21
　　任务5　跨河水准测量 ………………………………………………………………………… 24
　　任务6　光电测距三角高程测量 ……………………………………………………………… 26
　　学习情境小结 …………………………………………………………………………………… 28
　　课后训练 ………………………………………………………………………………………… 29

学习情境二　施工测量放样实施 …………………………………………………………… 31
　　任务1　测设已知水平距离、水平角、高程 ………………………………………………… 31
　　任务2　放样点的平面位置 …………………………………………………………………… 37
　　学习情境小结 …………………………………………………………………………………… 45
　　课后训练 ………………………………………………………………………………………… 45

学习情境三　线路勘测测量实施 …………………………………………………………… 46
　　任务1　初测阶段测量实施 …………………………………………………………………… 46
　　任务2　定测阶段测量实施 …………………………………………………………………… 48
　　任务3　公路路线勘测测量 …………………………………………………………………… 55
　　学习情境小结 …………………………………………………………………………………… 59
　　课后训练 ………………………………………………………………………………………… 59

学习情境四　线路中线测量实施 ·· 60
任务1　施工测量复测 ·· 60
任务2　线路平面曲线认知 ·· 64
任务3　单圆曲线主点测设 ·· 66
任务4　单圆曲线详细测设 ·· 68
任务5　缓和曲线认知 ·· 72
任务6　缓和曲线连同圆曲线的曲线主点测设 ·· 74
任务7　缓和曲线详细测设 ·· 77
任务8　线路中线坐标计算 ·· 81
任务9　非完整缓和曲线坐标计算 ·· 86
学习情境小结 ·· 89
课后训练 ·· 89

学习情境五　路基施工测量实施 ·· 90
任务1　线路曲线调整 ·· 90
任务2　控制桩的保护 ·· 91
任务3　路基施工测量 ·· 92
任务4　路基高程放样 ·· 99
学习情境小结 ·· 103
课后训练 ·· 103

学习情境六　桥梁施工测量实施 ·· 104
任务1　桥梁施工控制测量 ·· 104
任务2　桥梁下部结构施工测量 ·· 109
任务3　桥梁上部结构施工测量 ·· 120
学习情境小结 ·· 131
课后训练 ·· 131

学习情境七　隧道控制测量实施 ·· 132
任务1　隧道地面控制测量 ·· 132
任务2　洞内控制测量 ·· 137
学习情境小结 ·· 139
课后训练 ·· 140

学习情境八　隧道施工测量实施 ·· 141
任务1　线路进洞关系计算和进洞测量 ·· 142
任务2　导坑延伸测量 ·· 151

  任务3 隧道实际贯通误差的测定与调整……………………………………………153
  任务4 隧道断面放样………………………………………………………………158
  任务5 洞内水准测量………………………………………………………………160
  任务6 隧道竣工测量………………………………………………………………161
  学习情境小结……………………………………………………………………………161
  课后训练…………………………………………………………………………………161

学习情境九 地铁地表控制测量实施……………………………………………………162
  任务1 地表平面控制测量……………………………………………………………162
  任务2 地表高程控制测量……………………………………………………………167
  学习情境小结……………………………………………………………………………169
  课后训练…………………………………………………………………………………170

学习情境十 施工控制测量实施…………………………………………………………171
  任务1 加密控制测量…………………………………………………………………171
  任务2 竖井联系测量…………………………………………………………………174
  任务3 洞内控制测量…………………………………………………………………182
  任务4 明挖与高架地段控制测量……………………………………………………184
  学习情境小结……………………………………………………………………………187
  课后训练…………………………………………………………………………………187

学习情境十一 地铁施工测量实施………………………………………………………188
  任务1 明挖施工测量…………………………………………………………………188
  任务2 盾构隧道施工测量……………………………………………………………190
  任务3 结构断面测量…………………………………………………………………196
  学习情境小结……………………………………………………………………………202
  课后训练…………………………………………………………………………………202

参考文献………………………………………………………………………………………203

导入　施工控制测量认知

【学习目标】

1. 通过案例教学，熟悉工作内容。学会制订不同等级工程控制测量的方案；
2. 学会正确查阅规范、理解规范条例；
3. 了解施工平面控制测量、高程控制测量网的布设形式；
4. 了解各种平面控制网形式适用范围；
5. 了解布设工程控制网的重要性与特点。

【学习指南】

测量误差是客观存在的，随着测量点位逐点传递、范围扩大，误差呈现积累性，使建筑物放样点位偏离设计位置。如何确保各项构筑物放样点能以规定的精度标定位置呢？为限制测量误差的传播和积累，有必要逐级建立工程控制网。工程控制网是指为工程建设项目布设的测量控制网。根据工程项目不同、精度要求不同，建立相应等级工程控制网与制订方案。

工程控制测量认知分为4个知识点，分别为国家控制网概念、工程控制网、工程平面控制网的建立、工程高程控制网的建立。

知识点 1　国家控制网概念

一、平面控制网布设

为各种测绘工作在全国范围内建立的基本控制网称为国家控制网。国家平面控制网的布设原则是分级布网、逐级控制，按其精度由高级到低级分一、二、三、四共4个等级。如图 0.1.1 中的粗实线部分为一等三角网，也称为一等三角锁，是在全国范围内沿经线和纬线方向布设的，是全国平面控制网的骨干，是作为低级三角网的坚强基础，也可为研究地球形状和大小提供资料。如图 0.1.1 中的细实线部分是二等三角网是布设在一等三角锁环内，形成国家平面控制网的全面基础。三、四等三角网是以二等三角网为基础的进一步加密网，用插点或插网形式布设。如图 0.1.2 所示为三、四等三角网，A、B、C、D、E 为二等三角点，其余为加密三、四等三角点。

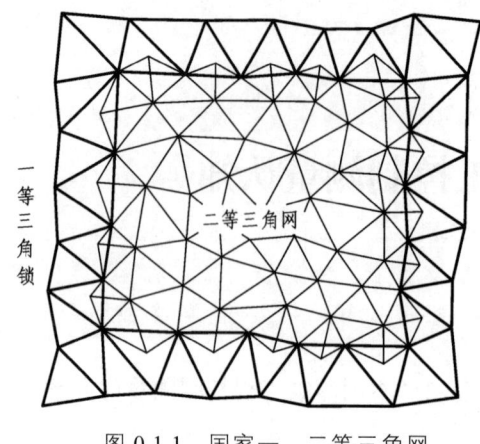

图 0.1.1　国家一、二等三角网　　　　图 0.1.2　三、四等三角网

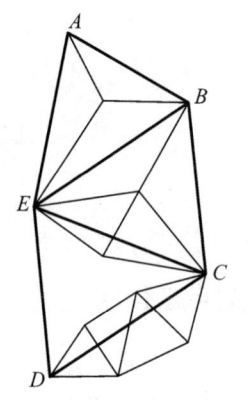

二、高程控制网布设

由国家专业测绘部门，用精密水准测量的方法，在全国范围内建立的高程控制网，称为国家水准网。国家水准网是全国范围内施测各种比例尺地形图和各类工程建设的高程控制基础。

国家水准网的布设原则是：从整体到局部，由高级到低级，分级布设，逐级控制。国家水准网分为一、二、三、四共 4 个等级。一等水准网是在全国范围内布设成环形水准网，是精度最高的高程控制网，是国家高程控制网的骨干，同时也是研究地壳和地面垂直运动以及有关科学的依据。二等水准网是布设在一等水准环线内，构成国家高程控制网的全面基础。一、二等水准测量统称为精密水准测量。三、四等水准网一般是根据需要在一、二等水准网内加密，是直接提供地形测图和各种工程建设所必需的高程控制点。

知识点 2　施工控制网

施工测量的目的是将建筑物按照设计要求，准确地把建筑物的位置测设于地面上并对建筑物本身各个部分进行测设，且必须达到规定精度。为达到上述要求，工程测量同样遵循测量的基本原则："先整体后局部，先控制后碎部。"例如：对于长大隧道施工可能存在横向贯通误差超过规定的限制，从而导致衬砌、中线不能正确衔接；对桥梁施工可能存在桥轴线长度精度不足，从而影响桥梁墩台中心之间的跨距精度。因此，施工控制测量的任务是逐级建立控制网，保证各项建筑物修建时，平面位置和高程放样的精度达到规定要求。同时，为了在工程施工过程中或竣工后监测建筑物的变形，需要建立专门的变形监测控制网。

工程建设项目的实施分为 3 个阶段：勘测设计阶段、工程施工阶段、运营管理阶段。不同的阶段有着不同的测量任务，因此，布设各级控制网的目的、技术等级、布设要求与形式、测量方法不完全相同。

工程施工控制网有以下几个特点：

（1）单体工程施工控制网控制范围较小、精度要求高，这是因为施工放样时对于建筑物主轴线及点位的限差要求较小。例如：4 km以下的山岭隧道从两端相向开挖，在贯通面的中线横向贯通误差不大于10 cm。控制点密度应满足施工放样的要求，便于设定放样点的位置。

（2）控制点直接用于放样，使用频繁。例如：桥梁墩台施工中从基础到台帽要经过多次放样工作，因此，控制点应具有稳定性，埋设要稳固。

（3）单体工程施工控制网坐标系常使用独立施工坐标系。所谓施工坐标系，是指以建筑物主轴线为坐标轴建立的独立坐标系统，布设时应尽可能将主轴线作为控制网的一条边。如桥轴线、曲线隧道位于曲线的切线，工业厂房的主轴线和车间主要设备的轴线等均可作为坐标轴。

（4）"三网合一"消除3个独立控制网间存在的系统误差，使设计线路定位、施工放样更准确，减少设计与施工的协调。

知识点3 施工平面控制网的建立

平面控制测量的任务，是针对工程对象布设一系列平面控制点，用精密仪器和精密测量方法测量控制点间的角度、距离，根据起算点的平面坐标、起算边方位角，从而计算出各控制点的平面坐标。由控制点组成的几何图形称为平面控制网。

近些年来，随着我国铁路建设的需要，原有分阶段布设不同等级工程控制网已不能满足放样点位的精度要求。即现行铁路TB10101—2018规范规定采用"三网合一"方案，就是勘测控制网、施工控制网、运营控制网3个阶段的控制网采用同一基准，坐标系统、高程系统统一、起算基准统一。建立基础平面控制网（CPⅠ），为勘测、施工、运营维护提供坐标基准；线路平面控制网（CPⅡ）为勘测、施工提供控制基准；轨道控制网（CPⅢ）为轨道铺设和运营维护提供控制基准。

高速公路控制网采用两级建立平面控制网，首级控制利用GPS沿公路线布平面三角网。在此基础上建立定测、施工控制，以导线形式加密，建立控制网。

平面控制网的建立，可采用导线测量、三角形网、全球定位测量。随着全站型电子测距仪的智能化、卫星定位技术的发展，导线控制测量与卫星定位控制测量已成为建立工程平面控制网的主要方法。施工平面控制测量任务，一是平面控制网复测，二是加密控制网、控制点，为施工放样提供控制点。

一、导线测量

导线测量将各控制点组成连续的折线或多边形，如图0.3.1所示。这种图形构成的控制网称导线网，也称导线。相邻边的转折点称为导线点。测量相邻导线边之间的水平角、各导线边长，根据起算点的平面坐标和起算边的方位角，计算各导线点坐标，这项工作称为导线测量。

(a) 线路附合导线

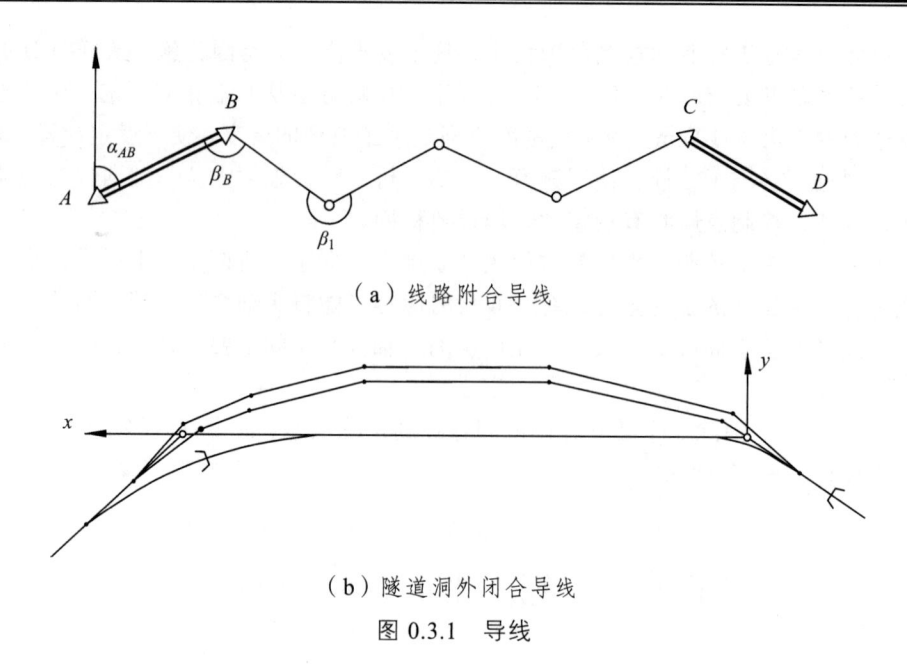

(b) 隧道洞外闭合导线

图 0.3.1　导线

二、三角形网测量

三角形网测量是将各控制点组成互相连接的一系列三角形（见图 0.3.2），而由这种图形构成的控制网称为三角形网，三角形的顶点称为三角点。测量三角形的一条边和全部三角形内角，根据起算点的坐标与起算边的方位角，按正弦定律计算其余各边边长与方位角，继而计算出各点的坐标，这项工作称为三角形测量。

(a) 单三角锁　　　　　　(b) 大地四边形

图 0.3.2　三角形网

三边测量是建立工程控制网的方法之一。它是指使用全站型光电测距仪，采取只测量边长，按三角学原理推算各三角形内角，从而计算出各边方位角和各三角点的方法。其优点是较好地控制了边长误差，工作效率高。对于测边单三角，无校核条件。

三、卫星定位测量

全球卫星定位系统（Global Positioning System，GPS）是指具有在海上、陆地、空中进行全方位实时三维导航与定位能力的新一代卫星导航与定位系统。GPS测量以全天候作业、定位精度高、测站间无须通视、观测时间短等显著特点，成功地应用于工程控制测量，如南京长江第三桥、西康公路、铁路秦岭终南山隧道及线路等。

图 0.3.3 所示为线路控制网网形，卫星定位控制测量是在一组控制点上安置卫星地面接收机，用以接收卫星信号，并运用几何与物理的一些基本原理，利用空间分布的卫星以及卫星与地面两点间的距离，通过一系列数据处理，获取控制点的坐标。随着硬件设备的不断发展和数据处理技术的进一步完善，利用该系统，用户能够进行高精度的精密定位，从而作为高等级平面控制测量的技术手段。目前，该技术已广泛应用于各种类型的工程建设当中。利用该技术进行施工平面控制测量工作，可以避免传统测量仪器因选点或观测环境等因素所受到的限制。

图 0.3.3　线路控制网网形

卫星定位测量是通过安置在测站点上的地面接收机来接收天上卫星所发射的定位信号以测定该点的坐标，并通过内业数据处理，从而得到测站点在国家统一坐标系或地方独立坐标系下的坐标。卫星定位测量与传统测量技术相比较，前者具有以下几方面的优点：

1. 测站间无须通视

卫星定位测量不要求测站点之间相互通视，只需测站点上空开阔即可。因此，在林区测量工作当中，既解决了传统测量仪器需要点与点之间通视的难题，又节省了大量的造标费用。

2. 定位精度高

实践证明，GPS 相对定位精度在 50 km 以内可以达到 10^{-6}，100～500 km 可达 10^{-7}，1 000 km 以上可达 10^{-9}。在 300～1 500 m 的精密工程定位当中，当观测时段长度大于 1 h 时，GPS 接收机所确定的测站坐标平面位置误差小于 1 mm，与 ME-500 电磁波测距仪测定的边长比较，其边长较差最大为 0.5 mm，较差中误差为 0.3 mm。以上所进行的精度比较说明 GPS 测量技术应用于工程测量工作完全是可行的。

3. 观测时间短

随着 GPS 定位系统的不断完善，软件的不断更新，目前 20 km 以内相对定位，仅需 15～20 min；快速静态相对定位测量时，当每个流动站与基准站相距 15 km 以内时，流动站观测时间只需 1～2 min；动态相对定位测量当中，流动站出发时观测 1～2 min，然后可以随时定位，每站只需几秒钟。

4. 可提供三维坐标

经典大地测量将平面和高程采用不同的方法分别进行施测，GPS 可以同时测得点的三维坐标。目前，卫星定位水准可以达到四等水准测量的精度。

5. 操作简便

测绘仪器的发展，有一个重要特点就是不断使观测者的操作量降低，劳动强度降低。随着卫星定位接收机不断改进，自动化程度越来越高，接收机的体积越来越小，质量越来越轻，极大地减轻了测量工作者的劳动强度，使野外工作变得较为轻松。

6. 全天候作业

目前，卫星定位观测可以在一天的任何时间进行，不受阴天黑夜、刮风下雨等天气的影响。但雷雨天气不要作业，以免遭受雷击，造成安全事故。

知识点 4 施工高程控制网的建立

高程控制测量的目的，是建立与施工高程放样精度相对应的水准点，以便在施工中对建筑物、构筑物的高度进行控制。铁路高程控制分 2 级布设：第一级为线路水准基点控制网，是铁路工程勘测设计、施工、运营维护的高程基准；第二级为 CPⅢ高程网，是轨道施工、维护的高程基准。

《铁路工程测量规范》规定：高程控制测量的等级划分为一、二、精密水准、三、四、五共 6 个等级。公路工程高程控制测量划分的等级为二、三、四、五共 4 个等级。高速公路采用四等水准测量建立路线高程控制。高程控制测量的建立可采用水准测量和光电测距三角高程测量。光电测距三角高程测量一般可代替二、三、四、五等水准测量。

施工高程控制测量有两项任务：一是对设计部门移交水准点进行复测；二是为满足施工放样需要，在施工标段内增设水准点，即加密高程控制点。加密水准点的精度必须满足高程放样精度，水准路线应起讫于复测后的水准点，采用闭合水准路线或附合水准路线。

学习情境小结

工程控制测量有别于小地区图根控制，依据工程规模、特点、施工方法不同，控制测量等级不同，所采用仪器精度、测量观测、成果处理方法不同。根据工程项目导线网可布设成附合导线、闭合导线、结点导线等形式。卫星定位控制网应按照观测要求布网。三角网、边角网、三角形网不再严格区分，因为应用是综合运用，不再是单一网，所以统称为三角形网。

本知识点主要按照《铁路工程测量规范》、相关行业测量规范组织测量工作。应审核施工图，熟悉施工场地环境、工程放样精度要求，确定控制网布设形式、等级、观测方法。通过知识点的学习，全面了解施工控制测量建立的基础知识。

课后训练

1. 施工控制测量的任务是什么？
2. 什么是"三网合一"？其目的如何？各级平面控制网建立的作用是什么？
3. 工程施工控制网有哪些特点？
4. 平面控制测量的任务是什么？建立平面控制网有哪些方法？
5. 施工高程控制测量有哪两项任务？

学习情境一　施工控制测量实施

【学习目标】

1. 能实施精密导线测量工作的方案制订及观测、记录、精度评定；
2. 能实施卫星定位测量外业数据采集与设备操作；
3. 能实施二、四等水准测量工作的方案制订及观测、记录、精度评定；
4. 了解卫星定位控制网的技术设计内容，会查阅相关规范；
5. 能实施卫星定位测量外业数据采集及相应操作；
6. 能实施跨河水准测量；
7. 能实施光电三角高程测量。

【学习指南】

本内容一般适用于公路、铁路工程的线路，桥梁、隧道的施工控制和加密控制点，单体工程的平面控制、高程控制。本情境学习主要掌握精密导线测量水平角左、右角操作方法，水平角计算。此方法适用两个方向，3个方向仍采用方向法观测；掌握 GNSS 网布设、外业数据采集。卫星定位平面控制网具有精度高、精度分布均匀、测站间无须通视、观测时间短、操作简单、全天候观测、可提供三维坐标等优点，广泛用于单体工程控制网与加密控制点的工作。单体工程一般由设计单位进行控制测量工作，然后移交施工单位，施工单位需要进行复测确认。为满足施工放样要求，可进行控制点的加密。对于卫星定位高程精度还不能满足精度要求较高的工程项目，因此应采用水准测量方法作业。掌握二、四等水准测量观测、记录计算。电子水准仪、全站仪、卫星定位接收机已广泛用于水准测量、导线测量等工程施工的各环节，通过实践训练达到熟练操作。

本学习情境主要包括6项任务：精密导线测量；卫星定位平面控制网的建立；三、四等水准测量；一、二等水准测量；跨河水准测量；光电测距三角高程测量。

任务1　精密导线测量

工程精密导线是建立精度要求较高的工程建筑物施工平面控制的方法之一，还可以用于地形测图控制的首级控制。精密导线的布设形式与一般导线相同，不同之处在于对精密导线的测角、测距精度要求较高，且观测方法不同。全站仪、光电测距仪的发展，使得测距工作的劳动强度大大减轻，并具有效率高、精度高、方便快捷等优点。采用全站仪、光电测距仪测距的精密导线在工程平面控制中已成为主要方法。国家精密导线的等级划分为一、二、三、四4个等级,且测角和测距精度相匹配。铁路工程测量规范中,根据工程项目的不同有相应的技术规范,如隧道洞内外精密导线主要是适应隧道横向贯通精度的要求。铁路测量将精密导线划分为一等GPS、二、三、四4个等级。

一、精密导线的布设

工程精密导线的布设与所要求的导线精度、施工方法、构筑物的形状、施工放样所需要的导线点密度有着密切关系。就导线的精度而言,一方面取决于导线转折角施测精度和边长施测精度,另一方面和导线本身的结构有关。导线的结构一般有附合导线、闭合导线、导线网。导线从形状来说有直伸形、曲折形和闭合环形。例如:隧道洞外精密导线应适应隧道横向贯通精度这一主要施工精度的要求,因此导线的主要延伸方向要尽可能与贯通面垂直,也就是说与相向开挖的两洞口的连线近似平行。将导线布置成直伸形,避免较大的弯曲,尽量减少边数,这样在相同的测角、测距条件下,这种布置形式可以在很大程度上减弱测量误差对横向贯通精度的影响。洞内精密导线的直伸或曲折完全取决于隧道的形状,在隧道的曲线地段,导线边长必然受到通视条件的影响,洞内导线点的密度要照顾到线路中线点的放样等。因此,工程精密导线的布置必须考虑工程特点所需要的特殊要求。控制测量导线可布设成附合导线、闭合导线或导线网。

二、导线水平角测量方法

导线测角应按测量设计中设计精度施测,一般采用1″级仪器或2″级仪器,根据测角中误差要求,参照表1.1.1选择角度观测的测回数。

表1.1.1 导线测量的主要技术要求

等级	测角中误差/(″)	测距相对中误差	方位角闭合差/(″)	导线全长相对闭合差	测回数			
					0.5″级仪器	1″级仪器	2″级仪器	6″级仪器
二等	1	1/250 000	±2$\sqrt{n}$	1/100 000	6	9	—	—
隧道二等	1.3	1/200 000	±2.6$\sqrt{n}$	1/100 000	6	9	—	—
三等	1.8	1/150 000	±3.6$\sqrt{n}$	1/550 00	4	6	10	—
四等	2.5	1/100 000	±5$\sqrt{n}$	1/400 00	3	4	6	—
一级	4	1/500 00	±8$\sqrt{n}$	1/200 00	—	2	2	—
二级	7.5	1/250 00	±15$\sqrt{n}$	1/100 00	—	—	1	2

导线测角的方法一般采用测回法和方向观测法。为了减弱仪器、觇标对中误差,导线测角可以采用在测回间将仪器和觇标多次重新置中的方法(重新置中2次或3次),减弱仪器、觇标对中误差。另一种方法是三联脚架法测角。所谓三联脚架法,即使用统一规格的仪器基座,安置在前后连续3个导线点的脚架上,使仪器和觇标在基座上轮换安置进行测角的方法。如图1.1.1所示,当测B点的水平角时,分别在A、B、C点各架设1个三脚架,将基座安置

在 A、B、C 三点的三脚架上，用基座上的光学对中器和水准器进行对中、整平，将仪器安置在 B 点基座上，进行观测。在 B 点观测完后，将照准部由基座中轻轻取出，安置在 C 点的基座上，B 点基座不动，安置觇标，同时 A 点基座移至 D 点对中、整平，即可进行 C 点的观测。以后都按这一方法进行观测。特别要注意的是：除了在 D 点新设置的基座要对中、整平以外，原先使用过的 B、C 两点的基座，在互换仪器和觇标后不要再重新对中。这是一种强制对中的方法，使仪器和觇标的中心分别强制在原先的仪器和觇标中心的同一位置上，从而减少了仪器和觇标的对中误差。

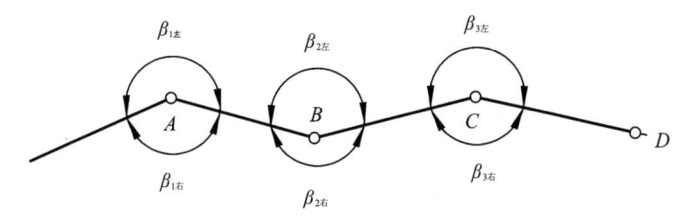

图 1.1.1　导线水平角观测方法

三、四等级导线时，若为两个方向可以采用左右角观测，导线水平角的观测，应在观测总测回数中以奇数测回和偶数测回分别观测导线前进方向的左角和右角。

如果每角观测 8 个测回，则 1、3、5、7 测回观测左角，2、4、6、8 测回观测右角。左、右角分别取中数后，按式（1.1.1）计算圆周角闭合差。闭合差不应大于相应等级测角中误差的两倍。

$$\varDelta = [左角]_中 + [右角]_中 - 360° \qquad (1.1.1)$$

$\varDelta$ 在限差以内时，可将观测所得结果统一归算为左角或右角，测角结果取平均值按式（1.1.2）、式（1.1.3）计算。

$$左角 = \frac{[左角]_中 + (360° - [右角]_中)}{2} \qquad (1.1.2)$$

$$右角 = \frac{[右角]_中 + (360° - [左角]_中)}{2} \qquad (1.1.3)$$

角度观测值取位 0.1″，水平角的各项限差如表 1.1.2 所示。

表 1.1.2　导线水平角方向法观测的主要技术要求

等级	仪器等级	半测回归零差 /(″)	一测回内各方向 2C 互差 /(″)	同一方向值各测回较差 /(″)
四等及以上	0.5″级仪器	4	8	4
	1″级仪器	6	9	6
	2″级仪器	8	13	9
一级及以下	1″级仪器	8	13	9
	2″级仪器	12	18	12
	6″级仪器	18	—	24

三、工程精密导线边长测量

精密导线的边长测量,目前已广泛采用全站仪、光电测距仪。铁路测量规范规定了与要求测距精度相匹配的仪器等级和测回数,如表 1.1.3 所示。导线边长测量进行仪器加常数、乘常数和气象改正,距离归算至工程设计投影高程面上。

表 1.1.3 边长测量技术要求

等级	测距仪器精度等级	每边测回数 往测	每边测回数 返测	一测回读数较差/mm	测回间较差/mm
二等、隧道二等	I	4	4	2	3
二等、隧道二等	II			5	7
三等	I	2	2	2	3
三等	II	4	4	5	7
四等	I	2	2	2	3
四等	II			5	7
四等	III	4	4	10	15
一级及以下	I	1	1	2	—
一级及以下	II			5	—
一级及以下	III	2	2	10	15
一级及以下	IV			20	30

注:一测回指全站仪盘左、盘右各测量一次。

四、工程精密导线平差计算

对于导线环的角度闭合差的限差可按式(1.1.4)计算,即

$$\omega_\beta = \pm 2 m_\beta'' \sqrt{n} \tag{1.1.4}$$

式中 m_β'' ——设计的测角中误差(″);

n ——导线环内角个数。

导线环的测角中误差可按式(1.1.5)计算,即

$$m_\beta'' = \pm \sqrt{\frac{[f_\beta^2/n]}{N}} \tag{1.1.5}$$

式中 f_β ——导线环角度闭合差或附合导线的方位角闭合差(″);

n ——计算 f_β 时内角个数;

N ——导线环的个数及附合导线的个数。

导线环(网)的平差计算,一般采用条件平差或间接平差,这种计算特别麻烦。在计算机软件技术不断发展的今天,测量平差软件得以推广应用,平差计算已不再是难题。目前均采用严密平差。

任务 2　卫星定位平面控制网的建立

具有全球导航定位能力的卫星定位导航系统称为全球卫星导航系统，英文全称为 Global Navigtion Satallite System，英文缩写 GNSS。目前已有的导航系统有：美国的全球卫星定位系统（GPS）：（24+6）；俄罗斯的全球卫星导航系统（GLONASS）：（30）。正在发展的有欧盟的伽利略全球卫星定位系统（GALILEO）：（27+3）；中国的北斗卫星导航系统（COMPASS）：（30+5）。本任务主要认识全球卫星定位系统（GPS）的原理与完成工程建设平面控制网的建立。

一、GPS 定位系统的组成

GPS 的整个系统由空间部分、地面监控部分、用户部分三大部分组成，如图 1.2.1。

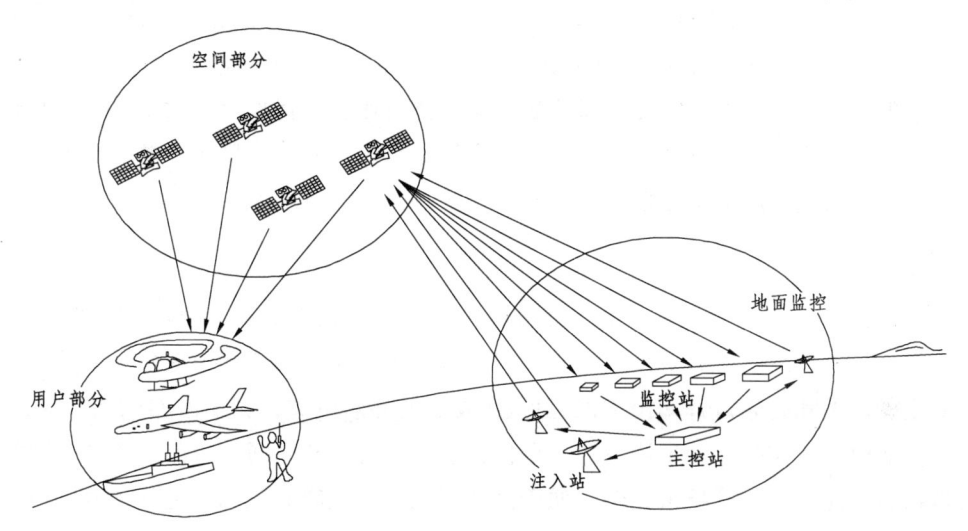

图 1.2.1　GPS 定位系统的组成

1. 空间部分

如图 1.2.2 所示，GPS 的空间部分由 24 颗工作卫星组成 GPS 卫星星座，其中 21 颗为可用于导航的卫星，3 颗为可活动的备用卫星。这 24 颗卫星分布在 6 个倾角为 55°的轨道平面上绕地球运行，各轨道面之间夹角为 60°，运行轨道平均高度为 20 200 km，卫星运行周期 11 h 58 min（12 恒星时）。这样的布局可以保证地球上任一点，任意时刻可以收到 4 颗以上卫星信号，实现实时定位。图 1.2.3 为工作卫星外形，主要作用是向地面用户连续不断发射用于定位导航的卫星信号。

2. 地面监控部分

GPS 的监控部分是由分布在全球的若干个跟踪站构成的监控系统组成，根据作用不同，监控系统由 1 个主控站、5 个监控站、3 个注入站组成。

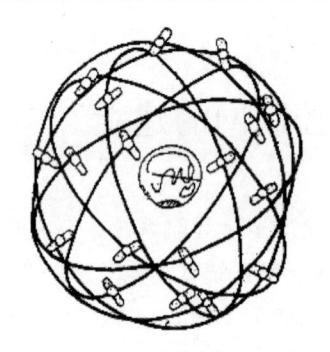

图 1.2.2　GPS 卫星星座分布　　　　图 1.2.3　GPS 工作卫星

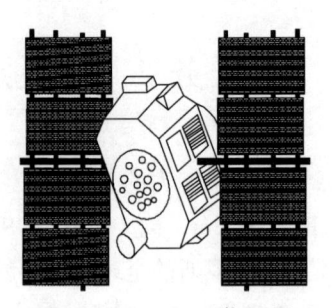

（1）主控站设立在美国科罗拉多的法尔孔空军基地。它的作用是根据各监控站对 GPS 卫星的观测数据，计算出各卫星的星历、卫星状态、钟差改正等参数，并将这些数据通过注入站注入卫星中；同时，它还对卫星进行控制，向卫星发布指令，当工作卫星出现故障时，调度备用卫星，替代失效的工作卫星工作。同时具有监控站的作用。

（2）监控站 5 个，除主控站外，其他 4 个分别设立于夏威夷、阿松森群岛、迭哥伽西亚、卡瓦加兰，它们的主要作用是接收 GPS 卫星信号，监测卫星工作状态。

（3）注入站 3 个分别设立于阿松森群岛、迭哥伽西亚、卡瓦加兰，其主要作用是将主控站计算出的卫星星历、导航电文等信息注入相应的卫星，再通过卫星将导航电文传递给地面上的用户。用户通过导航电文才能确定出 GPS 卫星在各时刻的具体位置。

3. 用户部分

GPS 用户部分由 GPS 信号接收机、机内软件以及 GPS 数据的后处理软件包等组成。GPS 信号接收机的任务是跟踪可见卫星，捕获一定卫星高度截止角的待测卫星信号，并对卫星信号进行变换、放大和处理，解译出 GPS 卫星所发送的导航电文，测量出 GPS 信号从卫星到接收机的传播时间，实时计算出测站的三维位置、三维速度和时间。目前，各种类型的 GPS 接收机体积越来越小，质量越来越轻，便于野外观测，并且随着技术的进步，其定位导航的精度也逐步得到提高。以上这 3 个部分共同组成了一个完整的 GPS 系统。

二、GPS 定位原理

GPS 定位基本原理是利用空间距离后方交会法确定点的位置。利用 GPS 进行定位有多种方式，如果按参考点位置不同，可以分为绝对定位和相对定位；按用户接收机天线所处的状态而言，定位方式又可分为静态定位和动态定位。

1. 绝对定位

绝对定位也称为单点定位，即在协议地球坐标系中，利用一台接收机来测定接收机天线相位中心在该坐标系中的绝对位置。GPS 定位所采用的协议地球坐标系为 WGS-84 坐标系。因此单点定位的最初坐标成果为 WGS-84 坐标。

如图 1.2.4 所示。现在欲确定待测点 P 的空间位置，可以在该处安置一台 GPS 接收机，如果在同一时刻，测得了 4 颗 GPS 卫星 A、B、C、D 到接收机的距离 S_{AP}、S_{BP}、S_{CP}、S_{DP}，并解算出同一时刻 GPS 卫星空间坐标，利用距离交会法解算出测站点 P 的坐标。

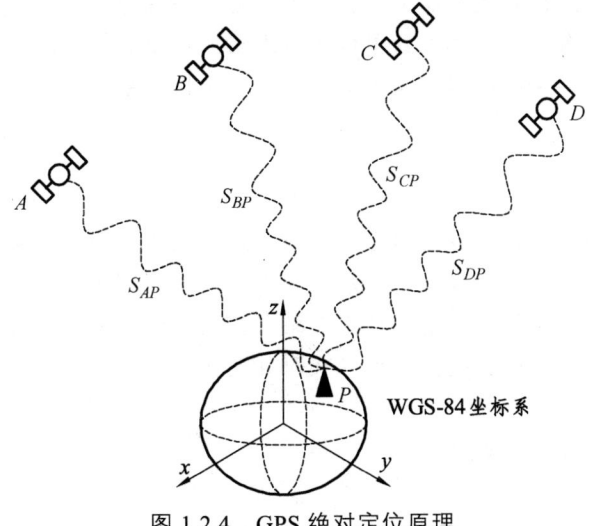

图 1.2.4 GPS 绝对定位原理

2. 相对定位

相对定位是用两台 GPS 接收机，分别安置在基线的两端 P_1 和 P_2，同步观测相同的卫星，通过两测站同步采集 GPS 数据，并经过数据处理以确定基线两端点的相对位置或基线向量，如图 1.2.5 所示。这种方法可以推广到多台 GPS 接收机安置在若干条基线的端点，通过同步观测相同的 GPS 卫星，以确定多条基线向量。相对定位中，需要多个测站中至少一个测站的坐标值是已知的。以该站点为基准，利用观测解算获得的基线向量，去求解出其他各站点的坐标值。

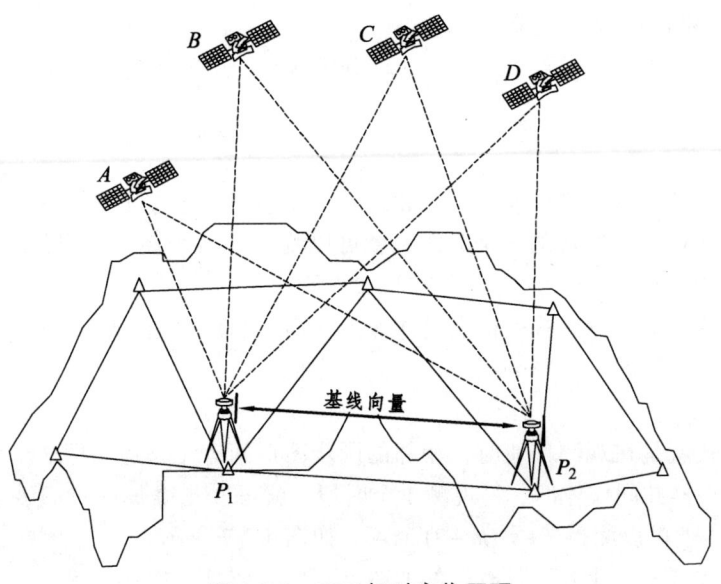

图 1.2.5 GPS 相对定位原理

3. 静态定位

静态定位是指 GPS 接收机在进行定位时，待定点的位置相对其周围的固定点位没有发生变化，其天线位置处于固定不动的静止状态。即在定位过程中，将接收机安置在测站点上并固定不动。严格说来，这种静止状态只是相对的，通常指接收机相对于其周围点位没有发生变化。由于接收机的位置固定不动，就可以进行大量的重复测量，所以静态定位精度高，可靠性好，在大地测量、精密工程测量当中应用广泛，是目前精密定位中的基本模式。

4. 动态定位

动态定位是指在定位过程中，接收机位于运动着的载体上，接收机通过接收 GPS 卫星信号实时地测定运动载体的位置。其特点是测定一个点的实时位置所采集的多余观测量少，因此定位精度低，一般不能应用于高精度测量工作中，主要应用于导航等方面，可以达到几十米的精度。目前，动态定位与相对定位技术的结合在实际应用中越来越广泛，并且定位的精度相比动态定位而言，也有质的提高，比如实时载波相位差分技术（RTK）的应用。

三、GPS 控制网的建立

GPS 控制测量与常规控制测量类似，其内容包括技术设计、外业实施、数据处理 3 个阶段。

（一）技术设计

技术设计是根据 GPS 测量用途及用户要求，依据国家、行业 GPS 测量规范、规程、法规等条款，对控制网图形、精度、基准设计，作业纲要做出具体规定和要求。

（二）外业实施

1. GPS 控制网的布设及选点

采用同步图形扩展式布设的 GPS 控制网，其观测作业方式主要有以下几种形式：点连式、边连式和混连式。

（1）点连式。

定义：点连式就是在观测作业时，相邻的同步图形间只通过 1 个公共点相连。这样，当有 m 台仪器共同作业时，每观测 1 个时段，就可以测得 $m-1$ 个新点，当这些仪器观测了 s 个时段后，就可以测得 $1+s\cdot(m-1)$ 个点，如图 1.2.6 所示。

特点：点连式观测作业方式的优点是作业效率高，图形扩展迅速；它的缺点是图形强度低，如果连接点发生问题，将影响到后面的同步图形。

（2）边连式。

定义：边连式就是在观测作业时，相邻的同步图形间有 1 条边（即 2 个公共点）相连。这样，当有 m 台仪器共同作业时，每观测 1 个时段，就可以测得 $m-2$ 个新点，当这些仪器观测了 s 个时段后，就可以测得 $2+s\cdot(m-2)$ 个点，如图 1.2.7 所示。

特点：边连式观测作业方式具有较好的图形强度和较高的作业效率。

（3）混连式。

定义：在实际的 GPS 作业中，一般并不是单独采用上面所介绍的某一种观测作业模式，而是根据具体情况，有选择地灵活采用这几种方式作业，这种观测作业方式就是所谓的混连式，如图 1.2.8 所示。

特点：混连式观测作业方式是我们实际作业中最常用的作业方式，它实际上是点连式、边连式和网连式的一个结合体。

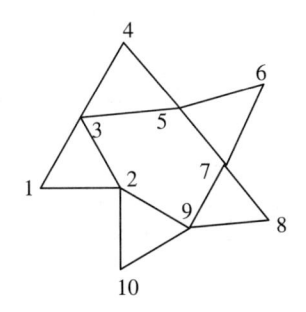

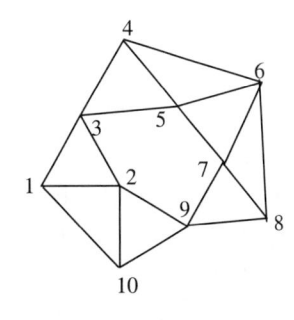

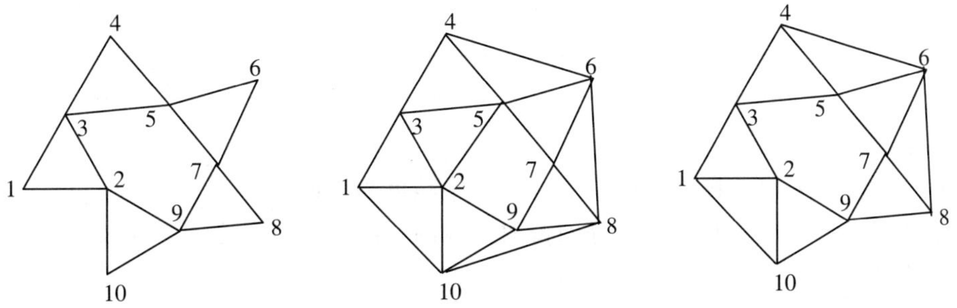

图 1.2.6　点连式异步网　　图 1.2.7　边连式异步网　　图 1.2.8　混连式异步网

2. 选点与埋点

（1）GPS 网应根据测区实际需要和交通状况，作业时的卫星状况，预期达到的成果精度等因素，按照优化设计的原则进行。

（2）GPS 网点之间不需要通视，但考虑常规测量方法加密时的应用，每点应有一个以上的通视方向。

（3）因 GPS 卫星定位测量所得的测站点坐标属于 WGS-84 坐标系下的坐标，为将其转化为国家统一坐标系或地方独立坐标系下的坐标，在设计 GPS 网时或加密控制点时，要考虑联测一定数量的常规控制点和基准点。

（4）为保证对卫星的连续跟踪观测和卫星信号的质量，要求测站上空应尽可能地开阔，GPS 点视场内不应有高度角大于 15°的成片障碍物。

（5）同时为避免或减少多路径效应的发生，测站应远离对电磁波信号反射强烈的地形、地物，如高层建筑、成片水域等。

（6）GPS 点位要选择在地面基础稳定、易于长期保存的地方。

（7）点位需要水准联测时，应踏勘水准路线，便于水准测量实测。

（8）点位附近不应有强烈干扰卫星信号接收的物体。点位距大功率无线电发射源（如电视台、电台、微波站等）的距离应不小于 200 m，距 220 kV 以上电力线路的距离应不小于 50 m；GPS 控制点之间的距离不宜小于 300 m。

（9）按技术设计书要求进行标志埋设（不同等级有不同的标志埋设）。

（10）做好 GPS 点之记，选点网图。

3. GPS 点观测

（1）基本技术规定。

GPS 网分为 A、B、C、D、E 级网，观测的基本技术规定如表 1.2.1 所示：A 级网观测技术要求按相关规定执行。

表 1.2.1　观测基本技术要求

项　目	级　别			
	B	C	D	E
卫星高度截止角/°	10	15	15	15
同时观测有效卫星数/个	≥4	≥4	≥4	≥4
有效观测卫星总数/个	≥20	≥6	≥4	≥4
观测时段数/个	≥3	≥2	≥1.6	≥1.6
时段长度	≥23 h	≥4 h	≥60 min	≥4 min
采样间隔/s	30	10～30	5～15	5～15

（2）观测。

① 天线安置在脚架上直接对中整平时，对中精度为 1 mm。

② 每时段观测应在测前、测后分别量取天线高，两次天线高之差不应大于 3 mm，并取均值作为天线高。

③ 观测时应防止人员或其他物体触动天线或遮挡信号。

④ 若在观测期间下雨，可用白色塑料袋轻轻地套在 GPS 接收机上，防止雨水进入 GPS 接收机和电池盒内。

⑤ 作业过程中禁止在天线附近使用对讲机、手机。

⑥ 多台接收机工作时，一个时段观测的开始与结束，应同步进行。观测过程中不允许关闭又重新启动，改变卫星高度角，改变天线位置，改变数据采样间隔。

⑦ GPS 开机接收信号后，应及时将测站名、仪器编号、接收机名称、观测日期、开机时间、关机时间、天线高、观测人名、工程项目名等在记录表中填写完全。

⑧ 每日观测结束后，应将外业数据文件及时下载到电脑里，不得做任何剔除或修改，文件应以工程项目名作目录，里面分成若干个子目录，子目录以观测日期为名。

（三）数据处理

外业观测完成之后，需要对接收机所采集到的定位数据信息进行处理。因 GPS 定位系统所使用的坐标系为 WGS-84 坐标系，而实际应用当中点位坐标往往是在国家统一坐标系或地方独立坐标系下的坐标，所以，在进行 GPS 定位测量数据内业处理时，关键是测站点所在坐标系的变换及转换参数的确定。数据处理主要经过以下几个程序：数据传输、基线解算、网平差计算、坐标系统转换、与原有地面网的联合平差。对外业观测所得到的基线向量进行质量检验，并对由合格的基线向量所构建成的 GPS 基线向量网进行平差解算，得出网中各点的坐标成果。如果需要利用 GPS 测定网中各点的正高或正常高，还需要进行高程拟合。因 GPS 定位测量外业观测所采集的数据量大、处理过程复杂等特点，我们在进行数据处理时往往利用编制好的专用数据处理软件来进行内业数据处理，大大简化了内业工作的复杂性。GPS 点坐标变换的流程可参见相关参考资料。

赣龙铁路天心山隧道全长 5 490 m，进口位于直线段，出口位于曲线段。进口、出口端各有两个设计控制点，隧道地形属于山岭重丘区，植被茂盛，由于受地形地貌、通视条件的限制，采用常规控制测量手段不仅劳动强度大、效率低，更重要的是布网困难，精度难以保证。基于GPS在控制测量领域具有测量精度高、选点灵活、费用低、全天候作业、观测时间短、自动化程度高等特点，决定采用GPS技术实施天心山隧道的控制测量工作，隧道施工控制网图如图1.2.9所示。为了对GPS测量数据做进一步处理，将其转换为在所需坐标系下的坐标，其中，D01、D02、D03、D04为控制网约束点，其他点为GPS网网点，利用约束点对GPS网观测数据进行约束平差。通过具体的实施，验证了GPS定位技术在工程控制网的布设和观测中，完全满足精度要求，显示了巨大的优越性。

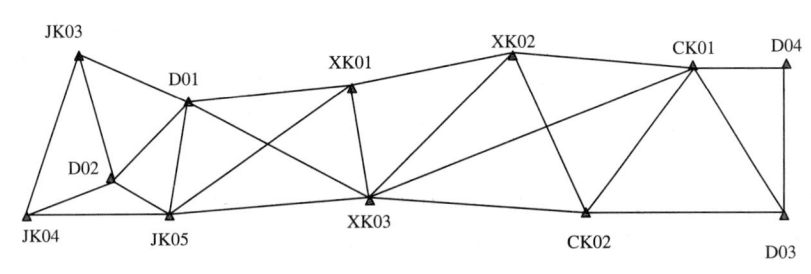

图1.2.9 天心山隧道GPS施工控制网

任务3 三、四等水准测量

高等级公路和铁路工程施工高程控制测量的等级一般为三、四等。三、四等水准路线一般沿线路布设，尽量避开土质松软地段，水准点应选在地基稳固，能长久保存和便于观测的地方。三、四等水准测量的观测应在通视良好、望远镜成像清晰稳定的情况下进行。铁路工程测量规范中三、四等水准测量限差要求见表1.3.1规定，水准观测主要技术要求如表1.3.2规定，水准观测测站限差见表1.3.3规定，仪器等级采用DS_1、DS_3水准仪，与仪器匹配的水准尺有钢瓦尺、双面尺、条码尺，这里介绍双面尺配合水准仪实测方法与计算。双面水准尺不同于普通水准尺，每次观测使用2把尺子称为一对，每根水准尺一面为红色，另一面为黑色。一对水准尺的黑面尺底刻划均为0，而红面尺，则一根尺底刻划为4.687 m，另一根尺底刻划为4.787 m。这一数值用K表示，称为同一水准尺红、黑面常数差。下面以四等水准测量为例，介绍用双面水准尺在一个测站的观测程序、记录与计算。

表1.3.1 水准测量限差要求

水准测量等级	测段、路线往返测高差不符值/mm		测段、路线的左右路线高差不符值/mm	附合路线或环线闭合差/mm		检测已测测段高差之差/mm
	平原	山区		平原	山区	
一等	$±1.8\sqrt{k}$	—		$±2\sqrt{L}$		$±3\sqrt{R_i}$
二等	$±4\sqrt{k}$	$±0.8\sqrt{n}$	—	$±4\sqrt{L}$		$±6\sqrt{R_i}$
精密水准	$±8\sqrt{k}$	$±1.6\sqrt{n}$	$±6\sqrt{k}$	$±8\sqrt{L}$		$±12\sqrt{R_i}$
三等	$±12\sqrt{k}$	$±2.4\sqrt{n}$	$±8\sqrt{k}$	$±12\sqrt{L}$	$±15\sqrt{L}$	$±20\sqrt{R_i}$
四等	$±20\sqrt{k}$	$±4\sqrt{n}$	$±14\sqrt{k}$	$±20\sqrt{L}$	$±25\sqrt{L}$	$±30\sqrt{R_i}$
五等	$±30\sqrt{k}$	$±6\sqrt{n}$	$±20\sqrt{k}$	$±30\sqrt{L}$		$±40\sqrt{R_i}$

注：k为测段或路线长度（km）；L为水准路线长度（km）；R为检测测段长度（km）；n为测段水平测量站数（下同）。

表 1.3.2 水准观测的主要技术要求

等级	水准仪最低等级	水准尺类型	视距/m 光学	视距/m 数字	前后视距差/m 光学	前后视距差/m 数字	任一测站上前后视距差累积/m 光学	任一测站上前后视距差累积/m 数字	视线高度/m 光学（下丝读数）	视线高度/m 数字	数字水准仪重复测量次数
三等	DS₁	铟瓦	≤100	≤100	≤2.0	≤3.0	≤5.0	≤6.0	三丝能读数	≥0.35	≥1次
三等	DS₃	双面木尺单面条码	≤75	≤75	≤2.0	≤3.0	≤5.0	≤6.0	三丝能读数	≥0.35	≥1次
四等	DS₁	双面木尺单面条码	≤150	≤100	≤3.0	≤5.0	≤10.0	≤10.0	三丝能读数	≥0.35	≥1次
四等	DS₃	双面木尺单面条码	≤100	≤100	≤3.0	≤5.0	≤10.0	≤10.0	三丝能读数	≥0.35	≥1次
五等	DS₃	单面木尺单面条码	≤100	≤100	大致相等	—	—	—	中丝能读数	≥0.35	≥1次

表 1.3.3 水准观测的测站限差

等级	同一标尺两次读数之差/mm	同一测站前后一标尺两次读数高差之差/mm	检测间歇点高差之差/mm
一等	0.3	0.4	0.7
二等	0.5	0.7	1
精密水准	0.5	0.7	1
三等	1.5	2.0	3
四等	3	5	5
五等	4	7	—

一、观测方法与记录

四等水准测量每站的观测顺序和记录如表 1.3.4 所示，表中数字（1）~（8）号代表观测记录顺序，（9）~（18）号为计算的顺序与记录位置。

（1）照准后视水准尺黑面，读取下、上、中三丝读数，填入编号（1）、（2）、（3）栏。

（2）将水准尺翻转为红面，后视水准尺红面，读取中丝读数，填入编号（4）栏。

（3）前视水准尺的黑面，读取下、上、中三丝读数，填入（5）、（6）、（7）栏。

（4）将水准尺翻转为红面，前视水准尺红面，读取中丝读数，填入（8）栏。

这样的观测顺序简称为"后—后—前—前"。三等水准测量的顺序为"后—前—前—后"，观测顺序号有所改变。

表 1.3.4　四等水准测量记录计算表

测站编号	测点编号	后尺 下丝／上丝／后视距／视距差 d	前尺 下丝／上丝／前视距／$\sum d$	方向及尺号	水准尺读数/m 黑面	水准尺读数/m 红面	$K+$黑减红/mm	高程中数/m
		（1）	（5）	后	（3）	（4）	（13）	
		（2）	（6）	前	（7）	（8）	（14）	（18）
		（9）	（10）	后－前	（15）	（16）	（17）	
		（11）	（12）					
1	$BM_1 \sim Z_1$	1.891	0.758	后 7	1.708	6.395	0	
		1.525	0.390	前 8	0.574	5.361	0	+1.134 0
		36.6	36.8	后－前	+1.134	+1.034	0	
		－0.2	－0.2					
2	$Z_1 \sim Z_2$	2.746	0.867	后 8	2.530	7.319	－2	
		2.313	0.425	前 7	0.646	5.333	0	+1.885 0
		43.3	44.2	后－前	+1.884	+1.986	－2	
		－0.9	－1.1					
3	$Z_2 \sim Z_3$	2.043	0.849	后 7	1.773	6.459	+1	
		1.502	0.318	前 8	0.584	5.372	－1	+1.188 0
		54.1	53.1	后－前	+1.189	+1.087	+2	
		+1.0	－0.1					
4	$Z_3 \sim BM_2$	1.167	1.677	后 8	0.911	5.696	+2	
		0.655	1.155	前 7	1.416	6.102	+1	－0.505 5
		51.2	52.2	后－前	－0.505	－0.406	+1	
		－1.0	－1.1					

本页检核：

$\sum(9) = 185.2$

$-\sum(10) = 186.3$

　　　　－1.1

末站（12）= －1.1

总视距 $= \sum(9) + \sum(10) = 371.5$

总高差 $= \dfrac{1}{2}[\sum(15) + \sum(16)] = +3.701\ 5$

总高差 $= \dfrac{1}{2}\{\sum[(3)+(4)] - \sum[(7)+(8)]\}$

　　　　$= \dfrac{1}{2}(32.791 - 25.388) = +3.701\ 5$

总高差 $= \sum(18) = +3.701\ 5$

二、计算与检核

（一）测站上的计算与检核

1. 视距计算

根据视线水平时的视距原理（下丝－上丝）×100，计算前、后视距离。

后视距离　　　（9）＝（1）－（2）
前视距离　　　（10）＝（5）－（6）
前后视距差　　（11）＝（9）－（10）（前后视距离差不超过 5 m）
前后视距累计差　（12）＝上一个测站（12）＋本测站（11）（前后视距累计差不超过 10 m）

2. 同一水准尺黑、红面读数差计算（$K_7=4.687$，$K_8=4.787$）

$$(13) = (3) + K - (4)$$
$$(14) = (7) + K - (8)$$

同一水准尺黑、红面读数差不超过 3 mm。

3. 高差计算与检核

黑面尺读数高差　（15）＝（3）－（7）
红面尺读数高差　（16）＝（4）－（8）

黑、红面所得高差之差检核计算：

$$(17) = (15) - (16) \pm 0.100 = (13) - (14)$$

式中：±0.100 为两水准尺常数 K 之差。

黑、红面所得高差之差不超过 5 mm。

4. 计算平均高差

$$(18) = \frac{1}{2}[(15) + (16) \pm 0.100]$$

（二）每页的计算和检核

1. 总视距计算与检核

$$本页末站（12）= \sum(9) - \sum(10)$$
$$本页总视距 = \sum(9) + \sum(10)$$

2. 总高差的计算和检核

当测站数为偶数时：

$$总高差 = \sum(18) = \frac{1}{2}\left[\sum(15) + \sum(16)\right]$$

$$\sum(18) = \frac{1}{2}\left\{\sum[(3)+(4)] - \sum[(7)+(8)]\right\}$$

当测站数为奇数时：

$$\sum(18) = \frac{1}{2}[\sum(15) + \sum(16) \pm 0.100]$$

任务4　一、二等水准测量

一、二等水准测量主要应用于高速铁路、城市轨道及精度要求较高的工程建设。一等与二等水准测量方法基本相同，本任务学习二等水准测量的相关规定、记录、计算。

一、观测仪器

随着新的科学技术不断注入测量仪器，传统的铟瓦尺配合光学水准仪测量的方法被现代条码尺配合电子水准仪所替代。电子水准仪具有自动读数、记录、超限报警、数据传输等功能，操作简便、效率高等优势，广泛应用于工程建设。

应根据路线上地面质的情况选用尺桩（尺桩质量不轻于1.5 kg，长度不小于0.2 m）或尺台（尺台质量不小于5 kg，做转点尺承）。

二、测站观测顺序

往测时，奇数测站照准标尺分划的顺序为：后—前—前—后。
往测时，偶数测站照准标尺分划的顺序为：前—后—后—前。
返测时，奇、偶数测站照准标尺分划的顺序分别与往测偶、奇数测站相同。

三、观测技术要求

1. 测站技术要求（见表1.4.1）

表1.4.1　一、二等水准测量测站技术要求

等级	仪器类别	水准尺类型	视距/m 光学	视距/m 数字	前后视距差/m 光学	前后视距差/m 数字	任一测站上前后视距差累积/m 光学	任一测站上前后视距差累积/m 数字	视线高度/m 光学（下丝读数）	视线高度/m 数字	数字水准仪重复测量次数
一等	DS_{05}	铟瓦	≤30	≥4且≤30	≤0.5	≤1.0	≤1.5	≤3.0	≥0.5	≤2.8且≥0.65	≥3次
二等	DS_1	铟瓦	≤50	≥3且≤50	≤1.0	≤1.5	≤3.0	≤6.0	≥0.3	≤2.8且≥0.55	≥2次
精密水准	DS_1	铟瓦	≤60	≥3且≤50	≤1.5	≤2	≤3.0	≤6.0	≥0.3	≤2.8且≥0.45	≥2次

2. 观测取位要求（见表 1.4.2）

表 1.4.2　一、二等水准测量外业计算位数取位要求

等级	往（返）测距离总和/km	测段距离中数/km	各测站高差/mm	往（返）高差总和/mm	测段高差中数/mm	水准点高程/mm
一等	0.01	0.1	0.01	0.01	0.1	1
二等	0.01	0.1	0.01	0.01	0.1	1

3. 闭合差限差要求（参见表 1.3.1）

四、检核与计算

以一个测段为例，如表 1.4.4 所示工程实例。

1. 视距差

视距栏中，后距平均值减前距平均值

视距差 = [（后距 1 + 后距 2）/2] – [（前距 1 + 前距 2）/2]。

视距累计差 = 本测站视距差 + 前一测站视距差。

2. 读数差

后视读数差 = 后视读数 1 – 后视读数 2；

前视读数差 = 前视读数 1 – 前视读数 2。

3. 高差

第一次观测高差 = 后视读数 1 – 前视读数 2；

第二次观测高差 = 后视读数 2 – 前视读数 2。

测站高差为两次高差的平均值。

4. 累计高差

各测站平均高差逐站相加，最后得出总高差值。

5. 测段闭合差、限差

测段闭合差 = 往测高差中数 + 返测高差中数，即：

$$f_h = \sum h_{往} + \sum h_{返} = -0.33165 + 0.33188 = 0.23 \text{（mm）}$$

限差 $F_h \pm 4\sqrt{k} = \pm 4\sqrt{1.1} = 4.2 \text{ mm}$　　$|f_h| \leqslant |F_h|$　　合格

五、精度评定

当每条水准路线分段施测时，水准测量每千米的高差偶然中误差 M_Δ（mm）按公式 1.4.1 计算

$$M_{\Delta}=\sqrt{\frac{1}{4n}\left[\frac{\Delta\Delta}{L}\right]} \qquad (1.4.1)$$

水准测量结束后,每千米水准测量高差全中误差 M_W（mm）按公式 1.4.2 计算。

$$M_{W}=\sqrt{\frac{1}{N}\left[\frac{WW}{L}\right]} \qquad (1.4.2)$$

式中　　Δ——测段往返高差不符值（mm）;
　　　　L——测段长或环线长（km）;
　　　　n——测段数;
　　　　W——附合或环线闭合差（mm）;
　　　　N——水准路线环数。

表 1.4.4　二等水准测量测段记录实例个

测自:	CPI029-1	至:	CPII230	日期:		观测顺序:	奇:后-前-前-后;偶:前-后-后-前
时刻:	始:		时　分	末:	时　分	成像:	清晰
温度:		云量:		风向风速:		仪器:	Trimble DINI
天气:	晴	道路土质:	坚硬	太阳方向:			

测站	视准点	视距读数		标尺读数		读数差/mm	测站高差/m	累积高差/m	备注
	后视	后距1	后距2	后尺读数1	后尺读数2				
	前视	前距1	前距2	前尺读数1	前尺读数2				
		视距差/m	累积差/m	高差/m	高差/m				
1	CPI029-1	17.894	17.899	1.208 12	1.207 97	0.15			
	Z17	17.514	17.517	2.171 54	2.171 49	0.05	-0.963 47	-0.963 47	
		0.381	0.381	-0.963 42	-0.963 52				
2	Z17	16.603	16.604	0.680 46	0.680 56	-0.10			
	Z18	17.002	17.004	1.965 32	1.965 23	0.09	-1.284 76	-2.248 24	
		-0.400	-0.018	-1.284 86	-1.284 67				
3	Z18	14.914	14.905	1.453 27	1.453 14	0.13			
	Z19	14.510	14.509	0.754 69	0.754 52	0.17	0.698 60	-1.549 64	
		0.400	0.382	0.698 58	0.698 62				

续表

4	Z19	12.606	12.614	2.379 20	2.379 16	0.04		
	0128025L1	12.241	12.247	0.767 88	0.767 74	0.14	1.611 37	0.061 73
		0.366	0.748	1.611 32	1.611 42			
⋮	⋮	⋮	⋮	⋮	⋮	⋮	⋮	⋮
24	Z32	35.361	35.353	1.294 45	1.294 47	−0.02		
	CPII230	34.787	34.794	2.234 10	2.234 14	−0.04	−0.939 66	−0.331 65
		0.567	−0.832	−0.939 65	−0.939 67			
测段统计	起点	CPI029-1						
	终点	CPII230						
	前距	0.558 25	km	高差	−0.331 65	m		
	后距	0.559 08	km	距离	1.117 32	km		
备注	返测高差中：+0.331 88			返测距离：1.089 13 km				

观测者：_____   检查者：_____   监理：_____   日　期：_____

六、观测注意事项

（1）在水准路线上安置水准仪三脚架时，应使其中两脚与水准路线平行，而第三脚轮换置于路线方向的左侧与右侧。

（2）变换仪器高度至 10 cm 以上。

（3）每一测段的往测与返测，其测站数均应为偶数，否则应加入标尺零点差改正。由往测转向返测时，两根标尺必须互换位置，并应重新整置仪器。

（4）观测时间与重测规定依照国家一、二等水准测量规范执行。

任务 5　跨河水准测量

当水准路线跨越宽河流、宽沟谷等障碍物，且视线太长、前后视线长度不等时，水准仪 i 角误差对高差有较大影响。由于视线增长，大气折光和地球曲率误差都会增大，望远镜内水准尺的分划较小，且读尺困难，读数误差较大。因此跨河时，视线长度超过规定视线长度的 2 倍以上时，各等级的水准测量应采用跨河水准测量。本节主要介绍用 S3 水准仪进行跨河水准测量的方法。

一、跨河水准测量的场地布设

跨河地点要选在两岸高差不大、土质坚实、河流最窄的河段处。视线避开草丛、沙滩和芦苇的上方，视线距水面要有一定的高度，视线小于 300 m 时，视线高度应大于 2 m，视线大于 300 m 时，视线高度应大于 3 m，且两岸视线离水面的高度应相等。水准仪的安置位置和置尺点布置形式如图 1.5.1 所示，其中图（a）为平行四边形，图（b）为等腰三角形，图（c）为"Z"字形。图中 I_1、I_2 和 B_1、B_2 分别为两岸置镜点和置尺点。视线 I_1B_2、I_2B_1 应接近等距，岸上视线 I_1B_1、I_2B_2 不应短于 10 m，且应彼此等长，两置镜点也应接近等高。置尺点应设置木桩，桩顶面钉上圆帽钉。当使用 1 台仪器进行观测时应尽量布成图 1.5.1（c）的形式，此时图中 I_1、I_2 既是置镜点又是置尺点，而 B_1、B_2 仍为置尺点。

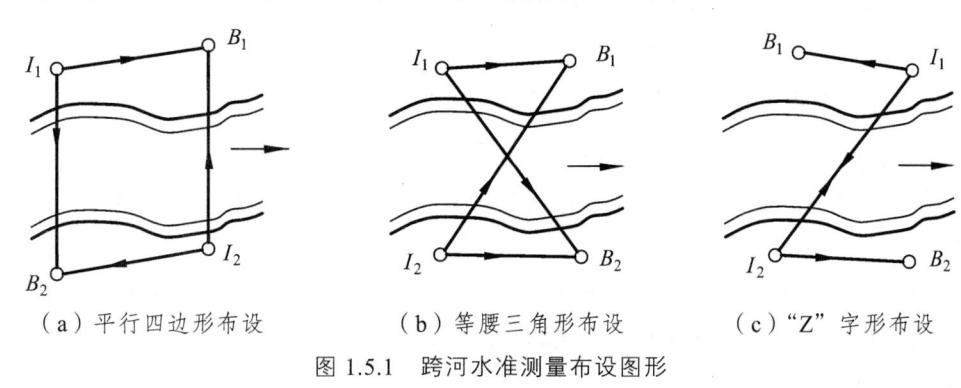

（a）平行四边形布设　　　　（b）等腰三角形布设　　　　（c）"Z"字形布设

图 1.5.1　跨河水准测量布设图形

二、跨河水准测量观测方法

1. 观测方法

进行跨河水准测量时，尚能直接照准标尺读数，可采用水准仪直接读数法，下面以使用 1 台仪器，采用"Z"字形布置，说明一测回观测方法。

（1）置镜于 I_1 点，照准本岸 B_1 点的水准尺，按中丝法进行黑、红面读数各 1 次（两读数取平均值）。

（2）照准对岸 I_2 水准尺，按中丝法进行黑、红面读数各 2 次（4 次读数取平均值）。

以上（1）、（2）两项操作为上半测回。

（3）将水准仪搬至对岸，置镜于 I_2 点，先照准 I_1 点水准尺，按中丝法进行黑、红面读数各 2 次（4 次读数取平均值）。

（4）照准本岸 B_2 尺，按中丝法进行黑、红面读数各 1 次（两读数取平均值）。

以上（3）、（4）两项操作为下半测回。

B_1、B_2 两置尺点间上下半测回的高差，应分别由两岸所测 B_1I_2、B_2I_1 的高差加上对岸的两置尺点间联测时所测高差求得。符合限差要求时，取两测回平均值作为最后结果。

则 B_1、B_2 两点的高差为：

$$\left.\begin{array}{l} h_{上} = h_{B_1I_2} + h_{I_2B_2} \\ h_{下} = h_{B_2I_1} + h_{I_1B_1} \end{array}\right\} \quad (1.5.1)$$

B_1、B_2 两点高差的一测回值为：

$$h_{B_1B_2} = \frac{1}{2}(h_上 + h_下) \tag{1.5.2}$$

用2台仪器观测时,每台仪器各观测1个测回组成1个双测回,双测回间高差互差的限值按下列公式计算:

$$d = 4M_\Delta \sqrt{NS} \tag{1.5.3}$$

式中　M_Δ——每千米水准测量的偶然中误差(mm)。

　　　　N——双测回的测回数;

　　　　S——跨河视线长度(km)。

2. 观测注意事项

(1) 观测过程中,每次读数前,符合水准气泡两端影像必须严格符合。

(2) 上半测回完成后,立即将水准仪搬至对岸,不得碰动调焦螺丝和目镜筒,保持望远镜对光不变。

(3) 应选择最有利的观测时间,例如:风力不大、温度变化小、视线清晰的天气。

(4) 为了更好地消除 i 角误差和折光影响,最好使用2台仪器,在两岸同时进行观测。置镜点和置尺点布置成图1.5.1(a)、(b)的形式。

跨河水准测量主要技术要求,应遵照国家或行业规范。

任务6　光电测距三角高程测量

三角高程测量是根据测站至观测目标点的水平距离和斜距以及竖直角,运用三角学的公式,计算获取两点间高差的方法。当前采用光电测距三角高程,根据实验数据证明可以替代二、三、四等水准测量。随着光电测距仪的发展和普及,光电测距三角高程测量已广泛用于实际生产。

一、三角高程测量基本原理

以水平面代替大地水准面时,如图1.6.1所示,欲测 A、B 两点间的高差,将光电测距仪安置在 A 点上,对中、整平,用小钢尺量取仪器中心至桩顶的高度 i,B 点安置棱镜,读取棱镜高度 v,测得竖直角 α,测得 AB 间的水平距离 s_{AB},从图中可得,三角高程测量计算高差的基本公式:

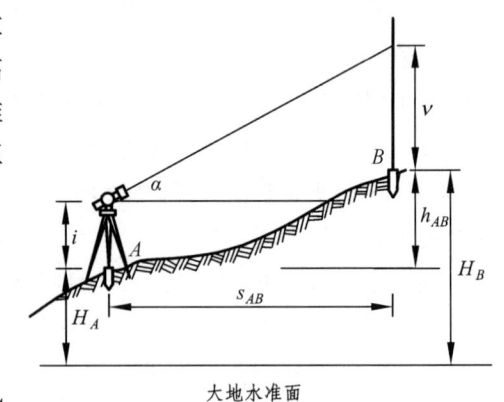

图1.6.1　三角高程测量基本原理

$$h_{AB} = s_{AB} \tan\alpha + i - v \tag{1.6.1}$$

二、球气差改正

在控制测量中，由于距离较长，必须考虑地球曲率和大气折光对高差的影响，如图 1.6.2 所示。

1. 地球曲率改正

以水平面代替椭球面时，地球曲率对高差有较大的影响。在水准测量中，采取前后视距离相等消除其影响；三角高程测量是用计算影响值加以改正。地球曲率引起的高差误差 p，按式（1.6.2）计算：

$$p = \frac{s^2}{2R} \quad (1.6.2)$$

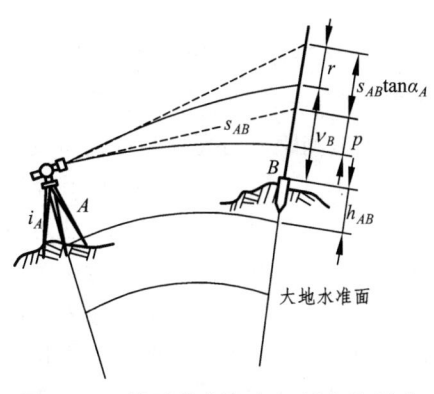

图 1.6.2 地球曲率和大气折光的影响

式中 s——两点间水平距离（km）；
R——地球半径，其值为 6 371 km。

2. 大气折光改正

一般情况下，视线通过密度不同的大气层时，将发生连续折射，形成向下弯曲的曲线。视线读数与理论位置读数产生一个差值，这就是大气折光引起的高差误差 r，按式（1.6.3）计算：

$$r = K\frac{s^2}{2R} \approx \frac{s^2}{14R} \quad (1.6.3)$$

式中 K——大气折光系数，一般取 0.142。

地球曲率误差和大气折光误差合并称为球气差，用 f 表示，按式（1.6.4）计算：

$$f = p - r = (1-K)\frac{s^2}{2R} \approx 0.43\frac{s^2}{R} \quad (1.6.4)$$

三、加两项改正后的高差计算式

由 A 测至 B 计算公式为：

$$h_{AB} = s_{AB}\tan\alpha_A + i_A - v_B + f \quad (1.6.5)$$

由 B 测至 A 计算公式为：

$$h_{BA} = s_{BA}\tan\alpha_B + i_B - v_A + f \quad (1.6.6)$$

式中 s_{AB} —— 两点间的水平距离；
α_A —— 竖直角；
i_A —— 仪器高；
v_B —— 觇标或反射棱镜高。

光电测距仪三角高程测量是按斜距计算高差，具体按式（1.6.7）计算：

$$h_{AB} = D_{AB} \sin \alpha_A + i_A - v_B + f \tag{1.6.7}$$

式中　D_{AB} ——两点间的距离。

光电测距三角高程测量宜布设程三角高程网或高程导线，视线高度和离开障碍物的距离不得小于 1.2 m。高程导线的闭合长度不应超过相应等级水准路线最大长度。三等光电测距三角高程测量应按双程对向方法进行两组对向观测，四等光电测距三角高程测量可按双程对向方法或单程双对向方法进行两组对向观测。

光电测距三角高程测量应采用高一级的水准测量联测一定数量的控制点，作为高程起闭数据。四等应起讫于不低于三等水准的高程点上，五等应起讫于不低于四等水准的高程点上。仪器高度、反射棱镜高量测，应用专用测尺或测杆量测，应在测前、测后各测一次，两次互差不超过 2 mm。

铁路工程测量规范，光电三角高程测量的技术要求如表 1.6.1 所示。

表 1.6.1　光电测距三角高程测量的技术要求

等级	仪器标称精度	边长 /m	观测方式	两组对向观测高差的平均值之较差/mm	测回数	测回间测距较差 /mm	指标差较差 /(″)	测回间垂直角较差 /(″)
三等	≤1″、2 mm + $2×10^{-6}D$	≤600	对向观测	CPI	4	4	5	5
四等	≤2″、3 mm + $2×10^{-6}D$	≤800	对向观测	$±20\sqrt{D}$	3	6	7	7
五等	≤2″、5 mm + $2×10^{-6}D$	≤1 000	对向观测	—	2	10	10	10

注：D 为测距仪测距长度。

四、光电测距三角高程测量注意事项

（1）水准点光电测距三角高程测量可与平面导线测量合并进行，并作为高程转点。

（2）提高垂直角的观测精度，在三角高程测量中尤为重要。增加垂直角的测回数，提高测角精度。

（3）必须采用对向观测，可以消除大气折光的影响，往返的间隔时间尽可能地缩短，使往返测的气象条件大致相同，这样才会有效抵消大气折光的影响。

（4）量距和测角应选择在较好的自然条件下观测，避免在大风、大雨、雨后初晴等大气折光影响较大的情况下观测，成像不清晰、不稳定时应停止观测。

学习情境小结

全站仪测距功能解决了丈量距离的问题，因此精密导线测量具有布设灵活、不受地形限制，只要两点间通视就可以，目前已广泛使用。本任务主要介绍了水平角的观测方法与边长测量技术要求。使用全站仪观测水平角不受配盘限制，不受光学测微器两次重合读数差的限制，观测方向不多于3个时，可以不归零。精密导线多应用于隧道、地铁等测量。

GPS控制网的建立步骤包括：GPS控制网的布设选点、埋点、GPS点测站观测、数据输出，数据处理（软件）。

公路、普速铁路高程控制测量主要以四等水准测量为主，高速铁路、城轨要求较高，多采用二等水准测量。光电测距三角高程测量目前可以达到二等水准测量精度，可参照，TB10101—2018《铁路工程测量规范》。精度要求不同，使用仪器、观测方法、数据处理均要严格遵守相关规范执行。

跨河水准测量方法按照仪器、等级、视线长度包括：直接读尺法、光学测微法、经纬仪倾角法、倾斜螺旋法、三角高程法、卫星定位测量法。应用中可参照行业规范。

课后训练

1. 平面控制测量的任务是什么？建立平面控制网有哪些方法？
2. 工程施工控制网有哪些特点？
3. 简述三联脚架法导线测水平角的方法及其优点。
4. 施工高程控制测量的任务是什么？
5. 举例说明四等水准测量在一测站的观测方法。
6. 简述光电三角高程测量观测两点间高差的方法与技术要求。
7. 根据下表观测数据，完成各测站的计算和校核，其中 $K_1 = 4.787$，$K_2 = 4.687$。

测站编号	后尺 下丝/上丝 后视距 视距差 d	前尺 下丝/上丝 前视距 累积差 $\sum d$	方向及尺号	水准尺读数/m 黑面	水准尺读数/m 红面	K+黑−红	高程中数
1	1.691	0.859	后1	1.504	6.291	（13）	（18）
	1.317	0.483	前2	0.671	5.359	（14）	
	（9）	（10）	后−前	（15）	（16）	（17）	
	（11）	（12）					
2	2.271	2.346	后2	2.084	6.771		
	1.897	1.971	前1	2.158	6.946		
			后−前				
3	1.684	1.852	后1	1.496	6.283		
	1.309	1.448	前2	1.636	6.324		
			后−前				

续表

4	1.655	1.831	后2	1.522	6.209		
	1.390	1.564	前1	1.697	6.483		
			后—前				
检核	总视距计算与检核： 总高差的计算与检核：						

学习情境二　施工测量放样实施

【学习目标】

1. 会使用常规仪器及全站仪测设已知水平距离、水平角与已知高程；
2. 掌握全站仪坐标法、RTK 方法放样点位置的仪器设备操作。

【学习指南】

在各种工程施工中，配合施工所进行的测量工作，称为施工测量。施工测量的任务，是把图纸上设计好的建筑物的平面位置和高程，按设计精度要求标定在地面上，这项工作也称为施工放样。它是根据提供的已知点，按设计的距离、角度和高程，在实地将点的位置标定出来。因此，测设已知水平距离、测设已知水平角、测设已知高程是施工放样基本工作。实际工作中，点的位置是由平面坐标和高程三维坐标表示的，一般放样工作可分为平面位置放样和高程放样。平面位置的放样，其实质是测设建筑物的轴线，轮廓线的转折点的平面位置。测设点位的传统方法有直角坐标法、极坐标法、角度交会法、距离交会法，现代测绘技术常用方法有全站仪坐标法、RTK 法。全站仪坐标法实质是采用了极坐标法原理，无须做任何放样数据计算，由全站仪快速自动完成放样数据计算，工序简化了，提高了放样精度。RTK 法放样，克服了传统方法和全站仪坐标法的缺点，具有观测时间短、精度高、无须通视、瞬时定位等优点。放样实际中应用哪一种方法，可根据施工现场的仪器类型、精度、控制网的形式及点位分布、地形条件、测设精度要求选择合适的测设方法。例如：构筑物轮廓点不宜用 RTK 放样。本学习情境主要包括 2 个学习任务：测设已知水平距离、水平角、高程；放样点的平面位置。

任务 1　测设已知水平距离、水平角、高程

一、测设已知水平距离

测设已知水平距离，是根据已知直线起点、直线方向和水平距离，标定出线段的另一端点。根据精度要求不同，测设方法有一般方法和精密方法。

1. 一般方法

当精度要求不高时，可用普通钢卷尺测设。如图 2.1.1 所示，已知地面上 A 点及 AC 方向线，沿 AC 方向测设已知水平距离为 D。

图 2.1.1　钢尺测设距离一般方法

测设方法：由 A 沿 AC 方向测设距离 D。第 1 次测设得 B_1，第 2 次测设校核第 1 次丈量结果得 B_2，2 次标定位置之差与测设距离之比的相对误差在允许范围内时，取 B_1、B_2 的平均值得 B 点，则为测设长度 D 的终点。

2. 精密方法

当测设长度的精度要求较高时，应使用检定过的钢尺，考虑尺长、温度、倾斜 3 项改正。在精密测距时，是先用钢尺量取被测距离长度，再加以 3 项改正，以求得正确的水平距离值。而测设已知水平距离的长度，是根据设计水平距离，结合钢尺的实际长度，丈量时的温度，以及地面起伏情况，计算出实际测设数值。因此，计算尺长改正、温度改正、倾斜改正的改正数符号与测距相反。

尺长改正：

$$\Delta d_l = \frac{\Delta l}{l} d \tag{2.1.1}$$

温度改正：

$$\Delta d_t = \alpha(t - 20\ ℃) \times d \tag{2.1.2}$$

地面倾斜改正：

$$\Delta d_h = -\frac{h^2}{2d} \tag{2.1.3}$$

$$S = d - \Delta d_l - \Delta d_t - \Delta d_h \tag{2.1.4}$$

式中　Δl —— 尺长改正数；
　　　l —— 钢尺的名义长度；
　　　d —— 欲测设水平距离；
　　　h —— 两端点的高差；
　　　S —— 实地测设长度。

【例 2.1.1】　如图 2.1.2 中，已知 AB 设计图上测设水平距离为 48.954 m。使用钢尺的尺长方程为 $l_t = 50\ \text{m} - 5.48\ \text{mm} + \alpha(t - 20) \times 50\ \text{m}$，概量确定 B 点位置后，测得两点间高差为 + 0.434 m，丈量时的温度为 + 24 ℃，求在地面上量出多少长度时，才能使 AB 的水平距离为测设长度 48.954 m。

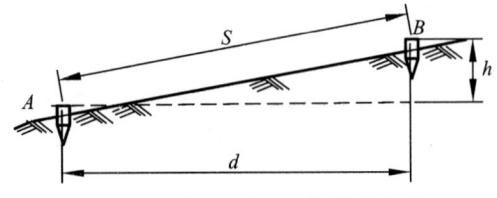

图 2.1.2　钢尺测设距离精密方法

【解】　（1）3 项改正计算：

尺长改正：$\Delta d_l = -5.4$（mm）

温度改正：$\Delta d_t = +2.4$（mm）

倾斜改正：$\Delta d_h = -1.9$（mm）

（2）实地要测设的长度为：

$$S = d - \Delta d_l - \Delta d_t - \Delta d_h$$

$$S = 48.954 + 0.0054 - 0.0024 + 0.0019 = 48.959 \text{（m）}$$

在 B 点桩上移动 5 mm 即可。

测设距离超过一整尺时，进行概量后，可按精密量距方法丈量计算各尺段水平距离（不含最后一尺段），用设计值与实际丈量水平距离的差值为最后一尺段应测设水平距离，再按上述方法标定终点。全站仪测设已知距离时，将功能设置在放样模式下，按照仪器提示，前后移动棱镜即可。

二、测设已知水平角

测设已知水平角，是在给定水平角的顶点和一个方向的条件下，要求标定出水平角的另一个方向。

1. 一般方法（正倒镜分中法）

如图 2.1.3 所示，设地面上已有方向线 OA，以 O 为角的顶点，顺时针测设角值为 β，其测设步骤如下：

（1）将仪器安置在角顶点 O 上，以盘左位置瞄准 A 点，读取度盘始读数 M（此时也可使度盘读数为 0°00′00″）。

（2）松开水平制动螺旋，旋转照准部，使度盘读数为 $M + \beta$，在视线方向上打桩定出 B_1 点。

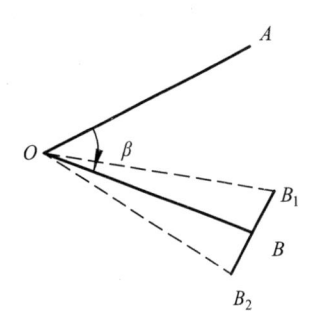

（3）倒镜成盘右位置，以同样方法测设 β 角，定出 B_2 点。取 B_1、B_2 分中点 B，$\angle AOB$ 即为所要测设角 β。

图 2.1.3 测设已知水平角一般方法

2. 精密方法

当测设精度要求较高时，可采用垂距改正法，提高测设精度，如图 2.1.4 所示。具体为：

先按一般方法测设出 B' 点，称为初设角（实际工作中测设角度和距离是同时进行的，因此根据测设距离确定 B' 点）。

用测回法对 $\angle AOB'$ 观测若干个测回（应测测回数由测设精度要求和仪器的精度等级而定），求出 $\angle AOB'$ 平均角值，设为 β'。计算平均角值 β' 与需要测设的角值 β 之差 $\Delta\beta$，即：

$$\Delta\beta = \beta - \beta' \tag{2.1.5}$$

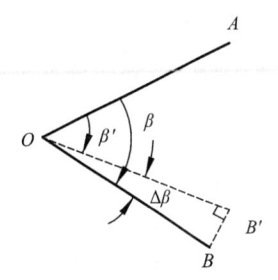

图 2.1.4 垂距改正法

由于 $\Delta\beta$ 一般很小，同时考虑到仪器精度的限制，所以将角度的差值 $\Delta\beta$ 转化为 B' 点垂距改正，垂距改正值按下式计算：

$$BB' = OB' \times \tan\Delta\beta \approx OB'\frac{\Delta\beta}{\rho} \tag{2.1.6}$$

过 B' 点作 OB' 垂线，再从 B' 点沿垂线方量 BB' 距离定出 B 点，$\angle AOB$ 就是测设角 β。当 $\Delta\beta$ 为正时，说明实测水平角小于测设水平角，应向外移动；若 $\Delta\beta$ 为负，说明实测水平角大于测设水平角，应向内侧移动。

【例 2.1.2】 已知地面上 O、A 两点，要在 OA 方向右侧，用精确方法测设 45°的水平角，测设距离 OB' 为 100 m，精测获得初设角平均值为 $\beta' = 44°59'30''$，求算改正数是多少？

【解】 $\Delta\beta = \beta - \beta' = 45°00'00'' - 44°59'30'' = +30''$

$$BB' = OB'\frac{\Delta\beta}{\rho} = 100 \times \frac{30''}{206\,265''} = 0.014\ (\text{m})$$

过 B' 点作 OB' 垂线，再从 B' 点沿垂线方向向外量 0.014 m 距离，定出 B 点，则 $\angle AOB$ 就是 $45°00'00''$。

三、测设已知高程点

1. 一般方法

测设已知高程点，是根据施工现场已有水准点，将设计高程标定在某一位置，作为施工的依据。如平整场地、桥涵基底、房屋基础开挖、路面高程、管道坡度等的测设，常要将点的高程测设到实地上，在地面上打下木桩，使桩的侧面某一位置的高程等于点的设计高程，如图 2.1.5 所示。

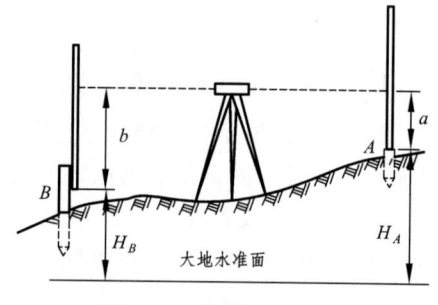

图 2.1.5 测设已知高程

【例 2.1.3】 水准点 BM_A 的高程 H_A 为 115.247 m，需在 B 点测设指定高程 $H_B = 114.136$ m 的桩点，预先在 B 点打一木桩。

【解】（1）在 BM_A 点和 B 点之间安置水准仪，整平后，先后视 BM_A 点水准尺得后视读数 $a = 0.785$ m，计算水准仪视线高程：

$$H_i = H_A + a \tag{2.1.7}$$

$H_i = 115.247 + 0.785 = 116.032$（m）

（2）计算前视水准尺尺底为指定高程时的水准尺读数：

$$b = H_i - H_B \tag{2.1.8}$$

$b = 116.032 - 114.136 = 1.896$（m）

（3）前视尺紧贴木桩，上下慢慢移动，当前视读数为 1.896 m 时，则尺底位置即为要测设的高程。在尺底用红笔画一水平线，表示测设高程的位置。

2. 高程传递放样

在某些工程施工中，需要向较深的基坑或较高的建筑物上测设已知高程，常用方法是悬吊钢尺配合水准仪引测。如图 2.1.6 所示，已知水准点 BM_A 的高程为 H_A，基坑内点 B 的设计高程为 H_B。

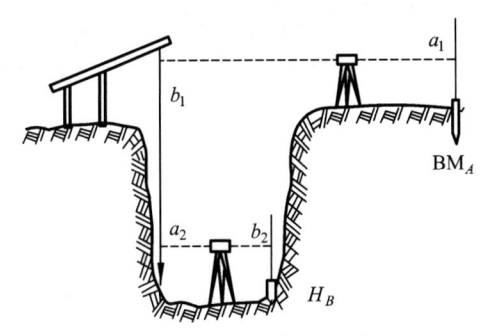

图 2.1.6　高程传递方法

测设方法：在坑边悬吊钢尺，钢尺零点在下方，并挂一重锤，以保证钢尺稳定，安置水准仪在坑外，读取后视水准尺读数 a_1，前视钢尺读数 b_1；再把水准仪安置在坑底，后视钢尺读数 a_2，若要测设高程 H_B，则要计算前视水准尺读数 b_2。从图 2.1.6 中可以看出：

$$H_B = H_A + a_1 - (b_1 - a_2) - b_2$$

则
$$b_2 = H_A + a_1 - (b_1 - a_2) - H_B \tag{2.1.9}$$

【例 2.1.4】　设水准点 A 的高程 $H_A = 82.996$ m，B 点的设计高程 $H_B = 75.000$ m，基坑口的水准仪读取水准点 A 的后视读数为 $a_1 = 1.623$ m，读取钢尺上的前视读数 $b_1 = 9.368$ m，坑底水准仪在钢尺读取后视读数 $a_2 = 1.526$ m，B 点的前视读数应为：

【解】　$b_2 = H_A + a_1 - (b_1 - a_2) - H_B$
$= 82.996 + 1.623 - (9.368 - 1.526) - 75 = 1.777$ （m）

当水准尺读数为 b_2 时，将木桩打入基坑即可，此时桩的顶面高程为测设高程。若向上传递高程，则方法与上述方法基本相同。

四、已知坡度直线的测设

在工程设计中，如道路、管线、场地平整的纵向、横向坡度施工时，要按给定的坡度施工，因此，要在地面用木桩标定出已知坡度线，作为施工的依据。坡度线的测设根据坡度大小，可选用下列 2 种方法。

1. 水平视线法

水平视线法的基本原理是根据坡度起点、方向、坡度率计算测设点高程，利用测设已知高程点的方法，确定设计坡度线。如图 2.1.7 所示，A、B 为设计坡度的两端点，起点设计高程为 H_A，要求在 A、B 之间测设出坡度为 i_{AB} 的坡度线。为施工方便，每隔距离 d 打一木桩，并标出坡度线的位置。

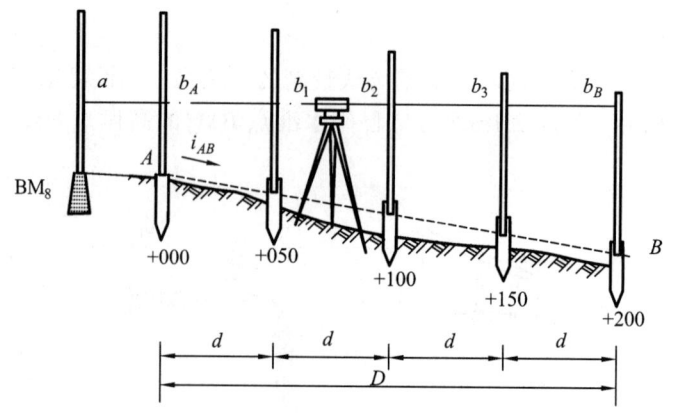

图 2.1.7　水平视线法测设已知坡度的直线

【例 2.1.5】 已知水准点 BM_8 的高程为 240.650 m,设计坡长 200 m,设计坡度 $i = -2‰$,起点里程为 K0+000,其高程为 240.000 m,终点 B 为已知,试测设每 50 m 一点的坡度线位置。

【解】 （1）计算各点设计高程：

$$H_设 = H_已 + i_{AB} \times d \quad (2.1.10)$$

$$H_{+50} = 240.000 - \frac{2}{1\,000} \times 50 = 239.900 \text{ (m)}$$

$$H_{+100} = 240.000 - \frac{2}{1\,000} \times 100 = 239.800 \text{ (m)}$$

$$H_{+150} = 240.000 - \frac{2}{1\,000} \times 150 = 239.700 \text{ (m)}$$

$$H_{+200} = 240.000 - \frac{2}{1\,000} \times 200 = 239.600 \text{ (m)}$$

（2）置经纬仪于起点 A,后视终点 B 定向,每 50 m 打一木桩;

（3）安置水准仪读取 BM_8 点上后视读数 $a = 1.065$ m;

（4）计算视线高程：

$$H_i = H_A + a \quad (2.1.11)$$

$$H_i = 240.650 + 1.065 = 241.715 \text{ (m)}$$

（5）计算出各桩点坡度线位置的前视读数：

$$b_i = H_视 - H_设 \quad (2.1.12)$$

$$b_{+50} = 241.715 - 239.900 = 1.815 \text{ (m)}$$

$$b_{+100} = 241.715 - 239.800 = 1.915 \text{ (m)}$$

$$b_{+150} = 241.715 - 239.700 = 2.015 \text{ (m)}$$

$$b_{+200} = 241.715 - 239.600 = 2.115 \text{ (m)}$$

（6）按测设已知高程点的方法在桩的侧面标出坡度线位置。

测设时，设计高程低于地面以下，则应使设计高程增加一整数，能使坡度线位置标注在桩上，并在桩上用符号注明下挖数。此方法适用于坡度较小的地段。

2. 倾斜视线法

如图 2.1.8 所示，此法是根据视线与设计坡度线平行时，其竖直距离处处相等的原理，以确定设计坡度线上各点高程位置的一种方法。它适用于坡度较大，且设计坡度与地面自然坡度较一致的地段。

测设方法：

（1）已知 A 点的设计高程，按照 i_{AB} 和两端点的距离，计算出 B 点的高程。

（2）用高程测设的方法，将 A、B 两点的设计高程标定在地面的木桩上。

图 2.1.8　倾斜视线测设坡度线

（3）在 A 点安置水准仪，量取仪器高，使 1 个脚螺旋在 AB 方向上，另 2 个脚螺旋的连线大致与 AB 方向线垂直。转动 AB 方向的脚螺旋和微倾螺旋，使十字丝的横丝对准 B 尺上的读数为仪器高，此时仪器视线与设计坡度线平行，当各桩号上立尺上下移动水准尺使读数为 i，紧贴尺底画一道红线，就是设计坡度线。

任务 2　放样点的平面位置

一、直角坐标法

直角坐标法是按直角坐标原理，确定一点的平面位置的一种方法。如施工场地有彼此垂直的建筑基线或建筑方格网，则可算出设计图上的待测设点相对于场地上控制点的坐标增量，用直角坐标法测设点的平面位置。

如图 2.2.1 所示，Ⅰ、Ⅱ、Ⅲ是建筑基线端点（或是建筑方格网点），其坐标为已知，a、b、c、d 为欲测设建筑物的 4 个角点，其轴线均平行于建筑基线，这些点的坐标值均可由设计图给定，由待测设点算得它们的坐标增量，Δx、Δy 作为测设数据。现以测设 a 点为例，设Ⅰ点的坐标为 $(x_Ⅰ, y_Ⅰ)$，点 a 的坐标为 (x_a, y_a)，则点的测设数据（坐标增量）为：

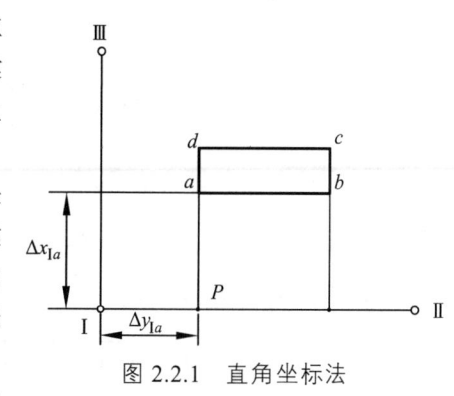

图 2.2.1　直角坐标法

$$\left. \begin{array}{l} \Delta x_{Ⅰa} = x_a - x_Ⅰ \\ \Delta y_{Ⅰa} = y_a - y_Ⅰ \end{array} \right\} \tag{2.2.1}$$

具体测设方法：在控制点Ⅰ安置仪器，瞄准Ⅱ点，沿视线方向用钢尺丈量 $\Delta y_{Ⅰa}$ 值，定出

P 点。将仪器安置到 P 测点,用盘左、盘右分别瞄准 Ⅱ 点,设 90°取平均位置得 pd 方向线,沿此方向丈量 Δx_{Ia},定出点 a。同法可测设 b、c、d 点,最后用钢尺检查 ab、bc、cd、da 的长度,其值应等于设计长度,允许相对误差为 1/2 000。这种方法简单,施测方便,精度高,在施工测量中多采用此法来测定点位。

二、极坐标法

极坐标法是根据一个角度和一段距离测设点的平面位置。当建筑场地开阔,量距方便,且无方格控制网时,可根据导线控制点,应用极坐标法测设点的平面位置。如图 2.2.2 所示。

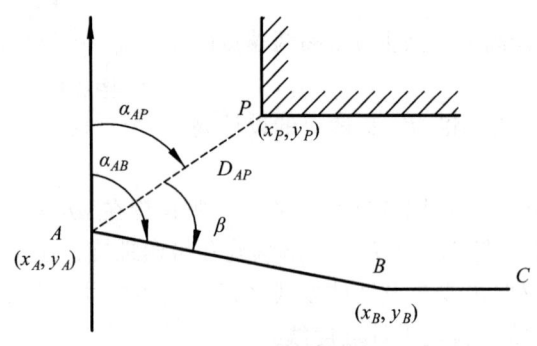

图 2.2.2 极坐标法

A、B、C 为地面已有控制点(导线点),其坐标 (x_A, y_A)、(x_B, y_B)、(x_C, y_C) 均为已知。P 为某建筑物欲测设点,其坐标 (x_P, y_P) 值可从设计图上获得或为设计值。根据 A、B、P 3点的坐标,用坐标反算方法求出夹角 β 和距离 D_{AP},计算公式如下:

坐标方位角:

$$\alpha_{AB} = \arctan\frac{y_B - y_A}{x_B - x_A} \quad (2.2.2)$$

$$\alpha_{AP} = \arctan\frac{y_P - y_A}{x_P - x_A} \quad (2.2.3)$$

两方位角之差即为夹角 β:

$$\beta = \alpha_{AB} - \alpha_{AP} \quad (2.2.4)$$

两点间的距离 D_{AP} 为:

$$D_{AP} = \sqrt{(x_P - x_A)^2 + (y_P - y_A)^2} \quad (2.2.5)$$

【例 2.2.1】 已知 A、B 为控制点,其坐标值为 $x_A = 858.750$ m、$y_A = 613.140$ m;$x_B = 825.432$ m、$y_B = 667.381$ m;P 点为放样点,其设计坐标为 $x_P = 430.300$ m、$y_P = 425.000$ m。计算在 A 点设站,放样 P 点的数据。

【解】

$$\alpha_{AB} = \arctan\frac{y_B - y_A}{x_B - x_A} = \arctan\frac{667.381 - 613.140}{825.432 - 858.750} = 121°33'38''$$

$$\alpha_{AP} = \arctan\frac{y_P - y_A}{x_P - x_A} = \arctan\frac{425.000 - 613.140}{430.300 - 858.750} = 203°42'26''$$

$$\beta = \alpha_{AB} - \alpha_{AP} = 121°33'38'' + 360° - 203°42'26'' = 277°51'12''$$

$$D_{AP} = \sqrt{(x_P - x_A)^2 + (y_P - y_A)^2}$$
$$= \sqrt{(430.300 - 858.750)^2 + (425.000 - 613.140)^2}$$
$$= 467.938 \ (\text{m})$$

测设方法：将仪器安置于控制点 A，照准 B 点定向，采用正倒镜分中法测设 β 角值，沿分中方向用钢尺测设距离 D_{AP}，定出 P 点在地面上的位置。此法适用于量距方便、距离较短的情况，是一种常用的方法。使用全站仪极坐标法测设点的位置在工程施工中已成为主要方法。

三、角度交会法

角度交会法是根据测设角度所定的方向，交会出点的平面位置的一种方法。适用于测设的点位离控制点较远或由于地形复杂不便量距时点位的测设。因此，在水坝、水中桥墩等工程中，广泛采用此方法测设点位。

如图 2.2.3 所示，A、B 位于桥轴线上，以桥轴线为坐标纵轴，A、B、C、D 为所布设的控制点，经控制测量后，它们的坐标值均为已知。P 为河中桥墩的中心点，P 点坐标按下式计算：

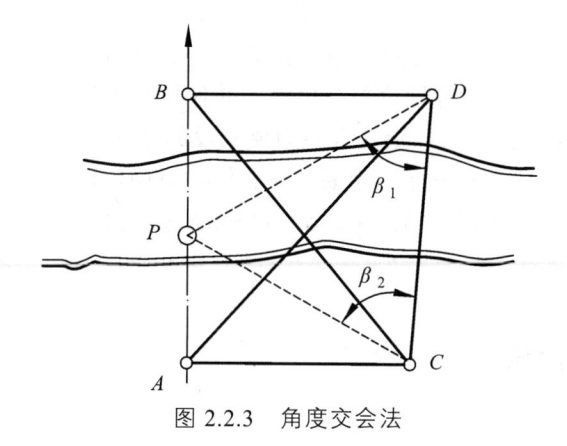

图 2.2.3　角度交会法

$$\left.\begin{array}{l} x_P = x_A + L_P \\ y_P = y_A \end{array}\right\} \quad\quad\quad (2.2.6)$$

式中　L_P——墩台中心里程与 A 点里程之差。交会角 β_1、β_2 按下式计算：

$$\alpha_{DC} = \arctan\frac{y_C - y_D}{x_C - x_D} \quad\quad\quad (2.2.7)$$

$$\alpha_{DP} = \arctan \frac{y_P - y_D}{x_P - x_D} \tag{2.2.8}$$

同理求得 α_{CP}、α_{CD}。

由两个方位角之差求得测设 P 点的交会角为：

$$\beta_1 = \alpha_{DP} - \alpha_{DC} \tag{2.2.9}$$

$$\beta_2 = \alpha_{CD} - \alpha_{CP} \tag{2.2.10}$$

测设方法：如图 2.2.3 所示，用 3 台仪器分别安置在 A、C、D 3 个控制点上，A 点的仪器后视 B 点。C、D 点仪器分别后视 A、B 点，使水平度盘的读数均为 0°00′00″，测设相应的交会角值，理论上三方向交会于一点，由于测量误差的存在，三方向不交于一点，则产生示误三角形，如图 2.2.4 所示。示误三角形的最大边长在限差以内以交会投影至桥轴线上的点作为交会的桥墩中心。若交会方向不包括桥中线方向时，应以交会得的示误三角形重心作为交会的桥墩中心，在交会定点后，应立即将交会方向延伸到河流对岸上，根据视线方向钉设木桩或用觇牌固定作为标志，以便随时恢复交会方向，检查施工中的桥墩中心位置。

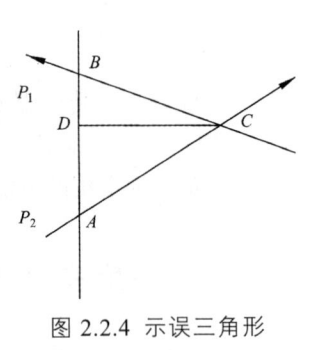

图 2.2.4 示误三角形

四、距离交会法

距离交会法是根据测设的距离交会定出点的平面位置的一种方法。若施工场地平坦，且控制点到待测点的距离不超过一整尺长的情况下，根据控制点与待测点的坐标，计算出测设距离，如图 2.2.5 所示。测设时，可同时用 2 把钢尺，分别将尺子零点对准控制点 A、B，然后将尺拉平、拉紧，并使两尺上读数分别为 D_{AP}、D_{BP} 时交会在一点，则该点即为要测设的 P 点。此法使用的工具和测量方法都较简单，容易掌握，但注意两段距离相交时，角度不能太小，否则容易产生较大的交会误差，降低测设的精度。

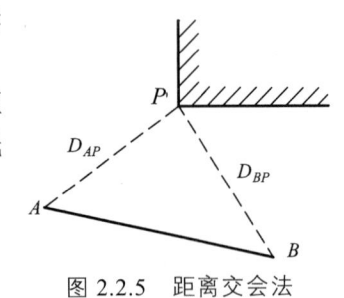

五、全站仪坐标法

图 2.2.5 距离交会法

1. 全站仪坐标法的定义

全站仪坐标法是运用全站仪放样功能，按照设计坐标放样中桩，同时获得中桩三维坐标。已知条件：置镜点坐标（控制点）、后视点坐标（控制点）、待定点坐标。

2. 全站仪坐标法的操作

（1）全站仪安置在置镜点对中、整平，设置仪器参数。

（2）进入坐标放样模式，输入测站点坐标，仪器高、棱镜高。

（3）进入后视定向（方位角设置）模式，输入后视点坐标，精确照准后视点，按下确认键，仪器根据测站点和后视点坐标，将自动完成后视定向方位角的设置。

（4）进入放样模式，输入待定点坐标，（角度、距离模式或坐标差模式）转动照准部水平度盘为零时，即为放样待测点方向。

（5）司镜者给出距离，前视棱镜估计距离（小钢卷尺配合），将棱镜立于视线上，通过对点的测量仪器显示差值移动，直至在限差内即可打桩。

（6）进入坐标测量功能，进行待测点的测量，获取待定点三维坐标，作为检核。

六、RTK 方法

RTK 定位技术就是基于载波相位观测值的实时动态定位技术，通过将卫星定位与数据传输技术相结合，在 1～2 s 时间内，它能够实时地提供测站点在指定坐标系中的三维定位结果，并达到厘米级精度。

1. RTK 工作原理

精密 GPS 定位均采用相对定位技术。RTK 的工作原理是将一台接收机置于基准站上，另一台或几台接收机置于载体（称为流动站）上，基准站和流动站接收机同时接收相同 GPS 卫星（至少 4 颗）发射的信号，基准站所获得的观测值与已知位置信息进行比较，得到 GPS 差分改正值。然后将这个差分改正值通过无线电数据链电台实时传递给共视卫星的流动站接收机，以精化其 GPS 定位观测值，从而得到经差分改正后流动站较准确的实时位置。RTK 系统的工作原理如图 2.2.6 所示。

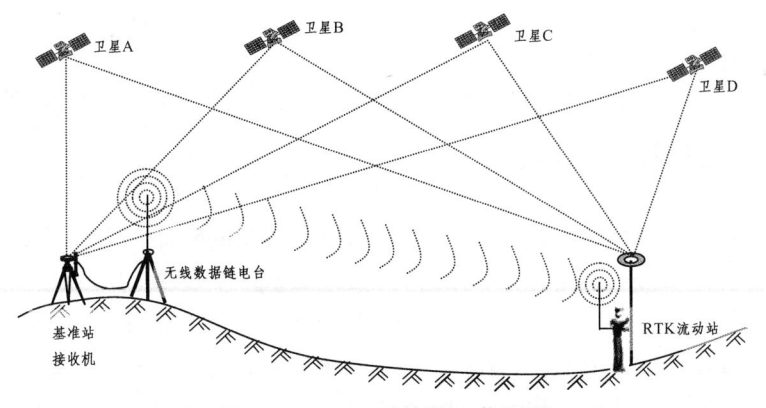

图 2.2.6 RTK 系统的工作原理

2. RTK 系统的组成

我们以美国天宝导航有限公司生产的 Trimble 5700 型双频 GPS 接收机为例介绍 RTK 系统的组成，天宝 RTK 系统由基准站和流动站两部分组成。

基准站包括：基准站 GPS 接收机及接收天线，无线电数据链电台及发射天线；供 GPS 接收机与无线电台使用的 12 V 60A 直流电源。

流动站包括：GPS 接收机及接收天线；无线电数据链接收机及天线；TSC1 控制器及软件。

（1）RTK 系统基准站的作用。

RTK 系统基准站由基准站 GPS 接收机及卫星接收天线、无线电数据链电台及发射天线、直流电源等组成。其作用是求出 GPS 实时相位差分改正值，然后将改正值通过无线电数据链电台发射给流动站以精化其 GPS 观测值，进而得到更为精确的实时位置信息。

RTK 作业能否顺利进行，关键因素是无线电数据链的稳定性和作用距离是否满足要求。它与无线电数据链电台本身的性能、发射天线类型、参考站的选址、设备架设情况以及无线电电磁环境等有关。一般数据链电台采用 400~480 MHz 高频载波发送数据，而高频无线电信号是沿直线传播的，这就要求参考站发射天线和流动站接收天线之间没有遮挡信号的障碍物。这些障碍物在陆地上主要是建筑物、无线电信号发射台等，在海上则主要是地球曲率的影响。

为了尽可能避免参考站设备之间的干扰，RTK 作业时，功率大于 25 W 的数据链电台发射天线，应距离 GPS 接收天线至少 2 m，最好在 6 m 以上。发射天线与电台的连接电缆必须展开，以免形成新的干扰源。同时，电台所使用的频率和电台功率必须经过国家和当地无线电管理部门批准，使用时可能会受到某些限制。

（2）RTK 系统流动站的作用。

RTK 系统流动站接收机利用附带的接收电台（目前多采用内置 UHF 电台）接收基准站数据链电台所发射的差分改正信号，同时也接收共视卫星所发射的卫星信号，并利用配备的 TSC1 控制器进行实时解算，从而获得流动站在所需坐标系下实时位置。流动站接收机在观测过程中，与基准站的距离一般不能超过 15 km，目前一些仪器的标称距离能达到 30 km，但在实际作业中，受各种因素影响，当基准站和流动站距离超过 15 km 之后，流动站接收机初始化很困难，整周未知数 N 的解算很难获得固定解。流动站数据链电台的功率为 2 W，其电源和卫星接收机共用，不需另配电池。

二、RTK 放样操作

利用 RTK 放样的常见模式有点放样、直线放样和曲线放样等。我们以 Trimble 5700 型 GPS 双频接收机的使用为例，来说明利用 RTK 进行施工放样的测量作业步骤：

第一步：架设并启动基准站。将基准站 GPS 接收机安置在开阔的地方，架设天线和电台，确保各个部分连接正确。在 TSC1 控制器中进行相关设置，包括工程的建立、设置投影参数、输入椭球参数、设置坐标转换参数等；设置完成之后使用 TSC1 控制器启动基准站。

第二步：启动流动站。将 TSC1 控制器与流动站 GPS 接收机连接，在（Survey）测量菜单中选 Start Survey（开始测量）进入"测量"模式。在"测量"中选择"RTK（放样）"，控制器界面如图 2.2.8（左）所示，再根据需要选择不同的放样模式。

1. 点放样

（1）将光标移至"点"，回车，如图 2.2.7（右）所示。

（2）按 F1 将控制器数据库内的点增加到"放样/点"菜单中，如图 2.2.8 所示。

```
放样              放样/点              选择点
点                无点                输入单一点名称
直线              增加                从列表中选
曲线                                  所有网格点
路                                    所有键入点
                                      带有半径的点
                                      所有点
                                      代码相同的点
```

图 2.2.7　进入点放样模式　　　　　图 2.2.8　选择点

（3）选定"从列表中选"。为了选择所要放样的点，按下"选项"后就会在点的左边出现"√"，那么这个点就增加到"放样"菜单中，按回车，返回"放样/点"菜单，选择要放样的点，回车，如图 2.2.9 所示（其中之一）。

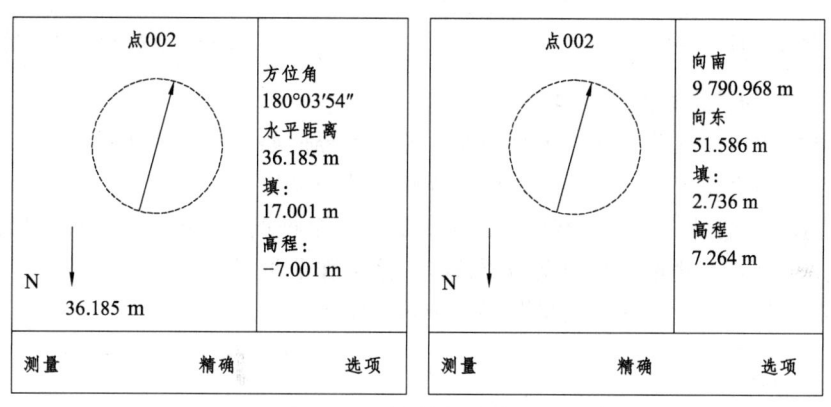

```
点002                            点002
         方位角                            向南
         180°03′54″                       9 790.968 m
         水平距离                          向东
         36.185 m                         51.586 m
         填：                              填：
         17.001 m                         2.736 m
         高程：                            高程
         -7.001 m                         7.264 m
  N
  36.185 m
测量    精确    选项            测量    精确    选项
```

图 2.2.9　放样点的过程 1

图 2.2.9 中的左、右两图可以通过"选项"来转换，测量人员根据需要选择。当你的当前位置很接近放样点的实地位置时，控制器界面的显示会如图 2.2.10 所示。

◎表示杆所在的位置，"+"表示放样点位置，此时按下 F2 进入精确放样模式，直至出现"+"与"◎"重合，放样才完成，然后按两下"测量"，测量 3～5 s，存储此点。再按"测量"就可以放样其他点。

2. 直线放样

（1）在"放样"菜单里选择"直线"，回车，如图 2.2.11 所示。

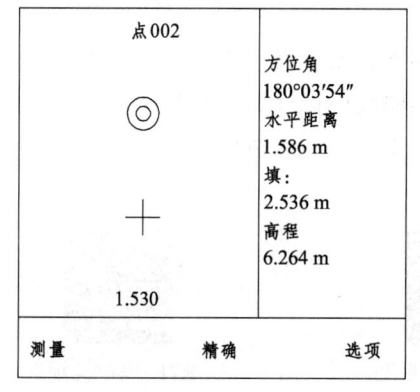

```
点002
         方位角
  ◎      180°03′54″
         水平距离
         1.586 m              放样/直线
         填：
  +      2.536 m              直线名称    ?
         高程
         6.264 m              列表        √
  1.530
测量  精确  选项              F1          F5
```

图 2.2.10　放样点的过程 2　　　　图 2.2.11　进入线放样模式

（2）键入直线时有两种形式：一是按下 F1，显示存在控制器里的直线数据库 √ ，再用 F5 选择所需要的直线，回车，如图 2.2.12 所示；二是在"键入"菜单里键入直线，如图 2.2.13 所示。

```
测量/放样/直线

直线名称        LINE001
放样           到直线
天线高         2.000
量到           bottom of antenna mount


开始                                    选项
```

图 2.2.12　放样到直线

```
直线名称        LINE001
放样           直线上的点
天线高         2.000
量到           bottom of antenna mount
测站           0+10.000 m

开始      加桩         减桩           选项
```

图 2.2.13　放样到直线上的点

（3）按下"开始"，如图 2.2.14 所示。

当流动站接收机所在位置很接近直线时，控制器界面如图 2.2.15 所示。

（4）按下"精确"直到"+"在直线上为止，放样完成。

在"测量/放样/直线"键入直线的形式下，放完一个桩点后，可以直接按"加桩"或"减桩"放样下一个桩点。测量人员根据需要选择合适的作业形式。

（5）放样测量结束后，在"测量"菜单中选"结束测量"。

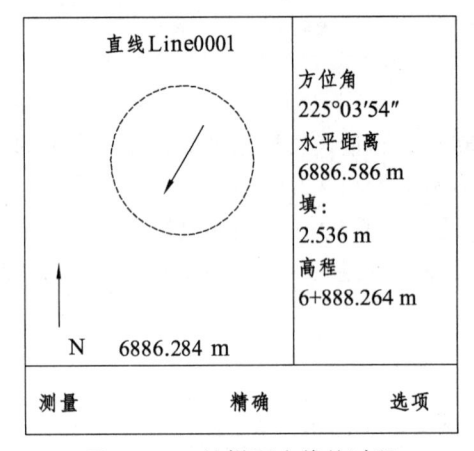

```
直线Line0001
                        方位角
                        225°03′54″
                        水平距离
                        6886.586 m
                        填：
                        2.536 m
                        高程
                        6+888.264 m
N    6886.284 m

测量         精确           选项
```

图 2.2.14　放样到直线的过程

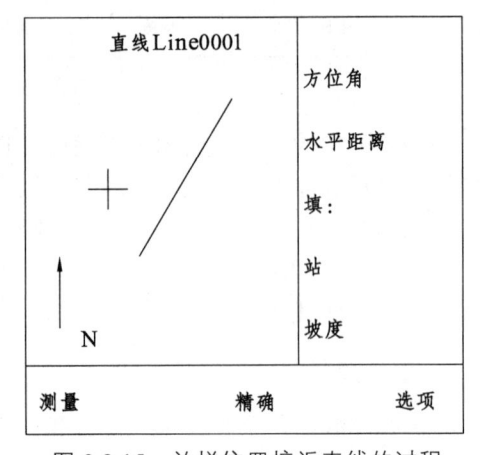

```
直线Line0001
                        方位角
                        水平距离
                        填：
                        站
N                       坡度

测量         精确           选项
```

图 2.2.15　放样位置接近直线的过程

限于篇幅有限，我们仅以点和直线的放样为例来说明放样工作的实施步骤，曲线放样的实施步骤读者可参考相关文献和资料。目前，各种曲线坐标计算的小程序应用非常广泛，实际应用当中测量人员可以先将各待放样点坐标计算出来，然后按照单点放样的操作步骤来实施，也能达到同样的效果。

外挂电台 1+1 模式视频　　　　　RTK 点放样视频　　　　　RTK 线放样视频

学习情境小结

传统的施工测量基本工作主要包括：测设已知水平距离、水平角、高程。测设已知水平距离、已知水平角、已知高程的必要条件是已知置镜点、已知后视方向或前视方向、后视高程点。采用传统方法测设还要练好拉钢尺（拉链）、吊锤线的基本功。水准仪测设已知高程仍在施工中广泛使用。测设已知坡度直线的方法包括：水平视线法与倾斜视线法，其实质是按照设计坡度，计算出每隔一定距离测设一点的高程，作为施工依据。

点的平面位置测设传统方法包括：直角坐标法、极坐标法、角度交会法、距离交会法。各适用于不同的条件，例如：直角坐标法适用于建筑场地有方格控制网。角度交会法使用于桥梁墩台中心测设。

全站仪坐标法与 RTK 方法是目前公路、铁路等大型工程广泛使用的主要方法，其优点是方便、快捷、精度高。可应用于工程建设的各个环节。

课后训练

1. 测设的基本工作有哪几项？测设与测量有何不同？
2. 点的平面位置测设有几种方法？各适用于什么情况？
3. 设 A 点高程为 15.023 m，欲测设设计高程为 16.000 m 的 B 点，水准仪安置在 A、B 两点之间，读得 A 尺读数 $a = 2.340$ m。试问 B 尺读数 b 为多少时，才能使尺底高程为 B 点高程。
4. 采用一般方法测设一直角，精测初设角平均角值为 90°00′10″，测设 OB 的长度为 90.000 m。试问在垂直于 OB 的方向上，B 点应该向何方向移动多少距离才能得到 90°00′00″ 的角？
5. 已知 A、B 为控制点，P 点为放样点，$X_A = 156.28$ m，$Y_A = 186.68$ m；$X_B = 133.45$ m，$Y_B = 266.73$ m；$X_P = 284.16$ m，$Y_P = 201.48$ m。计算仪器安置于 A 点，后视 B 点用极坐标法测设 P 点的测设数据。

学习情境三　线路勘测测量实施

【学习目标】

1. 了解铁路、公路勘测设计阶段测量工作；
2. 了解 CPI、CPII 控制网的作用及布设要求；
3. 掌握 RTK 法测量横断面的操作；
4. 掌握全站仪法、RTK 法中线放样操作；
5. 掌握水准仪测量中桩高程的操作与记录计算；

【学习指南】

本学习情境主要学习普速铁路与高等级公路在勘测设计工作中与测量相关内容。同时，为后续学习施工测量奠定基础。

铁路、公路均属于线型工程，也称为线路工程。"线路"是指表示铁路、公路的走向和空间位置的铁路、公路中心线。线路中心线是施工的依据，线路测量是指线路在设计和施工中所要进行的各种测量工作。

线路勘测设计的目的是为设计一条经济合理、技术可行、发挥最佳效益的线路，其程序一般经过预可行性方案研究、初测、可行性方案研究、定测、初步设计、补定测、施工设计等过程。

铁路勘测与高等级公路勘测程序有一定的区别，主要区别是平面控制测量、高程控制测量等级划分与测设精度、技术要求不同，高等级公路勘测设计没有预可行研究阶段，直接就是工可行阶段，从测量工作上，初测、定测阶段测量存在共同点，例如：控制测量、航测带状地形或数字化测图、纸上定线、现场放线（全站仪坐标法、RTK 法）、纵横断面测量等。本情境学习一是要明确铁路、公路勘测设计中测量工作程序及测量工作内容；二是行业测量规范有哪些规定。本学习情境主要包括 3 项任务：初测阶段测量实施、定测阶段测量的实施、公路勘测测量。

任务 1　初测阶段测量实施

铁路线路勘测阶段的测量工作有初测控制测量、地形测量、定测控制测量、中线测量、纵、横断面测量等。根据测量成果，绘制成平面图和线路纵、横断面图，为定测设计提供必要的技术资料。

因此，线路勘测中的测量工作通常分为初测和定测两阶段进行。初测阶段测量工作包括：建立基础平面控制网、高程控制网、地形测绘。

初测阶段依据预可行性方案所选定的线路大致走向，建立基础平面控制网 CPⅠ。

一、CPⅠ 控制点布设和等级

CPⅠ 控制网作为基础平面控制网，主要为线路控制网 CPⅡ 提供起算基准，线下工程施工主要利用线路控制网 CPⅡ 进行施工控制测量。

如图 3.1.1 所示，CPⅠ 控制点布设应沿线路走向布设，2 km 布设一个点或 4 km 布设一对点（点对间距不宜小于 800 m），CPⅠ 应采用边联结方式构网，形成由三角形或大地四边形组成的带状网。宜一次布网，整体平差。控制网应与沿线的国家高等级平面控制点或 CP0 控制点联测，一般每 50 km 宜联测一个平面控制点，全线（段）联测平面控制点的总数不宜少于 3 个，特殊情况下不得少于 2 个。控制点宜设在距线路中心 50～1 000 m 范围内不宜被破坏、稳定可靠、便于测量的地方；点位布设宜兼顾沿线桥梁、隧道及其大型构（建）筑物布设施工控制网的要求；CPⅠ 控制网采用 GNSS 测量方法实测。CPⅠ 的等级如表 3.1.1 所示。

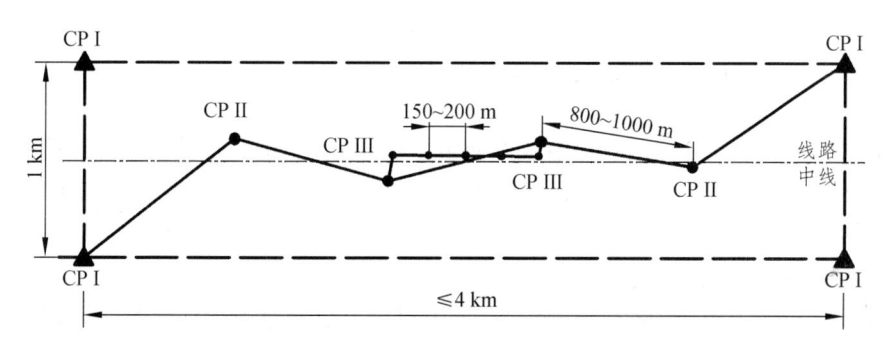

图 3.1.1 控制网布设示意图

表 3.1.1 基础平面控制网（CPⅠ）测量等级

铁路类型	轨道结构	列车设计速度 v/（km/h）	测量等级
客货共线铁路、重载铁路	无砟	$120<v\leqslant 200$	二等
		$v\leqslant 120$	三等
	有砟	$120<v\leqslant 200$	三等
		$v\leqslant 120$	四等
城际铁路	无砟	$v=160$，$v=200$	二等
		$v\leqslant 120$	三等
	有砟	$v=160$，$v=200$	三等
		$v\leqslant 120$	四等

二、高程控制网

初测阶段比较方案多，不具备二、三、四等水准测量的条件，先按五等水准测量精度要求布设初测水准点，以便进行勘测内容的工作。初测控制点高程可采用水准测量、光电测距三角高程或 GNSS 高程测量。定测前再沿线路进行二、三、四等水准测量，作为线路水准基点，以满足定测和施工需要。

三、地形测量

目前，铁路、公路长大干线地形测量全部采用摄影测量成图方法。但对局部摄影以外的区域支线、专用线的地形测量采用全站仪数字化测图法、GNSS RTK 数字化测图法，对摄影地形图现场核对、修正、补测时要用到常规方法。

任务 2　定测阶段测量实施

定测阶段测量工作包括：CPⅡ控制点布设、线路水准基点测量、中线测量、纵断面测量、横断面测量。

一、CPⅡ控制点布设和等级

如图 3.1.1 所示，CPⅡ控制点应沿线路布设，每 400～800 m 布设一个点。控制点宜设在距线路中心 50～200 m 范围内不宜被破坏、稳定可靠、便与测量的地方。相邻 CPⅡ控制点之间应通视，困难地区至少有一个通视点，以满足施工测量的需要。CPⅡ控制网应与 CPⅠ控制点联测构成附合网。

CPⅡ测量方法与等级如表 3.2.1 所示：采用卫星定位测量或导线测量。采用导线测量起闭于 CPⅠ控制点，附合长度不大于 5 km。当附合导线长度超过规定时间，应布设成结点网形。结点与结点、结点与高级控制点之间的导线长度不应大于规定长度的 0.7 倍。

表 3.2.1　基础平面控制网（CPⅡ）测量等级

铁路类型	轨道结构	列车设计速度 v/（km/h）	测量方法	测量等级
客货共线铁路、重载铁路	无砟	$120<v\leqslant200$	GNSS/导线	二等
		$v\leqslant120$	GNSS/导线	四等
	有砟	$120<v\leqslant200$	GNSS/导线	四等
		$v\leqslant120$	GNSS	五等
			导线	一级
城际铁路	无砟	$v=160$，$v=200$	GNSS/导线	三等
		$v\leqslant120$	GNSS/导线	四等
	有砟	$v=160$，$v=200$	GNSS/导线	四等
		$v\leqslant120$	GNSS	五等
			导线	一级

二、线路水准基点测量

建立线路水准基点控制网是作为铁路工程勘测设计、施工和运营维护的高程基准。

初测阶段工作完成后,在定测前应依据可行性设计完善或建立相应等级高程控制网,铁路高程控制测量应按分级布设的原则建网,高程控制网的等级如表 3.2.2 所示。

表 3.2.2　线路水准基点测量等级要求

铁路类型	轨道结构	列车设计速度 v/（km/h）	测量等级
客货共线铁路、重载铁路	无砟	$120<v\leqslant 200$	二等
		$v\leqslant 120$	三等
	有砟	$120<v\leqslant 200$	三等
		$v\leqslant 120$	四等
城际铁路	无砟	$v=160$，$v=200$	二等
		$v\leqslant 120$	精密
	有砟	$v=160$，$v=200$	精密
		$v\leqslant 120$	三等

线路水准基点测量沿线路布设成附合路线或闭合路线,每 2 km 布设一个水准基点,重点工程(大桥、长隧及特殊路基结构)地段应根据实际情况增设水准点。点位距中线 30~300 m 为宜。水准基点可与平面控制点共桩,水准基点埋设要求按照等级、地质条件依据规范要求埋设。

三、中线测量

中线测量目的:将设计好的线路中线测设到地上去,进行线路纵断面测量与横断面测量。为线路设计提供依据。线路中线测量也称为中桩测量,可采用全站仪坐标法和 GNSS RTK 等方法测设,并钉设中桩。中桩测设应满足下列要求。

线路中线宜钉设公里桩和百米桩。直线上中桩间距不宜大于 50 m,曲线上不宜大于 20 m。若地形平坦,曲线半径大于 800 m 时,圆曲线中桩间距可为 40 m。在地形变化处或设计需要时,应另设加桩。钉设加桩的位置要求:沿中线方向纵、横向地形变化处,地质不良地段变化处;线路与其他道路、管线、通信及电力线路等的交叉处;大型建筑工程地段,如隧道洞口、大中桥两端、小桥涵、挡土墙等建筑物处;断链宜设在百米桩处,困难时可设在整 10 m 桩上。不应设在车站、桥梁、隧道和曲线范围内。

百米桩、公里桩及加桩均称里程桩,要注明线路的里程。里程是指由线路起点算起,沿线路中线到该中线桩的距离。一般表示形式 26 + 284.56,"+"号前为公里数,即 26 km,"+"后为米数,即 284.56 m。在里程前还要冠以不同的字母,以表示不同阶段或不同线路的里程。例如:CK 表示初测的里程,DK 表示定测中线的里程,K 则表示竣工后的连续里程。

线路中线可采用全站仪坐标法、GNSS RTK 等方法钉设中桩。

1. 全站仪坐标法中线测量要求

中线测量应采用标称精度不低于 5″、5 mm + 10×10⁻⁶ D 的全站仪施测。中桩一般应直接从平面控制点测设。特殊困难条件下，可从平面控制点上测设附合导线或支导线。支导线边数不应超过两条。中桩至测站之间的距离不宜大于 500 m。

中桩桩位限差：纵向　　S/2000 + 0.1（S 为转点至桩位的距离，以 m 计）；
　　　　　　　　横向　　0.1 m

2. RTK 中线测量要求

参考站宜设于已知平面高程控制点上。流动站至参考站的距离不宜超过 5 km；求解基准转换参数时，公共点平面残差应控制在 1.5 cm 以内，高程残差应控制在 3 cm 以内；放线作业前，应将流动站置于已知点上进行检核，平面坐标较差应小于 1 cm，高程较差应小于 4 cm，并存储记录检核结果；重新设置参考站后，应对最后两个中桩进行复测并记录，平面坐标互差应小于 7 cm，高程互差应小于 10 cm；中桩放样坐标与设计坐标较差应控制在 7 cm 以内。

四、中桩高程测量（纵断面测量）

1. 水准仪施测纵断面

线路中线的平面位置在地面上测定之后，还应测出线路中线桩的高程。从而绘制表示沿线路起伏情况的纵断面图，以便进行线路纵向坡度、桥涵位置、隧道洞口位置的设计。

中桩高程测量可采用光电测距三角高程测量、水准测量。

中桩水准一般采用 1 台水准仪单向观测，在两相邻水准点间形成附合水准路线。在每个测站上，除了观测水准点或转点的读数外，还要逐个观测中桩（又称中视点）的读数。由于转点起着传递高程的作用，所以前、后视读数应读到 mm，而中视点读数不传递高程，读数到 cm 即可。直线转点、曲线起终点及曲线长度大于 500 m 的曲线中点均应作为高程转点。测量时，控制点应立尺于桩顶，中桩应立尺于地面。中桩高程宜观测 2 次，其不符值不应大于 10 cm，在允许范围内，以第 1 次测量结果为准。中桩高程测量方法，如图 3.2.1 所示。

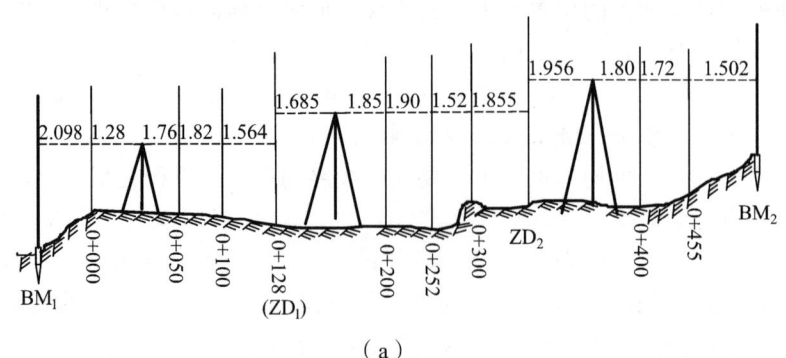

（a）

（b）

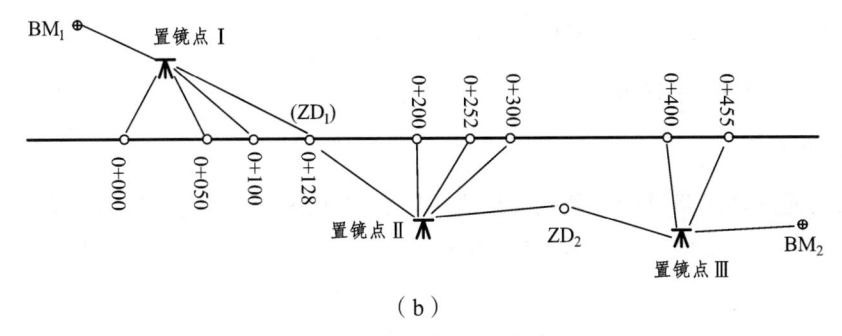

图 3.2.1 中桩测量方法

计算及检核：

将所测数据填入表 3.2.3 中，然后进行计算。

表 3.2.3 水准测量记录表

测 点	水准尺读数			仪器高程	高程	原有高程	备 注
	后视	中视	前视				
BM$_1$	2.098			12.363	10.265	10.265	
0+000		1.28			11.08		
0+050		1.76			10.60		
0+100		1.82			10.54		
0+128（ZD$_1$）	1.685		1.564	12.484	10.799		
0+200		1.85			10.63		水准点高程
0+252		1.90			10.58		$H_{BM1} = 10.265$ m
0+300		1.52			10.96		$H_{BM2} = 11.105$ m
ZD$_2$	1.956		1.855	12.585	10.629		
0+400		1.80			10.78		
0+455		1.72			10.86		
BM$_2$			1.502		11.083	11.105	
Σ	5.739		4.921				

仪器高程 = 后视点的高程 + 后视读数

中桩高程 = 仪器高程 – 中视读数

转点高程 = 仪器高程 – 前视读数

实测高差： $h = 5.739 - 4.921 = 0.818$（m）

检核： $h = 11.083 - 10.265 = 0.818$（m）

已知高差： $h' = 11.105 - 10.265 = 0.840$（m）

闭合差： $f_h = 0.818 - 0.840 = -22$（mm）

按五等允许闭合差： $F_h = \pm 30\sqrt{0.5} = \pm 42$（mm）

$f_h < F_h$（合格）

2. 线路纵断面

线路纵断面图是线路设计的基础文件之一，它将线路中线经过之处的地形、地质等自然状况以及设计资料表示出来，如图 3.2.2 所示。

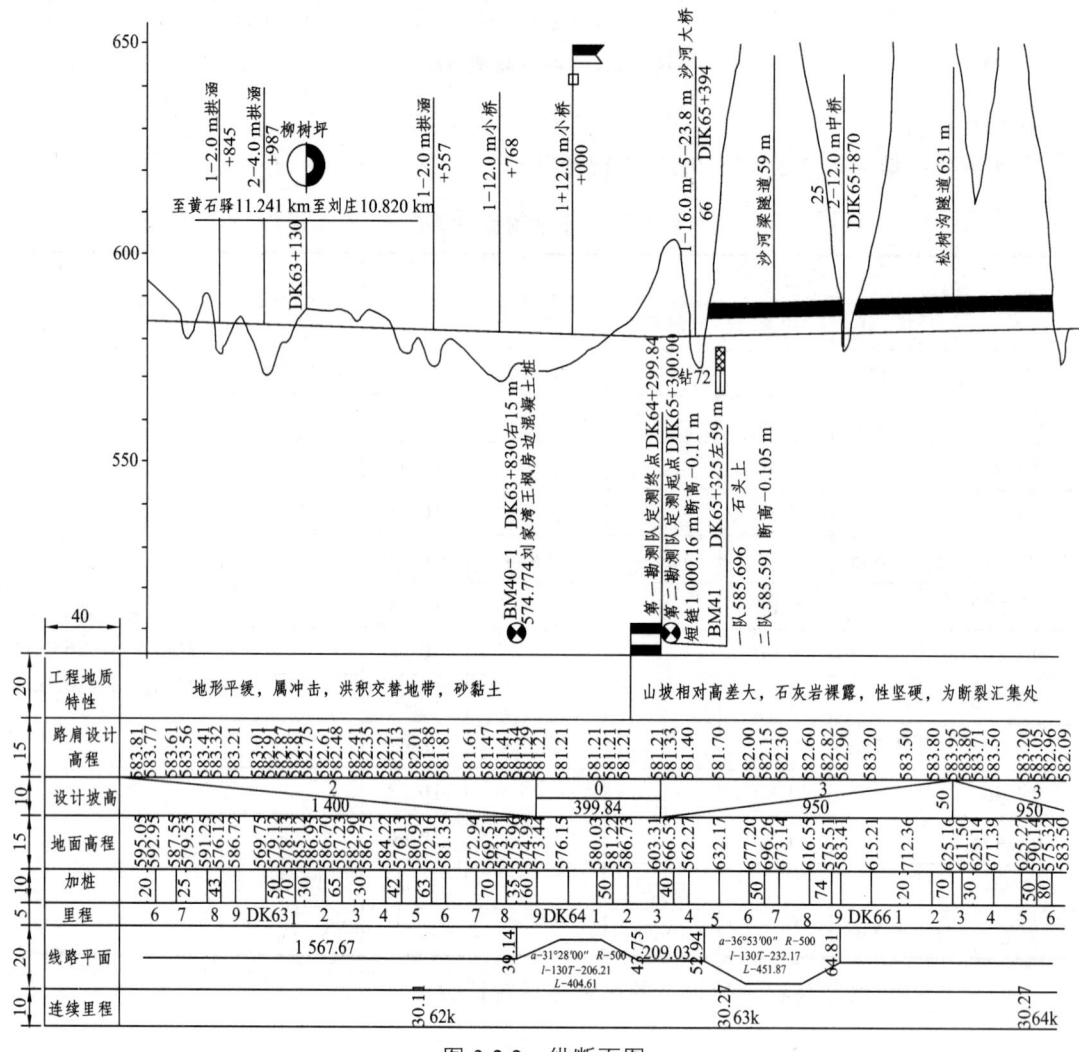

图 3.2.2 纵断面图

线路纵断面图，水平方向表示里程，竖直方向表示高程。为突出地面的起伏变化，高程比例尺比水平距离比例尺大 10 倍，高程比例尺为 1∶1 000，水平距离比例尺为 1∶10 000，标准图幅宽度为 420 或 297 mm。

纵断面图的上部表示线路中线经过的地貌自然状况和线路设计的高程位置，以及桥涵、隧道、车站、水准点等的位置，下部表示线路经过地区的地质情况及各项设计资料等。

里程：表示勘测里程，应首先绘出。按比例从左向右绘出百米桩和公里桩，应绘在方格纸的厘米分划线上。由于线路局部改线以及分段测量等原因，使得连接处原百米桩里程与后测里程不一致，称为断链。后测该点里程大于该点原里程为长链，反之为短链。在断链处，前后 200 m 桩间的平距不按比例绘制，但需在上下各画一粗线段，并在方格内注明实际长度，如图 3.2.2 中 DK64 + 200 ~ 300 实为 99.84 m。

加桩：在加桩位置绘一竖线，竖线旁注字表示距前 100 m 桩的距离。

地面高程：为各中线桩的地面高程，根据中线桩的里程和地面高程，在图的上部按照规定的比例尺点出中桩的位置，连接所绘出的各点所得的折线，即是线路中线的地面线。

设计坡度：竖线表示变坡点的位置，其里程不在整百米时，要注明至百米桩的距离。水平线表示平坡。斜线倾斜方向表示上坡或下坡，斜线上的数字表示设计坡度的千分率，下面的数字为坡段长度，以 m 为单位。

路肩设计高程：路基肩部的设计高程，是由线路起点路肩高程根据设计坡度及里程推算得出的。某中线桩的路肩设计高程与对应地面高程之差，即为该中线桩的填挖量。

线路平面：线路中线的平面示意图，位于该栏中央的直线表示线路中线的直线段，其上数字表示直线的长度。曲线部分用折线表示，向上凸出表示曲线向右转，向下凸出表示曲线向左转。折线中间的水平线表示圆曲线，斜线则表示缓和曲线部分。在每个曲线处要注明曲线要素，在曲线起终点上要标注出距前 1 个百米桩的距离。

连续里程：指扣除断链以后距线路起点的实际公里数，粗短线为公里标的位置，下方数字为公里数，左侧数字为公里标到上一相邻百米桩的距离。

工程地质特征：填写沿线地质情况。

此外，在图上还要用专用符号标明车站、桥涵、隧道等的位置，同时注明沿线水准点的编号、位置及高程。

五、线路横断面测量

线路横断面测量，就是测出垂直线路两侧地形起伏状况，并绘成横断面图，作为进行路基及路基边坡设计，土石方量计算，以及桥涵、挡土墙等设计的依据。

横断面测量方法有多种方法，目前公路、铁路常采用全站仪法与 RTK 方法。更多的是采用 RTK 方法。航测法测量横断面点时，测量横断面点的距离限差为 ± 0.3 m，高差限差为 ± 0.35 m。

1. 横断面施测的密度和宽度

横断面施测的密度及宽度，应根据沿线的地形和地质情况以及设计需要确定。一般横断面间距为 20 m。在曲线控制桩，公里标、百米标和线路纵、横向地形明显变化处测绘横断面。在高路堤、深路堑、挡土墙、大中桥头、隧道洞口，以及地质不良地段，应按设计需要适当加密横断面。横断面的测量宽度应根据路基中心填挖高程和边坡坡度确定，一般应测至路基边坡外 10 m 以上。

2. 横断面方向

线路横断面方向应垂直于线路中线，在曲线范围内，如图 3.2.3 所示，横断面的方向应与曲线上测点的切线相垂直，即该测点的法线方向。

3. 全站仪施测横断面

全站仪法施测横断面方法也是有多种操作方法，某些仪器直接有横断面测量功能。选择哪种方法根据实际条件选用。例：置镜于已知中桩点测量横断面，以中桩里程命名测站名，测站坐标设定为假定坐标（00、00），Z 为该中桩高程；后视前进方向（或后视方向）中桩定向；拨角至横断面方向测定地面变化点的三维坐标。Y 坐标为中桩至地形变化点的距离，以线路里程增加方向，左侧为负值、右侧为正值，在横断面假定坐标系中，若 X 不等于零，既偏离断面方向。移动目标棱镜是 X = 0，即可以观测。此方法用于直线段可连续施测多个断面。

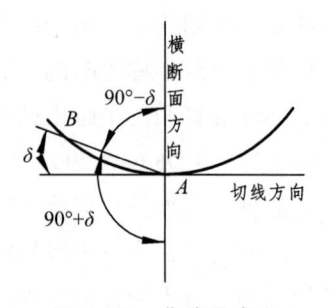

图 3.2.3　曲线段定向

4. RTK 横断面数据采集

公路、铁路已广泛使用 RTK 进行横断面数据采集，以华测 RTK 为例说明操作方法，扫描二维码即可观看。

用全站仪、RTK 外业在现场采集横断面的相关数据，即获得横断面方向上各地形变化点的坐标，运用成图软件模块，借助于计算机绘制成横断面图。

5. 横断面测量的精度要求

按照铁路规范要求，采用全站仪法和 RTK 法横断面测量检测限差按下列公式计算：

高差：$0.1\left(\dfrac{L}{100}+\dfrac{h}{10}\right)+0.2$（m）

距离：$\dfrac{L}{100}+0.1$（m）

RTK 横断面数据采集视频

式中　h——检查点至线路中桩的高差；
　　　L——检查点至线路中桩的水平距离。

6. 横断面图绘制要求

绘制横断面图时，水平方向表示平距，竖直方向表示高程，绘制比例尺一般采用 1∶200。绘制时，使每行的横断面中心线排在一条线上，以中桩为准，根据左右两侧的测点至中桩的距离和各点的高程，点绘出地形变化点，依次连接各点所得折线，即为该中桩处的横断面图，如图 3.2.4 所示。

图 3.2.4 横断面图

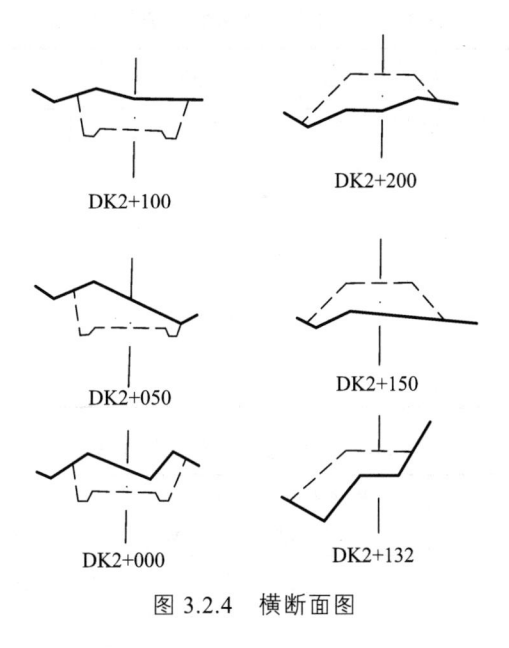

任务 3 公路路线勘测测量

公路路线测量工作的内容和程序与铁路线路工作的内容和程序大体相同，也分为初测和定测 2 个阶段。

一、初 测

初测主要任务：是对路线方案做进一步的核查落实，并进行导线、高程、地形、桥涵、隧道、路线交叉和其他资料的测量、调查工作，进行纸上定线。

初测阶段的测量工作包括：平面控制测量、高程控制测量、地形测量。

1. 平面控制测量

路线平面控制测量宜采用导线测量方法进行，宜全线贯通，统一平差。高速公路、一级公路选用一级导线。高速公路平面控制网采用卫星定位测量作为首级控制网，每隔 5 km 布设一对相互通视的四等卫星定位点，(两点间的间距应在 300 m 以上)。在此基础上加密布设一级导线。一级导线沿线路方向布设，控制点到路线中心线的距离应大于 50 m，宜小于 300 m，导线点间的距离不得小于 500 m，每一点至少应有一相邻点通视，特大型构造物每一端至少埋设 2 个以上平面控制点。平面控制测量卫星定位测量的主要技术要求如表 3.3.1 所示；导线测量的主要技术要求如表 3.3.2。

表 3.3.1 卫星定位测量的主要技术要求

测量等级	固定误差 a/mm	比例误差系数 b/mm
二等	≤5	≤1
三等	≤5	≤2
四等	≤5	≤3
一级	≤10	≤3
二级	≤10	≤5

表 3.3.2 导线测量的主要技术要求

测量等级	附（闭）合导线长度/km	边数	每边测距中误差/mm	单位权中误差/(″)	导线全长相对闭合差	方位角闭合差/(″)
三等	≤18	≤9	≤±14	≤±1.8	≤1/52000	≤$3.6\sqrt{n}$
四等	≤12	≤12	±10	≤±2.5	≤1/35000	≤$5\sqrt{n}$
一级	≤6	≤12	±14	≤±5.0	≤1/17000	≤$10\sqrt{n}$
二级	≤3.6	≤12	±11	≤±8.0	≤1/11000	≤$16\sqrt{n}$

首级平面控制网应与测区内国家高级控制点联测。加密导线分段起闭于 GNSS 控制点。初测平面控制网的作用：可以作为航测成图控制依据；导线点既可以作为图根控制点也可作为施工测量控制点。

2. 高程控制测量

公路高程系统宜采用 1985 年国家高程基准。高程控制点应沿公路路线布设。高程控制点距路线中心线的距离应大于 50 m，宜小于 300 m。相邻控制点之间的间距以 1~1.5 km 为宜。

高程控制网应采用水准测量或光电测距三角高程测量方法进行，高级公路、一级公路采用四等水准，应与国家三等以上高程控制点按四等水准联测。水准测量的主要技术要求如表 3.3.3。光电测距三角高程测量的主要技术要求如表 3.3.4 规定。

表 3.3.3 水准测量的主要技术要求

测量等级	往返较差或环线闭合差/mm 平原、微丘	往返较差或环线闭合差/mm 重丘、山岭	检测已测测段高差之差/mm
二等	≤$4\sqrt{l}$	≤$4\sqrt{l}$	≤$6\sqrt{l_i}$
三等	≤$12\sqrt{l}$	≤$3.5\sqrt{n}$ 或 ≤$15\sqrt{l}$	≤$20\sqrt{l_i}$
四等	≤$20\sqrt{l}$	≤$6.0\sqrt{n}$ 或 ≤$25\sqrt{l}$	≤$30\sqrt{l_i}$
五等	≤$30\sqrt{l}$	≤$45\sqrt{l}$	≤$40\sqrt{l_i}$

表 3.3.4　光电测距三角高程测量主要技术要求

测量等级	测回内同向观测高差较差 /mm	同向测回间高差较差 /mm	对向观测高差较差 /mm	附合或环线闭合差 /mm
四等	$8\sqrt{D}$	$10\sqrt{D}$	$40\sqrt{D}$	$20\sqrt{\sum D}$
五等	$8\sqrt{D}$	$15\sqrt{D}$	$60\sqrt{D}$	$30\sqrt{\sum D}$

注：D 为测距边长度（km）

3. 地形测量

以导线为控制测绘全线带状地形图，测绘地形图的比例尺一般为 1∶2 000，在人烟稀少的平原微丘地区可测 1∶5 000。路线带状地形图的宽设为：一般等级公路 100～200 m，高等级公路为 500 m 左右。

二、定　测

定测的主要任务：是把纸上定线的路线测设于地面，然后进行路线纵、横断面测量，为施工图设计、编制工程预算提供资料。

定测阶段的工作主要有：中线测量、纵断面测量、横断面测量。

1. 中线测量

高等级公路的实地放线一般不必标定线路交点的实地位置，而是根据沿线高精度的控制点使用极坐标法、RTK 法放样中桩，由线路中桩的设计坐标直接标定出中桩的实地位置，并测出其高程。中桩平面桩位精度如表 3.3.5 所示，中桩间距如表 3.3.6 规定。

表 3.3.5　中桩平面桩位精度

公路等级	中桩位置中误差/cm		桩位检测之差/cm	
	平原、微丘	重丘、山岭	平原、微丘	重丘、山岭
高级公路，一、二级公路	≤±5	≤±10	≤±10	≤±20
三级及三级以下公路	≤±10	≤±15	≤±20	≤±30

表 3.3.6　中桩间距

直线/m		曲线/m			
平原、微丘	重丘、山岭	不设超高的曲线	R>60	30<R<60	R<30
50	25	25	20	10	15

中桩测定后宜测量并记录中桩的平面坐标，测量值与设计坐标的差值应小于中桩测量的桩位限差。

2. 中桩高程测量（纵断面测量）

中桩高程测量可采用水准测量、光电测距三角高程测量、RTK 方法施测。中桩高程测量应起闭于路线高程控制点上，高程测至桩志处地面，其测量误差应符合表 3.3.7 的要求，中桩高程应取位厘米。

表 3.3.7 中桩高程测量精度

公路等级	闭合差/mm	两次测量之差/cm
高速公路、一、二级公路	$\leq 30\sqrt{L}$	≤ 5
三级及三级以下公路	$\leq 50\sqrt{L}$	≤ 10

根据中桩测量成果及有关资料，绘制线路的纵断面图，如图 3.3.1 所示。

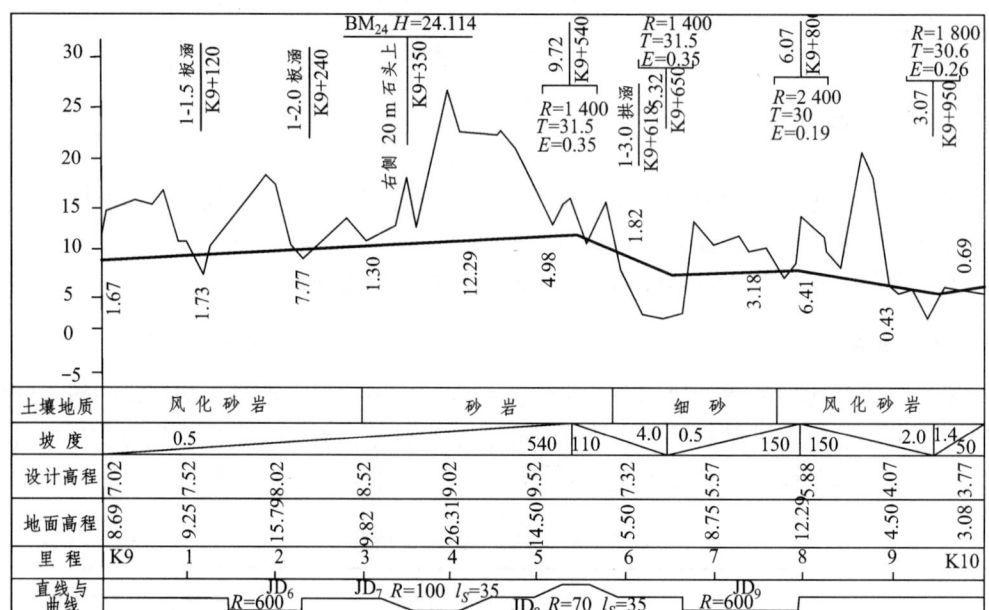

图 3.3.1 公路纵断面图

3. 横断面测量

应在线路所有中桩上进行横断面测量，每侧各 15～20 m，并按 1:200 的比例绘制横断面图。绘制方法与铁路线路相同，如图 3.3.2 所示。

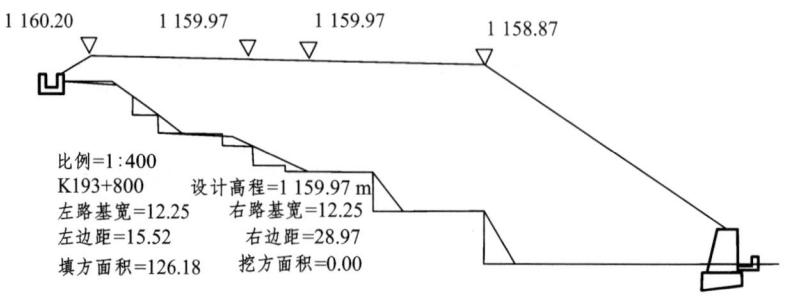

图 3.3.2 公路断面图

高等级公路由于施测范围较宽，测量精度较高，故横断面测量方法宜采用水准仪法、全站仪法、RTK 法施测。

公路横断面检测限差如表 3.3.8 规定。

表 3.3.8　横断面检测互差限差

公路等级	距离/m	高差/m
高速公路、一、二级公路	$\pm(L/100+0.1)$	$\pm(h/100+L/200+0.1)$
三级及三级以下公路	$\pm(L/50+0.1)$	$\pm(h/50+L/100+0.1)$

注：L 为测点至中桩的水平距离；h 为测点至中桩的高差。

学习情境小结

铁路勘测阶段的测量工作包括：初测控制测量、地形测量、定测控制测量、中线测量，纵、横断面测量等。CPⅠ、CPⅡ 控制网是由设计单位建立，施工单位是复测、加密作为施工测量的基础。CPⅢ 控制网测量是由施工单位线下工程完工后建立的。轨道施工测量属于线上部分这里不再叙述。中线测量的线路控制桩已不再作为勘测、施工放线的控制基准，其作用是为了勘测设计阶段专业调查和临时加桩使用以及施工单位在施工清场时对线路走向有所了解。线路控制桩不要求埋石固桩。中线测量的目的，是将设计好的线路中线测设到地上去，进行线路纵断面测量与横断面测量，为线路设计提供依据。纵断面图、横断面图目前已全面运用机助成图，因此，在学习理论的同时，更主要的是掌握软件使用。

课后训练

1. 铁路、公路线路勘测阶段各有哪些测量工作？
2. 什么是中线测量？
3. 叙述线路纵横断面测量任务。
4. 布设 CPⅠ、CPⅡ 的作用如何？
5. 建立线路水准基点的作用是什么？
6. 试述全站仪坐标法放样步骤。

学习情境四　线路中线测量实施

【学习目标】

1. 了解施工前复测内容及技术规范；
2. 能运用传统测量方法放样中线点；
3. 掌握平面曲线中桩坐标计算；
4. 能掌握一种软件进行线路中线坐标计算。

【学习指南】

施工复测主要是平面控制点、高程控制点的复测，《铁路工程测量规范》规定分定期复测与不定期复测，定期复测由建设单位组织实施，不定期复测由施工单位实施。复测频次在《铁路工程测量规范》均有详细要求。这里只是交接桩复测。开工前复测内容，铁路施工复测主要包括：CP0、CPI、CPII、水准基点高程测量、纵横断面测量、隧道进出口（斜井、竖井、平行导坑）位置测量、桥墩台位置测量、线路中心桩测量、管段分界桩测量、断链桩测量、征地界桩测量、便道测量等。公路施工复测主要包括：GPS 控制点复测、导线点高程测量、线路中心桩测量、纵横断面测量、管段分界桩测量、断链桩测量、征地界桩测量、便道测量等。

铁路、高等级公路曲线类型主要是平面曲线基本型，是由缓和曲线与圆曲线组成，其他曲线类型主要应用于公路匝道与辅道。中线坐标计算用计算器计算难度较大，目前施工中较多采用手机软件和计算机软件，但是必须掌握计算原理，才能更好地使用软件和开发计算软件。

本学习情境主要包括 9 项任务：施工测量复测、线路平面曲线认知、单圆曲线主点测设、单圆曲线详细测设、缓和曲线认知、缓和曲线连同圆曲线的曲线主点测设、缓和曲线详细测设、线路中线坐标计算、非完整缓和曲线坐标计算。

任务 1　施工测量复测

线路施工时，施工放样是依据定测时所设置的平面控制点和高程控制点。设计单位交付图纸资料的同时，在现场将控制点实地位置移交给施工单位，这项工作称为交桩。所移交控制点从定测到施工往往相隔一段很长的时间，在这段时间里，有的桩点位置可能发生位移、损坏和丢失。为了确保施工测量精度，施工前，施工单位应全面恢复定测桩点，同时检查移交桩点的可靠性，这项工作称为施工复测。线路施工复测包括平面控制点复测和水准基点复测，同时，为了确保平面和高程放样精度，根据施工标段实际情况加密平面控制点和加密水准点。

施工复测的特点，由于是检查已有成果的正确性，而不是重新测设，所以经过复测，如果与原来成果相符，不超过允许限值，一律以原有成果为准，不再变更。对于复测超限的桩点，多次复测后，确认定测桩点有误或者精度不符合要求时，需经设计、监理单位批复后方采用复测成果进行施工，本任务根据公路、铁路线路控制采用的主要形式分别介绍施工复测方法及精度要求。

一、铁路线路施工复测

1. 交接桩

施工复测前应会同建设单位、设计单位进行实地交接桩，监理单位应参加交接工作。交接控制点桩，铁路主要是 CP0、CPI、CPII、水准基点、断链桩等；公路主要是导线点、水准基点、卫星定位控制点等合同分段桩、重要结构物的中心桩。交接桩应至少延伸到相邻标段连续 2 个不同等级以上平面、高程控制桩为止；并同交桩单位办理交接手续，各种数据当面核准。

交接桩资料主要是 CPI、CPII；水准基点表（距线路里程、位置描述）；点之记表；铁路控制桩表（各控制点里程、控制点示意图、角度、距离）；线路逐桩坐标表；断链表；断高表；坡度表；竖曲线表；导线点坐标表；公路各墩台中心坐标；线路平面图、纵断面图、横断面图等。

2. 控制点复测技术要求

在与设计单位完成现场桩位交接，实地勘察后，编制复测工作技术方案或技术大纲。复测采用的方法应与原控制测量相同，测量精度等级不能低于原控制测量等级。相邻标段控制网复测时，标段间搭接处应至少有 2 个平面控制点和 2 个水准基点作为共用桩。相邻标段施工单位均应对共用桩进行复测，复测完成后应签订共用桩协议，以确保各标段之间线下工程的正确衔接。

（1）CPI、CPII 控制点复测。

采用卫星定位法和导线法复测 CPI、CPII 控制点，复测与原测成果较差应满足表 4.1.1、4.1.2 的规定。

表 4.1.1　GNSS 复测相邻点间坐标增量之差的相对精度限差

控制网等级	相邻点边长 S/m		
	$S \geq 800$	$500 < S < 800$	$S \leq 500$
一等	1/160 000	1/120 000	1/100 000
二等	1/130 000	1/100 000	1/800 00
三等	1/800 00	1/600 00	1/500 00
四等	1/500 00	1/400 00	1/300 00
五等	1/300 00	1/250 00	1/200 00

表中相邻点间坐标增量之差的相对精度按下式计算：

$$\frac{d_s}{s} = \frac{\sqrt{\Delta X_{ij}^2 + \Delta Y_{ij}^2 + \Delta Z_{ij}^2}}{S} \qquad (4.1.1)$$

其中
$$\Delta X_{ij} = (X_j - X_i)_\text{复} - (X_j - X_i)_\text{原}$$
$$\Delta Y_{ij} = (Y_j - Y_i)_\text{复} - (Y_j - Y_i)_\text{原}$$
$$\Delta Z_{ij} = (Z_j - Z_i)_\text{复} - (Z_j - Z_i)_\text{原}$$

式中　S——相邻点间的二维平面距离或三维空间距离；
　　　$\Delta X_{ij}, \Delta Y_{ij}$——相邻点间二维坐标增量之差（m）；
　　　ΔZ_{ij}——相邻相邻点 i 与 j 间 Z 方向坐标增量之差（m），当只统计二维坐标增量之差的相对精度时该值为零。

表 4.1.2　GNSS 控制点复测平面坐标较差限差要求

控制网	控制网等级	坐标较差限差/mm
CPⅠ	二等、三等	20
CPⅠ	四等	25
CPⅡ	三等、四等	15
CPⅡ	五等	20

注：坐标较差限差指 X、Y 平面坐标分量较差。

采用导线法复测 CPⅡ 控制点，在满足相应等级精度后，应进行水平角、边长较差分析比较，较差应符合表 4.1.3 规定。

表 4.1.3　CPⅡ 导线复测较差的限差

控制网	等级	水平角较差/(″)	边长较差/mm
CPⅡ	隧道二等	3.6	$2mD$
CPⅡ	三等	5	$2mD$
CPⅡ	四等	7	$2mD$
CPⅡ	一级	11	$2mD$

（2）水准基点复测。

线路水准基点复测采用定测实测方法。线路水准基点复测的精度和要求应符合规范相应等级的规定。水准点间的复测高差与原测高差之较差应符合表 1.3.1 检测已测阶段高差之差规定。

3. 复测报告编制

复测报告主要应包括下列内容：

任务依据、测量起讫时间、作业方法（平面控制网、高程控制网）、人员设备、（参加复测主要人员、分段测量及设备)、数据处理方法(平面控制网、高程控制网)、控制测量精度(平面控制网、高程控制网)、复测点现状分析、同步环、异步环闭合情况及精度统计(CPⅠ、CPⅡ)、起算点、平面控制网坐标成果、(平面坐标、精度分析及评定)、重复基线精度分析及评定、高程控制网成果、复测资料上存在问题及处理方法、复测结论、标段搭接测量用桩协议书、控制网图。附件有平面：(基线报告、闭合环报告、约束、无约束评差报告)，高程：(水准测量原始观测数据)，GNSS 测量和水准测量观测手簿、设备检定证书、施工单位测绘资质证书。

二、公路路线施工复测

1. 交接桩

公路和铁路线路复测一样，复测前应会同业主、设计单位、监理进行实地交接桩。公路采用导线法控制线路中线。采用导线法控制时，交接的控制桩主要有：导线点、水准基点。在交接桩时应向相邻标段延伸 2 个导线点和 1 个水准基点，以便于进行和相邻标段间的贯通测量。

路线测量有关的资料主要有：路线平面图，纵断面图，直线、曲线及转角表，导线点成果表，水准成果表，逐桩坐标表等。

2. 路线复测的技术要求及精度要求

目前，由于全站仪、卫星定位技术在工程控制测量中的应用也越来越普遍，因此，导线测量和卫星定位测量是进行平面控制测量的主要形式，公路线路复测一般应按《公路勘测规范》要求进行作业。导线复测时，应参照公路定测等级选择相应导线测量的技术标准进行作业。

水准点高程复测与水准测量方法一样，高速公路和一级公路的水准点闭合差按四等水准测量精度要求限差控制，二级以下公路水准点闭合差按五等水准测量限差控制。

沿路线每 500 m 宜有一个水准点，高速公路、一级公路宜加密，每 200 m 有一个水准点。《公路勘测规范》规定，在进行水准测量时确有困难的山岭地带以及沼泽、水网地区，四、五等水准测量可用光电测距三角高程测量。光电测距三角高程测量的视距长度不得大于 1 km，垂直角不得超过 15°，高程导线的长度不应超过相应等级水准测量路线的最大长度。

3. 复测外业和内业

应根据线路等级确定导线测量的等级，对设计单位交桩应逐点复测导线点间的水平角度和水平距离以及水准点间的高差。

复测导线可采用附合导线测量方法，如图 4.1.1 所示，将本标段移交的导线点坐标表中相邻点进行坐标反算，求转折角 β_i 和导线边长 D_i；实测水平角度和水平距离；检查复测导线角度与设计角度之差是否不大于相应等级导线测角中误差的 $2\sqrt{2}$ 倍，距离精度应满足全长相对闭合差的要求。

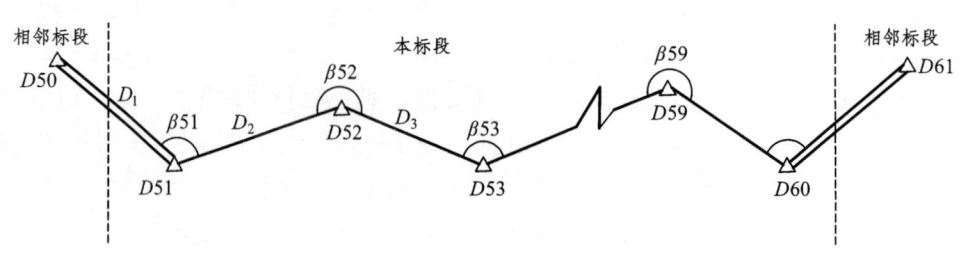

图 4.1.1　导线复测

另外，衡量导线是否满足精度要求的最重要指标是导线方位角闭合差以及导线全长相对闭合差是否满足精度要求，如学习情境三表 3.3.2 导线测量的主要技术要求。

衡量水准点高程是否满足精度要求的标准是复测相邻水准点间的高差与设计高差之差满足相应等级水准测量闭合差限差的要求，如学习情境三，表 3.3.3 水准测量主要技术要求。

高等级公路勘测设计采用坐标系 1954 坐标系，因此，在进行数据处理时必须将导线边长换算到高斯投影面上方可进行平差计算。

卫星定位首级控制网复测应满足学习情境三，表 3.3.1 GNSS 测量的主要技术要求。

4. 复测结束应提交的资料

（1）复测说明。内容包括测区范围，控制桩点交桩情况，技术标准，施测概况，有关问题的处理方法，复测精度分析，复测结论等。

（2）复测导线、水准路线示意图。

（3）导线点复测角度与设计角度比较表。

（4）导线点复测距离与设计距离比较表。

（5）水准点复测高差与设计高差比较表。

（6）复测控制点桩点表。

（7）测量仪器检定证书复印件。

任务 2　线路平面曲线认知

线路测量的主要任务之一是线路中心线的测量，简称中线测量。中线测量在施工阶段自始至终是一项主要的测量工作，桥梁、隧道等工程属于线路的组成部分，施工前首先要求各自的中心线符合线路总体要求。中线测量的主要任务，是把图上设计好的线路中心线在地面上标定出来，作为工程施工的依据。

铁路、公路中线的走向受地形、地质、技术、经济等条件的限制和经济发展的需要，会不断改变方向，为了行驶平顺，在转向处以曲线连接两相邻直线，这种曲线称为平面曲线。线路平面由直线和平面曲线组成，平面曲线分圆曲线和缓和曲线 2 种类型，如图 4.2.1 所示。

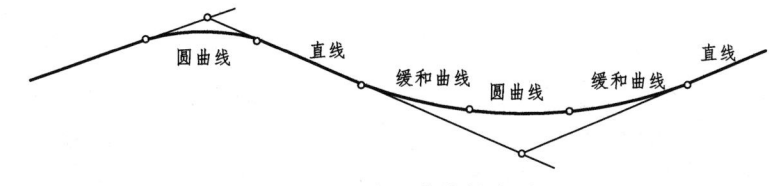

图 4.2.1 平面曲线基本型

圆曲线 —— 一段具有一定半径的圆弧。

缓和曲线 —— 连接直线和圆曲线之间的过渡曲线,其曲率半径由无穷大渐变至圆曲线的半径。

综合铁路、高等级公路,根据各自的特殊要求,组合平面线形有以下几种类型:

(1) 基本型:如图 4.2.1 所示,按直线→缓和曲线→圆曲线→缓和曲线→直线组合。

(2) 回头曲线:如图 4.2.2(a)所示,转向角大于 180°时,它的交点不存在,只能按相反方向作延长线在后方相交成虚交点,称为回头曲线。

(3) 复曲线:如图 4.2.2(b)所示,将 2 个或 2 个以上不同半径的同向圆曲线连接起来,称为复曲线。

(4) S 型:如图 4.2.2(c)所示,2 个反向圆曲线用缓和曲线连起来的组合线形,称为 S 型。

(5) 复合型:如图 4.2.2(d)所示,2 个以上同向缓和曲线在曲率相等处相互连接的形式,称为复合型。

(6) 凸型:如图 4.2.2(e)所示,2 个同向缓和曲线在各自半径最小的点上直接相互连接组成的线形,称为凸型。

(7) 卵型:如图 4.2.2(f)所示,用一段缓和曲线连接 2 个同向圆曲线组成的线形,称为卵型。

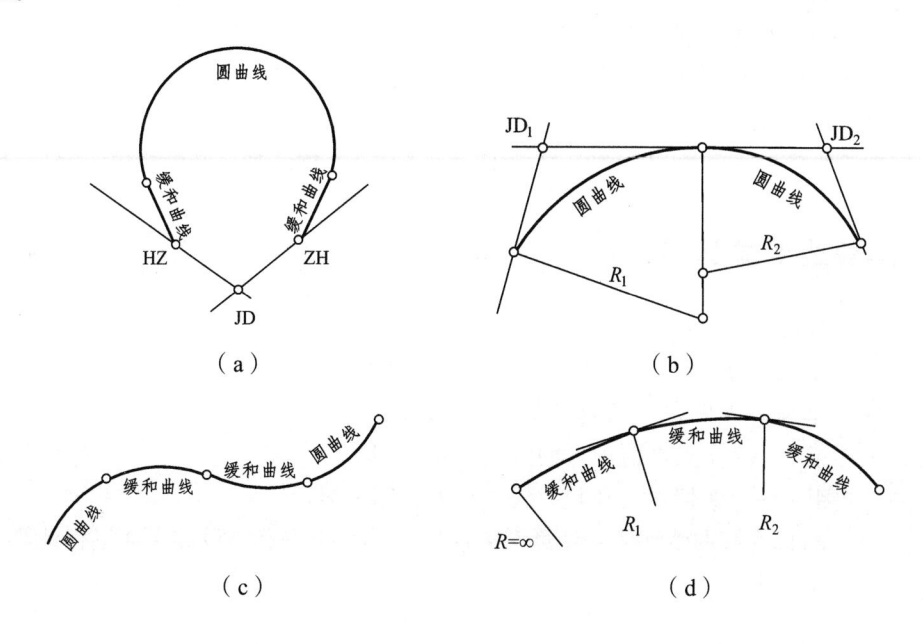

(a)

(b)

(c)

(d)

(e) 图中标注：缓和曲线、缓和曲线、JD

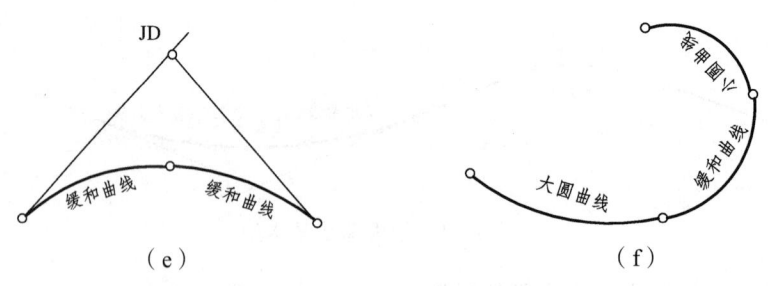

(f) 图中标注：第甲圆、缓和曲线、大圆曲线

图 4.2.2　平面曲线组合线形

任务 3　单圆曲线主点测设

所谓单圆曲线，是具有一定半径的一段圆弧连接两相邻的直线，是连接直线最简单的一种形式，主要适用于铁路专用线和低等级公路。曲线测设一般方法分两步：一是圆曲线控制点（也称主点）的测设，二是圆曲线详细测设。

一、圆曲线主点名称

主点测设前应进行必要的计算，包括要素计算、主点里程推算。这项工作在施工阶段主要是计算复核，确认设计资料的正确性。

圆曲线有 3 个主点，按线路前进方向冠名，如图 4.3.1 所示。

直圆点（ZY）——从直线进入圆曲线的分界点。

曲中点（QZ）——圆曲线中点。

圆直点（YZ）——从圆曲线进入直线的分界点。

交点（JD）——两直线的相交点。

以上 3 点 ZY、QZ、YZ 是确定圆曲线位置的主要控制点，称为主点。

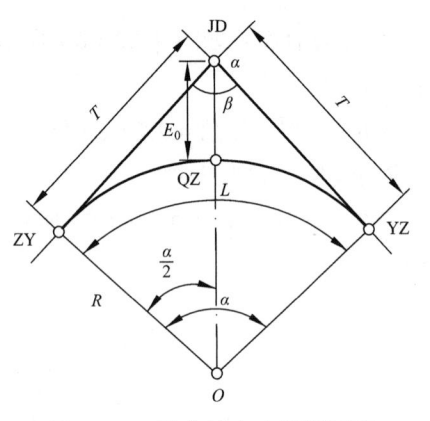

图 4.3.1　圆曲线主点测设要素

二、圆曲线要素计算

圆曲线要素包括：

切线长 —— 直圆点或圆直点至交点的距离，用 T 表示。

曲线长 —— 直圆点至圆直点的曲线长，用 L 表示。

外矢距（外距）—— 交点至曲中点的距离，用 E_0 表示。

切曲差（超距）—— 两切线之和与曲线长之差，用 q 表示。

以上 T、L、E_0 称为圆曲线要素，计算圆曲线要素是用于主点测设和主点里程计算，切曲差 q 用于计算里程校核。

切线长： $T = R \times \tan\dfrac{\alpha}{2}$ （4.3.1）

曲线长： $L = R \times \alpha \times \dfrac{\pi}{180°}$ （4.3.2）

外矢距： $E_0 = R\left(\sec\dfrac{\alpha}{2} - 1\right)$ （4.3.3）

切曲差： $q = 2T - L$ （4.3.4）

式中 α —— 转向角，即线路前进方向的每个交点处，前视方向线偏离后视方向之延长线的转折角。α 角值是勘测设计阶段外业观测获得。按线路前进方向，转向角分为左转、右转，表示为 $\alpha_{左}$ 或 α_z、$\alpha_{右}$ 或 α_y。

　　R —— 圆曲线半径，是设计已知值。

三、主点里程计算

主点里程计算是根据交点里程和圆曲线要素推算而得，如图 4.3.1 所示。

铁路习惯推算方法：

$$\left.\begin{aligned} ZY里程 &= JD里程 - T \\ QZ里程 &= ZY里程 + \dfrac{L}{2} \\ YZ里程 &= QZ里程 + \dfrac{L}{2} \\ 校核计算： YZ &= ZY + 2T - q \end{aligned}\right\} \quad (4.3.5)$$

公路习惯推算方法：

$$\left.\begin{aligned} ZY里程 &= JD里程 - T \\ YZ里程 &= ZY里程 + L \\ QZ里程 &= YZ里程 - \dfrac{L}{2} \\ 校核计算： JD &= QZ + q/2 \end{aligned}\right\} \quad (4.3.6)$$

【例 4.3.1】 已知转向角 $\alpha_y = 18°22'00''$，圆曲线半径 $R = 550$ m，交点 JD 的里程为 DK18 + 286.28，试计算圆曲线要素和主点里程。

【解】 （1）圆曲线要素：

$$T = 550 \times \tan\dfrac{18°22'00''}{2} = 88.92 \ (m)$$

$$L = 550 \times 18°22'00'' \times \dfrac{\pi}{180°} = 176.31 \ (m)$$

$$E_0 = 550 \times \left(\sec\dfrac{18°22'00''}{2} - 1\right) = 7.14 \ (m)$$

$$q = 2T - L = 2 \times 88.916 - 176.307 = 1.52 \ (m)$$

（2）主点里程：

校核：

JD 里程	DK18+286.28		
−T	88.92		
ZY	DK18+197.36	ZY	DK18+197.36
+L/2	88.16	+2T	177.84
QZ	DK18+285.52		DK18+375.20
+L/2	88.16	−q	1.52
YZ	DK18+373.68	YZ	DK18+373.68

四、主点测设方法

如图 4.3.1 所示，置镜于 JD 上，对中、整平，后视直线上转点或交点，按测设已知水平距离的方法测设切线长 T，得 ZY 点。同样方法可得 YZ 点。

计算（$180°-\alpha$）/2 角值，即 $\beta/2$。照准直线方向读取水平盘始读数 M，计算 β 角的平分线方向的读数（顺时针转动照准部时为 $M+\beta/2$；逆时针转动照准部时为 $M-\beta/2$），转动照准部使度盘读数为平分线方向读数，即外矢距方向，沿此方向测设 E 值（照准直线方向定向也可以是 0°00′00″）。转动照准部 $\beta/2$ 角即可。

要求各主点桩钉设方桩，桩顶钉一小钉以示点位。切线长度要进行往返测设，其相对误差不大于 1/2 000，取平均值确定位置。QZ 点用盘左、盘右分中定点。

任务 4　单圆曲线详细测设

曲线详细测设是指为满足施工要求，利用主点桩放样曲线上中线桩的工作。中桩间距的要求：平曲线上中桩间距宜为 20 m；当地势平坦且曲线半径大于 800 m 时，其中桩间距可为 40 m；一般公路的曲线半径较小，应按测规要求钉设，中桩间距一般为 5 m 或 10 m。圆曲线要求设桩位置为从曲线起点（终点）算起，第一点的里程应凑成整数桩号，并为中桩间距的整倍数，然后按整桩号设桩。例如：ZY 里程为 K18+197.36，中桩间距为 20 m，第 1 点里程为 K18+200，第 2 点为 K18+220，…以此类推。（里程符号铁路为定线里程冠以 DK、公路冠以 K。）

一、切线支距法

切线支距法（直角坐标法）是以 ZY 或 YZ 为坐标原点，以切线为 x 轴，且指向交点为 x 轴正向，过原点的半径方向为 y 轴，建立切线坐标系。利用在这一坐标系内曲线上各点的直角坐标值测设点的平面位置的方法称切线支距法。

1. 坐标计算公式

如图 4.4.1 所示，各点的坐标（x_i，y_i）按下式计算：

$$\left.\begin{array}{l}x_i = R\sin\varphi_i \\ y_i = R(1-\cos\varphi_i)\end{array}\right\} \quad (4.4.1)$$

$$\varphi_i = \frac{(l_i - l_A)180°}{R\pi} \quad (°) \quad (4.4.2)$$

式中　l_i——待测点里程桩号；
　　　φ_i——l_i 所对圆心角；
　　　l_A——ZY 或 YZ 里程桩号。

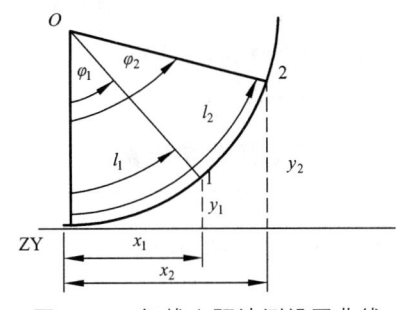

图 4.4.1　切线支距法测设圆曲线

【例 4.4.1】　按例 4.3.1 计算成果，圆曲线要求每 20 m 测设 1 点，且桩号为整桩号，现以 DK18+200、DK18+220 为例说明计算方法。

【解】　（1）根据式（4.4.2）计算各弧长 l_i 所对圆心角：

$$\varphi_1 = \frac{(l_1 - l_A)180°}{R\pi} = \frac{(200 - 197.36)180°}{550\pi} = 0°16'30.1''$$

$$\varphi_2 = \frac{(l_2 - l_A)180°}{R\pi} = \frac{(220 - 197.36)180°}{550\pi} = 2°21'30.6''$$

（2）根据式（4.4.1）计算各点的直角坐标：

$$x_1 = R\sin\varphi_1 = 550\sin 0°16'30.1'' = 2.640 \text{（m）}$$

$$y_1 = R(1-\cos\varphi_1) = 550(1-\cos 0°16'30.1'') = 0.006 \text{（m）}$$

$$x_2 = R\sin\varphi_2 = 550\sin 2°21'30.6'' = 22.634 \text{（m）}$$

$$y_2 = R(1-\cos\varphi_2) = 550(1-\cos 2°21'30.6'') = 0.466 \text{（m）}$$

2. 测设方法

（1）置镜于 ZY 或 YZ 照准切线，沿切线方向测设横坐标 x_i，得待测点垂足。

（2）在各垂足点上用量角器，分别定出垂足方向，量取纵坐标 y_i 即可定出各待测点的位置。

（3）测量相邻各桩之间的距离，并与相应桩号间的距离进行比较，其精度应满足规范要求。

这种方法适用于平坦地区，优点是积累误差小。

二、偏角法

1. 偏角法测设圆曲线的基本原理

偏角法是传统曲线详细测设的方法之一。偏角是指过置镜点的切线与置镜点到测设点的弦长之间的夹角，几何学中称为弦切角。

如图 4.4.2 所示，偏角法测设曲线的基本原理是根据偏角 δ 和弦长 C 交会出曲线点。例如置镜于 ZY 点，于切线方向拨偏角 δ_1 的方向与 C_1 距离定 1 点，拨偏角 δ_2 的方向与 C_2 距离定 2 点，同样方法可测设曲线各点。

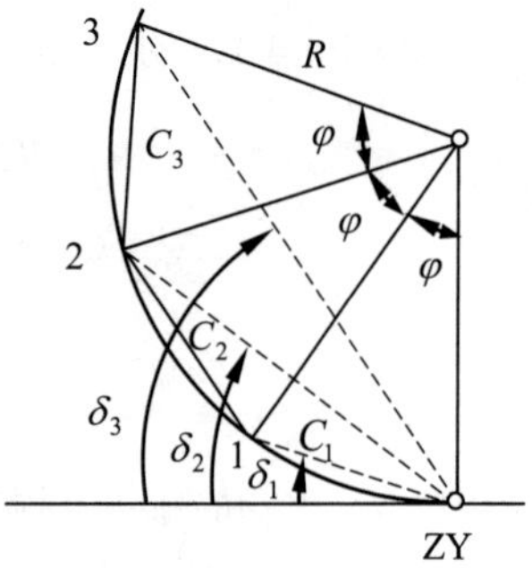

2. 圆曲线偏角计算

如图 4.4.2 所示，设弧长为 l_i，根据几何原理偏角 δ_i 等于弧长 l_i 所对圆心角 φ 的一半。

$$\delta = \frac{\varphi}{2} = \frac{l_i}{2R} \times \frac{180°}{\pi} = \frac{90° \times l_i}{\pi R} \quad (4.4.3)$$

图 4.4.2 偏角法

式中　R——圆曲线半径；

　　　l_i——置镜点至测设点的曲线长。

由于按照整桩号测设，所以在靠近 ZY、QZ、YZ 的点与主点间的曲线长均不足规定中桩间距，则对应的偏角称为分弦偏角。规定中桩间距所对应的偏角称为整弦偏角。当测设点为等分段时，偏角计算有如下规律：

$$\delta_1 = \frac{90° \times l_1}{\pi R}$$

$$\delta_2 = \frac{90° \times 2l_1}{\pi R} = 2\delta_1$$

$$\delta_3 = \frac{90° \times 3l_1}{\pi R} = 3\delta_1$$

$$\vdots$$

$$\delta_n = n\delta_1 \quad (4.4.4)$$

等分段时，曲线上各点的偏角均为 δ_1 的倍数。

圆曲线弦长计算式为：

$$C = 2R\sin\delta_i \quad (4.4.5)$$

3. 偏角法测设圆曲线举例

测设曲线时，由于拨角、量距误差的影响，曲线较长时，为了防止误差积累过大，一般是从两端主点 ZY、YZ 测至 QZ，在曲中点闭合校核。计算偏角时，应注意正拨与反拨。以过置镜点的切线为准，顺时针拨角称为正拨或顺拨，其偏角为正拨偏角值。逆时针拨角称为反拨，其偏角为反拨偏角值。反拨偏角值 = 360° − 正拨偏角值。

曲线半径很大时，20 m 弧长与相对应的弦长相差极微，测设中可不考虑弧弦差，将弧长视为弦长。半径较小时，测设中应考虑弧弦差的影响，用式（4.4.5）计算弦长。

【例 4.4.2】　按例 4.3.1 提供的曲线资料举例如下。

【解】　（1）偏角计算：

① 置镜于 ZY 点测至 QZ 各点的偏角计算，见表 4.4.1 结果。

表 4.4.1　圆曲线正拨偏角资料表

置镜点	里　程	累计偏角	弦　长	备　注
ZY	18 + 197.36	0°00′00″		后视交点
	+ 200	0°08′15″	2.64	
	+ 220	1°10′45″	20	
	+ 240	2°13′15″	20	
	+ 260	3°15′45″	20	
	+ 280	4°18′15″	20	
QZ	18 + 285.52	4°35′30″	5.52	

② 置镜于 YZ 点测至 QZ 各点的偏角计算，见表 4.4.2 结果。

表 4.4.2　圆曲线反拨偏角资料表

置镜点	里　程	累计偏角	弦　长	备　注
YZ	18 + 373.68	0°00′00″		后视交点
	+ 360	359°17′15″	13.68	
	+ 340	358°14′45″	20	
	+ 320	357°12′15″	20	
	+ 300	356°09′45″	20	
QZ	18 + 285.52	355°24′30″	14.48	

（2）测设方法：

以置镜 ZY 点为例说明测设方法：

① 置镜于 ZY 点，对中、整平，以盘左后视 JD，度盘配置为 0°0′00″。

② 松开照准部制动，顺时针转动照准部，是水平读盘读数为第 1 点偏角值 0°08′15″，制动照准部。

③ 从 ZY 点起，在视线上量第 1 段弦长 2.64 m，打入木桩得第 1 桩点。

④ 继续转动照准部，是水平读盘读数为第 2 点偏角值 1°10′45″，制动照准部。从第 1 桩点量第 2 段弦长 20 m。由司镜者指挥前尺手使 20 m 端点的线铊与视线重合，即为第 2 点，打入木桩。

⑤ 同上述方法，依次测设各点至 QZ 点。在曲中点检核。

表中计算校核：累计偏角 = 4°35′30″ 与 QZ 偏角 = $\alpha/4$ = 4°35′30″ 相等，计算无误。

4. 检核曲线测设精度

曲线测设中，由于拨角和测设距定点等误差的影响，用偏角法测设的曲中点与主点测设时的曲中点常常不能重合。如图 4.4.3 所示，由 ZY 测至 QZ 假设落在 QZ′ 的位置上，则 QZ′→QZ 的距离 f 称为曲线闭合差。将 f 闭合差分解为两个量，沿线路方向的分量称纵向闭合差 $f_纵$，沿曲线半径方向称横向闭合差 $f_横$。纵向误差是相对误差，是沿中线方向的误差，对工程影响较小。横向误差是绝对误差值,垂直于中线,对工程影响较大。影响曲线闭合的因素较多,诸如切线丈量误差、拨角误差、弦长丈量误差等。因此测设时,应提高切线丈量精度,测设中线点时,定了方向后,丈量弦长,应由司镜者再次观测前点线铊,使垂线精确位于视线上,确保线铊落点准确。曲线越长,累计误差越大,对于长大曲线,多设控制桩,分段闭合。曲线测量限差如表4.4.3所示。

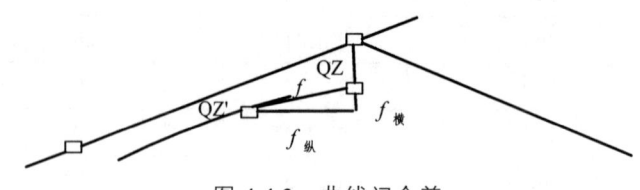

图 4.4.3　曲线闭合差

表 4.4.3　距离偏角测量闭合差

公路等级	纵向相对闭合差		横向闭合差/cm		角度闭合差/(″)
	平原、微丘	重丘、山岭	平原、微丘	重丘、山岭	
高速公路、一、二公路	1/2 000	1/1 000	10	10	60
三级及三级以下公路	1/1 000	1/500	10	15	120

任务 5　缓和曲线认知

缓和曲线是在直线和圆曲线之间插入的一段曲率半径由无穷大渐变至圆曲线的半径的过渡曲线。设置缓和曲线的作用,使铁路、公路线路在曲线部分的超高和加宽由直线进入圆曲线时超高与加宽逐渐变化达到应有的加宽和超高,它起缓和过渡作用。缓和曲线主要应用于国家等级铁路和三级以上的公路。

一、缓和曲线的特性

如图 4.5.1 所示,缓和曲线连接直线和圆曲线,它与直线相切的切点处,半径为无穷大$\rho=\infty$,随着曲线长度的逐渐增长,其曲率半径ρ逐渐减小,直到和圆曲线相接处的半径为圆曲线的半径。缓和曲线具有的特性是曲线上任一点的曲率半径ρ与该点至起点的曲线长 l 成反比,即

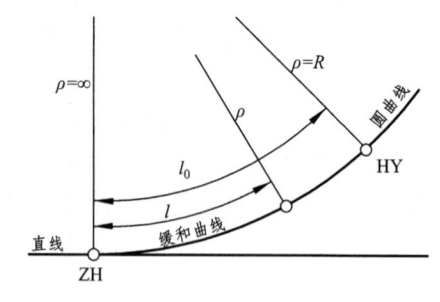

图 4.5.1　缓和曲线

$$\rho = \frac{c}{l} \tag{4.5.1}$$

式中　c——缓和曲线半径变更率,是一个常数;
　　　l——缓和曲线上任意点至缓和曲线起点的曲线长。

在与圆曲线相接处，$l = l_0$，ρ 等于圆曲线半径 R，则：

$$c = R l_0 \tag{4.5.2}$$

式中　l_0——缓和曲线总长。

具有上述特性，可作为缓和曲线的线形有多种，我国公路、铁路多采用回旋曲线（辐射螺旋线）。

二、缓和曲线方程式

辐射螺旋线方程为：

$$x = l - \frac{l^5}{40 R^2 l_0^2} + \frac{l^9}{3\,456 R^4 l_0^4} - \cdots \tag{4.5.3}$$

$$y = \frac{l^3}{6 R l_0} - \frac{l^7}{336 R^3 l_0^3} + \frac{l^{11}}{42\,240 R^5 l_0^5} - \cdots \tag{4.5.4}$$

实际应用时，一般舍去高次项，取一、二项即可。式（4.5.3）、（4.5.4）简化为：

$$x = l - \frac{l^5}{40 R^2 l_0^2} \tag{4.5.5}$$

$$y = \frac{l^3}{6 R l_0} \tag{4.5.6}$$

式中　x, y——缓和曲线任意点的坐标；
　　　R——设计半径；
　　　l——缓和曲线上任意点至缓和曲线起点的曲线长；
　　　l_0——缓和曲线总长。

三、加缓和曲线后曲线的变化

在两端切线一定的情况下，若在圆曲线两端插入缓和曲线，圆曲线应内移一段距离，才能使缓和曲线与直线衔接。圆曲线内移的方法有 2 种：一是半径不变，将圆心沿着圆心角的平分线内移一段距离；二是圆心不动，缩短半径，将圆曲线内移一段距离。我国铁路、公路多数情况下采用第一种方法。如图 4.5.2 所示，将圆心从 O_1 移至 O_2，原来的圆曲线向内移动距离 p，称内移距。插入缓和曲线后，圆曲线两端有一段弧长被缓和曲线所代替，圆曲线比原来缩短了，而整个曲线增长了。

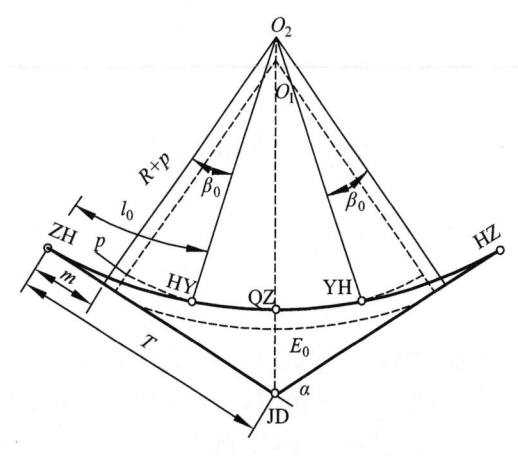

图 4.5.2　带缓和曲线的曲线要素

插入缓和曲线后，主点有 5 个，如图 4.5.2 所示，按线路前进方向，各主点名称依次为：直缓点（ZH）、缓圆点（HY）、曲中点（QZ）、圆缓点（YH）、缓直点（HZ），以上常称五大桩。表 4.5.1 为主点中英文缩写对照表。ZH→HY 段称为第一缓和曲线，HZ→YH 段称为第二缓和曲线。

表 4.5.1　曲线主点缩写中英文对照表

主点名称	汉语拼音缩写	英语缩写
交　　点	JD	IP
圆曲线起点（直圆点）	ZY	BC
圆曲线中点（曲中点）	QZ	MC
圆曲线终点（圆直点）	YZ	EC
公切点	GQ	CP
第一缓和曲线起点（直缓点）	ZH	TS
第一缓和曲线终点（缓圆点）	HY	SC
第二缓和曲线起点（圆缓点）	YH	CS
第二缓和曲线终点（缓直点）	HZ	ST

直缓点 —— 直线与缓和曲线的连接点。
缓圆点 —— 缓和曲线与圆曲线的连接点。
曲中点 —— 曲线中点。
圆缓点 —— 圆曲线与缓和曲线的连接点。
缓直点 —— 缓和曲线与直线的连接点。

任务 6　缓和曲线连同圆曲线的曲线主点测设

一、缓和曲线常数计算

曲线要素计算前，应进行必要的常数计算。缓和曲线的常数包括：缓和曲线切线角 β_0、切垂距 m（切线增长值）、内移距 p。

缓和曲线切线角 —— 过 HY（或 YH）点的切线与 ZH（或 HZ）点的切线组成的角。即，圆曲线被缓和曲线所代替的那一段弧长对应的圆心角。

切垂距 —— 由圆心 O_2 向切线作垂线的垂足到缓和曲线起点的距离。

内移距 —— 加缓和曲线后，圆曲线相对于切线的内移量。

缓和曲线常数按下式计算：

$$\beta_0 = \frac{l_0}{2R} \times \frac{180°}{\pi} \tag{4.6.1}$$

$$m = \frac{l_0}{2} - \frac{l_0^3}{240R^2} \tag{4.6.2}$$

$$p = \frac{l_0^2}{24R} \tag{4.6.3}$$

二、缓和曲线要素计算

缓和曲线要素包括：切线长 T、曲线总长 L、外矢距 E_0、切曲差 q。各曲线要素按下式计算：

$$T = (R + p) \times \tan\frac{\alpha}{2} + m \tag{4.6.4}$$

$$L = 2l_0 + L' = 2l_0 + \frac{\pi R \times (\alpha - 2\beta_0)}{180°} \tag{4.6.5}$$

$$E_0 = (R + p) \times \sec\frac{\alpha}{2} - R \tag{4.6.6}$$

$$q = 2T - L \tag{4.6.7}$$

式中 L' —— HY 点到 YH 点的曲线长。

三、主点里程计算

主点里程计算是根据交点里程和缓和曲线要素推算而得，如图 4.5.2 所示。
铁路习惯推算方法：

$$\left. \begin{aligned} &\text{ZH里程} = \text{JD里程} - T \\ &\text{HY里程} = \text{ZH里程} + l_0 \\ &\text{QZ里程} = \text{HY里程} + \frac{L}{2} - l_0 \\ &\text{YH里程} = \text{HY里程} + \frac{L}{2} - l_0 \\ &\text{HZ里程} = \text{YH里程} + l_0 \end{aligned} \right\} \tag{4.6.8}$$

校核计算： $\text{HZ} = \text{ZH} + 2T - q$ \hfill (4.6.9)

公路习惯推算方法：

$$\left. \begin{aligned} &\text{ZH里程} = \text{JD里程} - T \\ &\text{HY里程} = \text{ZH里程} + l_0 \\ &\text{YH里程} = \text{HY里程} + L' \\ &\text{HZ里程} = \text{YH里程} + l_0 \\ &\text{QZ里程} = \text{HZ里程} - \frac{L}{2} \end{aligned} \right\} \tag{4.6.10}$$

校核计算： $JD = QZ + \dfrac{q}{2}$ （4.6.11）

四、主点测设方法举例

【例 4.6.1】 已知某线路，交点里程为 DK281+578.59，圆曲线半径 $R = 500$ m，转向角 $\alpha_{右} = 18°22'00''$，缓和曲线长 $l_0 = 40$ m。试计算曲线要素与主点里程。

【解】 （1）缓和曲线常数计算：

$$\beta_0 = \dfrac{l_0}{2R} \times \dfrac{180°}{\pi} = \dfrac{40}{2 \times 500} \times \dfrac{180°}{\pi} = 2°17'31''$$

$$m = \dfrac{l_0}{2} - \dfrac{l_0^3}{240R^2} = \dfrac{40}{2} - \dfrac{40^3}{240 \times 500^2} = 20 \text{（m）}$$

$$p = \dfrac{l_0^2}{24R} = \dfrac{40^2}{24 \times 500} = 0.13 \text{（m）}$$

（2）缓和曲线要素计算：

$$T = (R + p) \times \tan\dfrac{\alpha}{2} + m = (500 + 0.13) \times \tan\dfrac{18°22'00''}{2} + 20 = 100.85 \text{ (m)}$$

$$L = 2l_0 + \dfrac{\pi R \times (\alpha - 2\beta_0)}{180°} = 2 \times 40 + \dfrac{\pi \times 500 \times (18°22'00'' - 4°35'02'')}{180°} = 200.28 \text{ (m)}$$

$$E_0 = (R + p) \times \sec\dfrac{\alpha}{2} - R = (500 + 0.13) \times \sec\dfrac{18°22'00''}{2} - 500 = 6.62 \text{ (m)}$$

$$q = 2T - L = 201.70 - 200.28 = 1.42 \text{（m）}$$

（3）主点里程计算：

JD里程	DK281+578.59
$-T$	100.85
ZH	DK281+477.74
$+l_0$	40
HY	DK281+517.74
$+\dfrac{L}{2} - l_0$	60.14
QZ	DK281+577.88

QZ里程	DK218+577.88
$+\dfrac{L}{2} - l_0$	60.14
YH	DK281+638.02
$+l_0$	40
HZ	DK281+678.02

校核：

ZH	DK218+477.74
$+2T$	201.70
	DK281+679.44
$-q$	1.42
HZ	DK281+678.02

（4）主点测设方法：

缓和曲线的圆曲线主点测设与单圆曲线主点测设方法基本相同，ZH、HZ、QZ 的测设方法和精度要求与 ZY、YZ、QZ 相同。用直角坐标法（即切线支距法）测设 HY、YH 点。如图 4.7.1 所示，HY、YH 点的坐标，按式（4.6.12）、（4.6.13）计算，当 $l = l_0$ 时，则 x_0、y_0 为：

$$x_0 = l_0 - \frac{l^3}{40R^2} \tag{4.6.12}$$

$$y_0 = \frac{l_0^2}{6R} \tag{4.6.13}$$

置镜于 ZH（HZ）点，后视交点方向，沿视线方向测设 x_0，得 HY（HY）点的垂足，仪器搬到垂足点，后视切线方向，拨 90°角，沿视线测设 y_0，得 HY（HY）点。

任务 7　缓和曲线详细测设

一、偏角法

1. 偏角计算

如图 4.7.1 所示，若置镜于 ZH（HZ）测设曲线各点，则 i 为缓和曲线上任一点，则任一点 i 与 ZH（HZ）点的连线相对于 ZH（HZ）点的切线夹角 δ_i 称为该点的正偏角，b 称为该点的反偏角。缓和曲线测设点一般要求为 10 m 一点，这样弧弦差很小，可以弦代弧，又因 δ_i 很小，所以该点的偏角 δ_i 为：

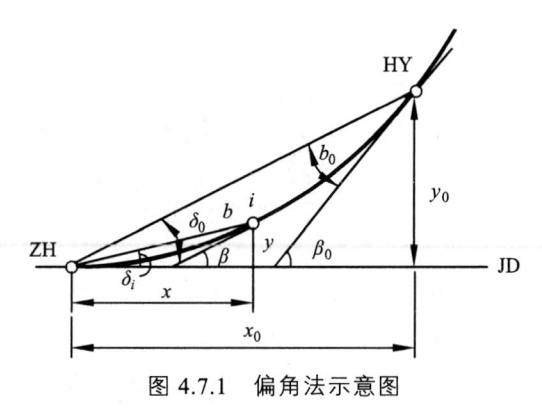

图 4.7.1　偏角法示意图

$$\delta_i \approx \sin \delta_i \approx \frac{y}{l}$$

因为

$$y = \frac{l^3}{6Rl_0}$$

所以

$$\delta_i = \frac{l^2}{6Rl_0} \times \frac{180°}{\pi} \tag{4.7.1}$$

$$\beta_i = \frac{l^2}{2Rl_0} \times \frac{180°}{\pi} \tag{4.7.2}$$

$$\delta_i = \frac{\beta_i}{3} \tag{4.7.3}$$

$$b = \beta_i - \delta_i = 2\delta_i \tag{4.7.4}$$

当 $l = l_0$ 时,

$$\beta_0 = \frac{l_0}{2R} \times \frac{180°}{\pi}, \quad \delta_0 = \frac{\beta_0}{3}$$

$$\beta_0 = \delta_0 + b_0, \quad b_0 = 2\delta_0$$

测设中为了方便，一般将缓和曲线按每 10 m 1 个等分点，即按整桩距测设，在等分段的情况下，偏角计算公式为：

$$\left.\begin{array}{l} \delta_2 = 2^2 \delta_1 = 4\delta_1 \\ \delta_3 = 3^2 \delta_1 = 9\delta_1 \\ \delta_4 = 4^2 \delta_1 = 16\delta_1 \\ \vdots \\ \delta_n = n^2 \delta_1 = \delta_0 \end{array}\right\} \tag{4.7.5}$$

式中　δ_0——HY（HY）点的偏角。

由式（4.7.5）可知，缓和曲线等分段的情况下，缓和曲线各点的偏角等于第一点的偏角乘上各点的点号。因此，缓和曲线第一点的偏角，称为缓和曲线基本角。

2. 偏角法测设缓和曲线举例

偏角法测设有缓和曲线的圆曲线一般情况下，需分别在 ZH、HY、YH、HZ 安置仪器，测设全部曲线各点。置镜于 ZH 或 HZ 点测设缓和曲线各点至 HY 或 YH 点，测设方法与单圆曲线相同。置镜于 HY 或 YH 点测设圆曲线各点至 QZ 点，与单圆曲线基本相同，不同之处是置镜于 HY、YH 如何找出切线方向，继续测设圆曲线各点。测设缓和曲线同样要注意正拨与反拨的问题。

【例 4.7.1】　以例 4.6.2 提供的曲线资料，举例说明。

（1）偏角计算：

① 置镜于 ZH 点测至 HY 各点的偏角计算，见表 4.7.1 结果。

② 置镜于 HZ 点测至 YH 各点的偏角计算，见表 4.7.2 结果。

（2）测设方法：

① 仪器安置在 ZH 或 HZ 点上测设缓和曲线各点的方法。

a. 置镜于 ZH 点，对中、整平，以盘左后视 JD，度盘配置为 0°00′00″。

b. 松开照准部制动，顺时针转动照准部，是水平读盘读数为第 1 点偏角值，0°02′52″制动照准部。

c. 从 ZH 点起，在视线上测设第 1 段弦长 10 m，打入木桩得第 1 桩点。

d. 继续转动照准部，是水平读盘读数为第 2 点偏角值 0°11′28″，制动照准部。从第 1 桩点量第 2 段弦长 10 m。由司镜者指挥前尺手使 10 m 端点的线铊与视线重合，即为第 2 点，打入木桩。

e. 同上述方法，依次测设各点至 HY 点。

表 4.7.1　置镜于直缓时缓和曲线偏角表

置镜点	里程桩号	累计偏角
ZH	DK281 + 477.74	0°00′00″
	+ 487.74	0°02′52″
	+ 497.74	0°11′28″
	+ 507.74	0°25′47″
HY	+ 517.74	0°45′50″

表 4.7.2　置镜于缓直时缓和曲线偏角表

置镜点	里程桩号	累计偏角
HZ	DK281 + 678.02	0°00′00″
	+ 668.02	359°57′08″
	+ 658.02	359°48′32″
	+ 648.02	359°34′13″
YH	+ 638.02	359°14′10″

② 仪器安置在 HY 或 YH 点测设圆曲线。

仪器安置在 HY 或 YH 点测设圆曲线，关键的问题是要正确找出 HY、YH 点的切线方向，也就是照准 ZH 或 HZ 点（后视方向）度盘设置多少读数才能使切线方向的度盘读数为 0°00′00″，这样才能测设圆曲线各点。

平转照准部的方法：

如图 4.7.2 所示，右转曲线时，照准 ZH 点，设置平盘读数为 $180° - b_0$，打开照准部制动，平转照准部，当度盘读数为 0°00′00″时，即为 HY 点的切线方向。

如图 4.7.3 所示，左转曲线时，照准 ZH 点，设置平盘读数为 $180° + b_0$，打开照准部制动，平转照准部，当度盘读数为 0°00′00″时，即为 HY 点的切线方向。

倒转望远镜的方法：

如图 4.7.2 所示，右转曲线时，照准 ZH 点，设置平盘读数为 $360° - b_0$，纵转望远镜，再打开照准部制动，当度盘读数为 0°00′00″时，即为 HY 点的切线方向。

如图 4.7.3 所示，左转曲线时，照准 ZH 点，设置平盘读数为 b_0，纵转望远镜，打开照准部制动，当度盘读数为 0°00′00″时，即为 HY 点的切线方向。

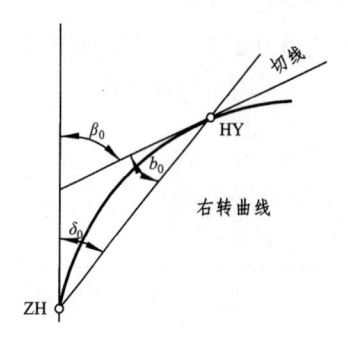

图 4.7.2　右转曲线后视定向　　　　　图 4.7.3　左转曲线后视定向

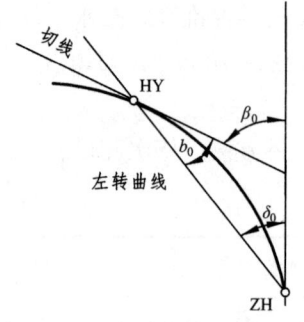

二、切线支距法

缓和曲线切线支距法是以 ZH 或 HZ 为坐标原点，切线方向为 x 轴，以切线的垂线为 y 轴，如图 4.7.4 所示。测设方法与圆曲线相同，不同之处是坐标计算公式不同。曲线上各点坐标按下列公式计算。

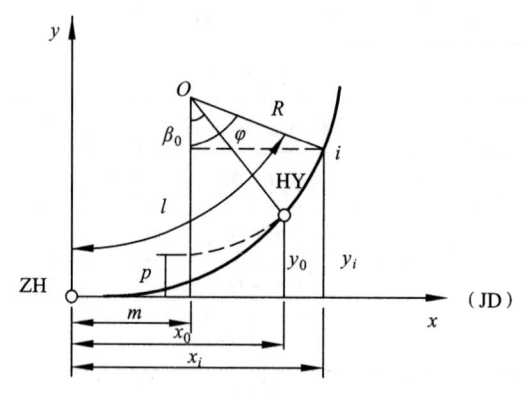

图 4.7.4　缓和曲线切线支距法

1. 缓和曲线部分坐标计算公式

$$x_i = l - \frac{l^5}{40R^2 l_0^2} \tag{4.7.6}$$

$$y_i = \frac{l^3}{6R l_0} \tag{4.7.7}$$

式中　l——缓和曲线上任意点至缓和曲线起点的曲线长；
　　　l_0——缓和曲线总长。

2. 圆曲线部分坐标计算

$$\left. \begin{aligned} x_i &= R\sin\varphi + m \\ y_i &= R(1-\cos\varphi) + p \\ \varphi &= \frac{180°(l-l_0)}{\pi R} + \beta_0 \end{aligned} \right\} \tag{4.7.8}$$

式中　x_i，y_i —— 圆曲线测点坐标；
　　　l —— 圆曲线测点至 ZH 或 HZ 的曲线长；
　　　l_0 —— 缓和曲线长；
　　　φ —— 圆曲线上测点的半径与从圆心向切线所作垂线间的夹角。

3. 测设方法

各点坐标求出后，按照单圆曲线切线支距法进行测设各点。

任务 8　线路中线坐标计算

全站仪、RTK 测量在工程测量中广泛应用后，运用坐标法放样已成为施工测量的主要方法。即用全站仪坐标放样功能配合程序计算器，根据测站坐标、后视点坐标、放样点坐标三者的关系放样中线点。用 GNSS RTK 放样，将线路中线坐标导入 RTK 手簿即可放样。这样测设中线点的主要问题是中线点坐标计算。

一、缓和曲线连同圆曲线坐标计算

施工中的中桩坐标获取有 2 种情况，一是由设计单位提供的设计图表中获取统一坐标系坐标。二是由线路控制桩控制线路，可在施工标段内建立施工坐标系，计算中线逐桩坐标，以便采用坐标法放样。

（一）直线段坐标计算

如图 4.8.1 所示，直线上一点 i 的坐标为：

$$\left. \begin{array}{l} x_i = x_0 + l_i \cos\alpha \\ y_i = y_0 + l_i \sin\alpha \end{array} \right\} \quad (4.8.1)$$

式中　x_i，y_i —— 计算点的坐标；
　　　x_0，y_0 —— 直线段已知起点坐标；
　　　α —— 转向点之间的切线方位角；
　　　l_i —— 直线上起点至计算点距离。

（二）缓和曲线及圆曲线段坐标计算

1. 切线坐标系坐标

（1）缓和曲线。

$$\left. \begin{array}{l} x_i = l - \dfrac{l^5}{40C^2} + \dfrac{l^9}{3\,456C^4} - \dfrac{l^{13}}{599\,040C^6} + \dfrac{l^{17}}{17\,542\,600C^8} - \cdots \\ y_i = \dfrac{l^3}{6C} - \dfrac{l^7}{336C^3} + \dfrac{l^{11}}{42\,240C^5} - \dfrac{l^{15}}{9\,676\,800C^7} + \cdots \end{array} \right\} \quad (4.8.2)$$

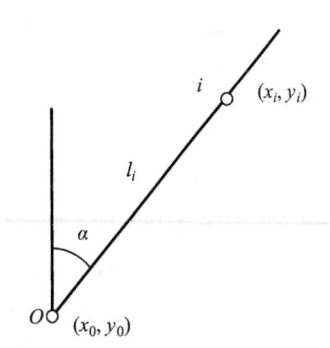

图 4.8.1　直线段坐标计算方法

式中　　　　　　　$C = Rl_0$

（2）圆曲线。

圆曲线各点坐标按式（4.7.8）计算。

2. 线路统一坐标系坐标计算

如图 4.8.2 所示，曲线任一点坐标计算步骤如下：

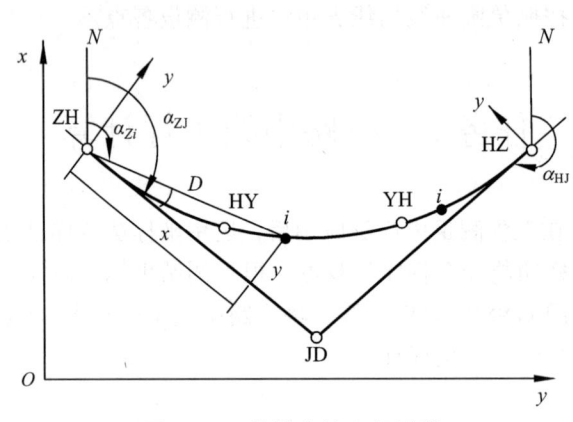

图 4.8.2　曲线中桩坐标计算

（1）计算 ZH 点坐标。

用相邻两交点已知坐标进行坐标反算，计算出直线段方位角 α_{ZJ}，选择直线段起点坐标，按照式（4.8.1），计算 ZH 点坐标。

（2）计算 HZ 点坐标。

$$\left.\begin{aligned} x_{HZ} &= x_{JD} + T\cos\alpha_{JH} \\ y_{HZ} &= y_{JD} + T\sin\alpha_{JH} \\ \alpha_{JH} &= \alpha_{ZJ} \pm \alpha \end{aligned}\right\} \quad (4.8.3)$$

式中　α——转向角，右转向角"$+\alpha$"，左转向角"$-\alpha$"。

（3）计算测设点在切线坐标系的坐标。

测设点位于 ZH 至 HY 或 HZ 至 YH 之间用式 4.8.2。测设点位于 HY 至 YH 之间用式 4.7.8。

（4）计算 ZH 至 YH 之间的测设点在统一坐标系中的坐标。

$$\left.\begin{aligned} \alpha_{Zi} &= \alpha_{ZJ} \pm \arctan\frac{y}{x} \\ x_i &= x_{ZH} + D\cos\alpha_{Zi} \\ y_i &= y_{ZH} + D\sin\alpha_{Zi} \end{aligned}\right\} \quad (4.8.4)$$

$$D = \sqrt{x^2 + y^2} \quad (4.8.5)$$

式中　α_{Zi}——ZH 点至计算点 i 的坐标方位角；

α_{ZJ}——ZH 点至 JD 点的坐标方位角；

"±"号，右转向曲线用"+"，左转向曲线用"-"。

（5）计算 HZ 至 YH 之间的测设点在统一坐标系中的坐标。

$$\left.\begin{array}{l}\alpha_{Hi} = \alpha_{JH} + 180° \mp \arctan\dfrac{y}{x} \\ x_i = x_{HZ} + D\cos\alpha_{Hi} \\ y_i = y_{HZ} + D\sin\alpha_{Hi}\end{array}\right\} \quad (4.8.6)$$

$$D = \sqrt{x^2 + y^2} \quad (4.8.7)$$

式中　x_{JH}——JD 至 HZ 点的坐标方位角；

　　　α_{Hi}——H 点至计算点 i 的坐标方位角；

"∓"号，右转向曲线用"-"，左转向曲线用"+"。

【例 4.8.1】　某公路 JD_4、JD_5 的坐标见表 4.8.1，JD_4 的半径 $R = 400$ m，缓和曲线长 $l_0 = 90$ m，$\beta_{左} = 48°15'47''$。试计算各中桩（缓和曲线上 10 m 一个点、圆曲线上 20 m 一个点）的坐标。

表 4.8.1　某线路已知点坐标表

交点序号	桩　号	X	Y
JD_4	K2 + 771.427	$X_4 = 27\ 101.307$	$Y_4 = 627\ 968.686$
JD_5	K4 + 355.566	$X_5 = 25\ 942.262$	$Y_5 = 629\ 080.813$

【解】　（1）计算曲线要素、常数及主点里程见表 4.8.2。

表 4.8.2　曲线要素、常数、主点里程表

缓和曲线切线角 β_0	6°26′44.8″	切曲差 q	22.164 m
切垂距 m	44.981 m	直缓点（ZH）里程	K2 + 546.875
内移距 p	0.844 m	缓圆点（HY）里程	K2 + 636.875
切线长 T	224.552 m	曲中点（QZ）里程	K2 + 760.345
曲线长 L	426.940 m	圆缓点（YH）里程	K2 + 883.815
外矢距 E_0	39.228 m	缓直点（HZ）里程	K2 + 973.815

（2）方位角计算。

① 计算 $\alpha_{JD_4-JD_5}$：

$$\Delta X_{JD_4-JD_5} = X_{JD_5} - X_{JD_4} = -1\ 159.045\ \text{m} < 0$$
$$\Delta Y_{JD_4-JD_5} = Y_{JD_5} - Y_{JD_4} = 1\ 112.127\ \text{m} > 0$$

该直线方位角在第二象限。

$$\alpha_{JD_4-JD_5} = 180° - \arctan\left|\dfrac{1\ 112.127}{-1\ 159.045}\right| = 136°11'0.4''$$

② 计算 α_{JD_4-HZ}：

因为 JD_4、HZ、JD_5 三点在同一直线上，所以

$$\alpha_{JD_4-HZ} = \alpha_{JD_4-JD_5} = 136°11'0.4''$$

③ 计算 α_{ZH-JD_4}、α_{JD_4-ZH}：

$$\alpha_{ZH-JD_4} = \alpha_{JD_4-HZ} + \beta_{左} = 184°26'47.4''$$

$$\alpha_{JD_4-ZH} = \alpha_{ZH-JD_4} + 180° = 4°26'47.4''$$

（3）计算直线上中桩坐标。

① 计算 ZH 点坐标：

$$X_{ZH} = X_{JD_4} + T \times \cos\alpha_{JD_4-ZH}$$
$$= 27\,101.307 + 224.552 \times \cos 4°26'47.4'' = 27\,325.183 \quad (m)$$

$$Y_{ZH} = Y_{JD_4} + T \times \sin\alpha_{JD_4-ZH}$$
$$= 627\,968.686 + 224.552 \times \sin 4°26'47.4'' = 627\,986.095 \quad (m)$$

② 计算 HZ 点坐标：

$$X_{HZ} = X_{JD_4} + T \times \cos\alpha_{JD_4-HZ}$$
$$= 27\,101.307 + 224.552 \times \cos 136°11'0.4'' = 26\,939.279 \quad (m)$$

$$Y_{ZH} = Y_{JD_4} + T \times \sin\alpha_{JD_4-HZ}$$
$$= 627\,968.686 + 224.552 \times \sin 136°11'0.4'' = 628\,124.155 \quad (m)$$

③ 计算直线上任意中桩坐标（以 K3+000 为例）。

中桩 K3+000 到 JD_4 的距离为 L_i：

$$L_i = T + (K3+000) - (K2+973.815) = 224.552 + 26.185 = 250.737 \quad (m)$$

$$X_i = X_{JD_4} + L_i \times \cos\alpha_{JD_4-HZ}$$
$$= 27\,101.307 + 250.737 \times \cos 136°11'0.4'' = 26\,920.385 \quad (m)$$

$$Y_i = Y_{JD_4} + L_i \times \sin\alpha_{JD_4-HZ}$$
$$= 627\,968.686 + 250.737 \times \sin 136°11'0.4'' = 628\,142.284 \quad (m)$$

（4）计算缓和曲线上任意中桩的坐标。

① 第一缓和曲线上任意中桩坐标（以 K3+576.875 为例）。

在切线坐标系中的坐标为：

$$x_i = l - \frac{l^5}{40C^2} = 30 \quad (m)$$

$$y_i = \frac{l^3}{6C} = 0.125 \quad (m)$$

$$\alpha_{Zi} = \alpha_{ZH-JD_4} \pm \arctan\frac{y}{x} = 184°26'47.4'' - \arctan\frac{0.125}{30} = 184°12'27.9''$$

$$D = \sqrt{x^2 + y^2} = \sqrt{30^2 + 0.125^2} = 30 \text{ (m)}$$

$$x_i = x_{ZH} + D\cos\alpha_{Zi} = 27\ 295.264 \text{ (m)}$$

$$y_i = y_{ZH} + D\sin\alpha_{Zi} = 627\ 983.894 \text{ (m)}$$

② 第二缓和曲线上任意中桩坐标（以 K2+923.815 为例）。
在切线坐标系中的坐标为：

$$x_i = l - \frac{l^5}{40C^2} = 49.994 \text{ (m)}$$

$$y_i = \frac{l^3}{6C} = 0.579 \text{ (m)}$$

$$\alpha_{Hi} = \alpha_{JD_4-HZ} + 180° \mp \arctan\frac{y}{x} = 136°11'0.4'' + 180° + \arctan\frac{0.579}{49.994}$$
$$= 316°50'49.1''$$

$$D = \sqrt{x^2 + y^2} = \sqrt{49.994^2 + 0.579^2} = 49.997 \text{ (m)}$$

$$x_i = x_{HZ} + D\cos\alpha_{Hi} = 26975.753 \text{ (m)}$$

$$y_i = y_{HZ} + D\sin\alpha_{Hi} = 628\ 089.960 \text{ (m)}$$

（5）计算圆曲线段内任一点中桩坐标（以 K2+700 为例）。
① 切线坐标系中：

$$\alpha_C = \frac{180° \times (L_i - L_0)}{\pi \times R} + \beta_0 = \frac{180° \times (153.125 - 90)}{\pi \times 400} + 6°26'44.8'' = 15°29'16''$$

$$x_i = 400 \times \sin 15°29'16'' + 44.981 = 151.794 \text{ (m)}$$

$$y_i = 400 \times (1 - \cos 15°29'16'') + 0.844 = 15.369 \text{ (m)}$$

② 统一坐标系中：

$$\alpha_{Zi} = \alpha_{ZH-JD_4} \pm \arctan\frac{y}{x} = 184°26'47.4'' - \arctan\frac{15.369}{151.794} = 178°39''54.2''$$

$$D = \sqrt{x^2 + y^2} = \sqrt{151.794^2 + 15.369^2} = 152.570 \text{ (m)}$$

$$x_i = X_{ZH} + D \times \cos\alpha_{Zi} = 27\ 325.183 + 152.570 \times \cos 178°39'54.2'' = 27\ 172.654 \text{ (m)}$$

$$y_i = Y_{ZH} + D \times \sin\alpha_{Zi} = 627\ 986.095 + 152.570 \times \sin 178°39'54.2'' = 627\ 989.649 \text{ (m)}$$

3. 中桩坐标计算成果（见表 4.8.3）

表 4.8.3　中桩坐标表

桩　号	坐　标	
	X（N）	Y（E）
ZH K2 + 546.875	27 325.183	627 986.095
⋮	⋮	⋮
K2 + 576.875	27 295.264	627 983.894
⋮	⋮	⋮
HY K2 + 636.875	27 235.306	627 982.488
⋮	⋮	⋮
K2 + 700.000	27 172.654	627 989.649
⋮	⋮	⋮
QZ K2 + 760.345	27 114.521	628 005.621
⋮	⋮	⋮
YH K2 + 883.815	27 006.472	628 064.355
⋮	⋮	⋮
HZ K2 + 973.815	26 939.279	628 124.155
⋮	⋮	⋮
K3 + 000.000	26 920.385	628 142.284

任务 9　非完整缓和曲线坐标计算

公路、铁路主干线一般线形采用曲线基本型，而在公路匝道部分常采用线形单元组合形式，组合线形的坐标计算只能按线形单元分段计算。通常设计文件中提供各特征点的桩号、坐标、切线方位角。圆曲线计算较为简单，这里主要讨论非完整缓和曲线的桩点的坐标计算。

一、计算 ZH（HZ）点的坐标

已知数据：如图 4.9.1 所示，起点 p 的半径 R_p，桩号 L_p 坐标 X_p、Y_p，切线方位角 α_p，缓和曲线参数 A。

$$\left. \begin{array}{l} X_{ZH} = X_p + \overline{L}_p \cos \alpha_{pZ} \\ Y_{ZH} = Y_p + \overline{L}_p \sin \alpha_{pZ} \end{array} \right\} \quad (4.9.1)$$

式中各项计算如下：

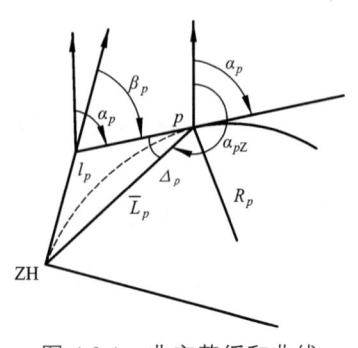

图 4.9.1　非完整缓和曲线

弦长
$$\overline{L}_p = l_p - \frac{l_p^5}{90A^4} \quad (4.9.2)$$

$$l_p = \frac{A^2}{R_p} \quad (4.9.3)$$

α_{pZ} 的计算：

$$\alpha_{pZ} = \alpha_p + 180° \pm \Delta_p \quad (4.9.4)$$

其中 Δ_p —— 右偏用"−"，左偏用"+"。

$$\Delta_p = \frac{2}{3}\beta_p = \frac{l_p^2}{3A^2} \quad (4.9.5)$$

ZH 切线坐标方位角：

$$\alpha = \alpha_p \pm \beta_p \quad (4.9.6)$$

其中 β_p —— 左偏用"+"，右偏用"−"（ZH 换成 HZ 时，左偏用"−"，右偏用"+"）。

二、计算缓和曲线切线坐标系各点坐标

计算出缓和曲线起点坐标后即可按式 4.8.2 计算各中线点坐标。

三、计算施工坐标系坐标

切线坐标系转换为施工坐标系需要进行坐标平移和转轴计算，当转向角为右时按式（4.9.7）、（4.9.8）计算；当转向角为左时按式（4.9.9）、（4.9.10）计算。

（1）当转向角为右时：

$$X_i = x_i \cos\alpha - y_i \sin\alpha + X_{ZH} \quad (4.9.7)$$

$$Y_i = y_i \cos\alpha + x_i \sin\alpha + Y_{ZH} \quad (4.9.8)$$

（2）当转向角为左时：

$$X_i = x_i \cos\alpha - y_i \sin\alpha + X_{ZH} \quad (4.9.9)$$

$$Y_i = -y_i \cos\alpha + x_i \sin\alpha + Y_{ZH} \quad (4.9.10)$$

式中 X_i，Y_i —— 路线统一坐标系坐标；

x_i，y_i —— 切线坐标；

α —— 转向点之间的切线方位角。

【例 4.9.1】 如图 4.9.2 所示，起点 P 处半径 $R_P = 9\,579.228$ m，桩号 $l_P = 0 + 889.975$，$X_P = 19\,698.065$，$Y_P = 28\,469.399$，起点的切线方位角 $\alpha_P = 82°34'06''$，缓和曲线参数 $A = 60$。与缓和曲线相接的圆曲线半径 $R = 55$ m，公切点的桩号 $l_{GQ} = K0 + 824.896$ 试计算 K0 + 860 的坐标。

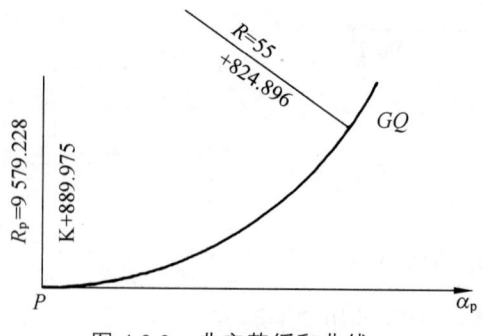

图 4.9.2　非完整缓和曲线

【解】 （1）计算 ZH 的桩号和 X_{ZH}，Y_{ZH}：

$$弧长\ l_P = \frac{A^2}{R_P} = 60^2/9\,579.228 = 0.375\,8$$

ZH 桩号：$889.975 + 0.375\,8 = +890.351$

$$弦长\ \overline{L_P} = l_P - \frac{l_P^5}{90A^4} = 0.375\,8$$

$$\beta_P = \frac{L_P^2}{2A^2} = \frac{0.375\,8^2}{2\times60^2}\times\frac{180°}{\pi} = 00°00'4.05''$$

$$\Delta_P = \frac{2}{3}\beta_P = 2.7''$$

$$\alpha_{PZ} = (82°34'06'') + 180° + 2.7'' = 262°34'8.7''$$

（左偏）用"+"：

$$X_{ZH} = X_P + \overline{L_1}\cos\alpha_{PZ}$$
$$= 19\,698.065 + 0.375\,8\cos 262°34'8.7'' = 19\,698.016\ (m)$$

$$Y_{ZH} = Y_P + \overline{L_P}\sin\alpha_{PZ}$$
$$= 28\,469.399 + 0.375\,8\sin 262°34'8.7'' = 28\,469.026\ (m)$$

（2）计算 α_{ZH} 切线方位角：

$$\alpha_{ZH} = \alpha_P \pm \beta_P$$

$$\beta_P = 4.1''$$

$$\alpha_{ZH} = 82°34'06'' + 4.1'' = 82°34'10''$$

（3）计算 K0+860 坐标：

$$\alpha_{ZH} = 82°34'10'',\quad l_i = 30.30\ \text{m},\quad A = 60$$

+860 点切线坐标系坐标：

$$x = 30.30 \text{ m}, y = 1.293 \text{ m}（计算过程略）$$

+860 点施工坐标系坐标：

$$X = 30.30\cos 82°34'10'' + 1.293\sin 82°34'10'' + 19\,698.016 = 19\,703.217（\text{m}）$$

$$Y = -1.293\cos 82°34'10'' + 30.30\sin 82°34'10'' + 28\,469.026 = 28\,498.906（\text{m}）$$

学习情境小结

铁路施工复测包括：CPI、CPII 控制点复测、水准基点复测。可采用 GNSS 法和导线测量。水准基点采用水准测量方法，其限差要求按照 TB10101—2018《铁路工程测量规范》GNSS 控制点复测平面坐标较差限差要求、CPⅡ 导线复测较差的限差、水准测量检测已测阶段高差之差要求。

公路施工复测包括：首级控制网复测、导线复测、水准基点复测。首级控制网采用 GNSS 四等复测，导线为一级导线，水准基点复测采用水准测量方法，其限差要求与定测相同。关于交接桩资料，这里选用了施工现场施工案列，《铁路工程测量规范》有原则性交接桩资料要求。线路曲线测量中线坐标计算首先计算切线坐标下，线路中线点坐标计算，利用坐标转换理论，转换成线路统一坐标系下坐标（施工坐标系）。

课后训练

1. 什么叫平面曲线？组合平面曲线有哪几种类型？
2. 简述单圆曲线主点测设方法。
3. 置镜于 ZY 和 YZ 测设曲线至 QZ，如何检核曲线测设精度？
4. 已知一圆曲线的设计半径 $R = 1\,000$ m，线路转向角 $\alpha_左 = 18°25'45''$，交点 JD 的里程为 DK151 + 286.78。试求圆曲线要素 T、E、L，并计算各主点里程。
5. 简述加缓和曲线后，五大桩传统测设方法。
6. 有一曲线，圆曲线的半径 $R = 800$ m，缓和曲线的长度为 100 m，转向角为 $\alpha_右 = 48°23'30''$，交点 JD 的里程为 DK186 + 166.86。试计算出该曲线要素，并计算各主点里程。
7. 已知某直线段起点桩号为 K3 + 627.823，坐标为 $X = 26\,651.675$，$Y = 22\,500.680$，直线段坐标方位角 $\alpha = 65°47'51''$。试计算直线段上一点 K4 + 000 的坐标。
8. 已知某右偏曲线，$\alpha_右 = 18°22'00''$，缓和曲线长 $l = 40$ m，切线长 $T = 100.85$ m，ZH 点里程为 K218 + 477.74，起点（ZH）坐标方位角 $\alpha = 130°22'12''$，坐标为 $X = 38\,455.105$，$Y = 69\,341.414$，HZ 点里程为 K281 + 678.02。试计算第一缓和曲线桩号 K218 + 507.74 的坐标和第二缓和曲线桩号为 K281 + 658.02 的坐标。

学习情境五　路基施工测量实施

【学习目标】

1. 了解传统曲线测设闭合差的调整方法；
2. 掌握路基高程放样方法；
3. 能熟练掌握全站仪、RTK 路基边桩放样操作；

【学习指南】

当线路采用偏角法施测时，由于距离、偏角测量时产生误差，在与曲线控制桩闭合时会产生横向闭合差，对线路正确衔接必须进行调整，使线路中线平顺。调整方法分别为测偏角调整法、导线平差法。对于每一个点相对独立放样，没有误差积累，不需要调整。

控制桩的保护主要是针对 GNSS 点、导线点、水准基点，传统方式是设置护桩以便恢复控制桩。控制桩要按照测规要求埋设，确保控制桩安全稳固。建立定期、不定期巡查、复测是必要的。

路基边桩放样已普遍采用 RTK 方法，了解传统方法是掌握理论基础，掌握现代技术放样边桩操作尤为重要。路基高程放样这里主要学习竖曲线段高程放样计算。

为确保路堤边缘压实密度，路堤加宽量各施工单位规定不同，所以应根据实际选择加宽量。本学习情境重点掌握全站仪法放样边桩坐标计算和 RTK 法放样边桩。本学习情境包括 4 项任务：路线曲线调整、控制桩的保护、路基施工测量、路基高程放样。

任务 1　线路曲线调整

采用传统的偏角法放样时，可由曲线两端向曲中测设，当横向闭合差在 10 cm 内时，按曲线长度比例调整桩位，这样，在每次放样曲线时都要进行桩位调整，放样效率低，也不好操作。下面介绍 2 种快速实用的线路曲线调整方法。

1. 测偏角调整法

目前，施工单位基本都使用全站仪进行施工放样，因此，可以采用实测曲线偏角，通过布设导线按极坐标法进行曲线放样，就可以避免曲线测设误差的积累。由于将线路定测误差已经通过调整偏角（采用复测偏角）进行了消除，所以，每次放样时就不存在调整桩位问题。偏角调整后放样的曲线必定也满足设计要求，因此，竣工时按照设计曲线要素进行曲线检查，偏角也不会超限，曲线闭合差也不会超限。在桥隧群控制测量中，为了不产生控制测量与线路测量之间的连接误差，常常采用这种办法调整曲线，整个施工段曲线平顺，衔接严密，放样非常方便。

2. 导线平差法

上面介绍的是通过调整曲线偏角消除曲线误差的一种曲线调整方法，曲线误差的调整还可以通过调整控制点坐标来调整，即采用导线平差法调整曲线误差。

导线平差法调整曲线误差的主要思路是：如图 5.1.1 所示，以曲线一端切线的 2 个转点 ZD_{1-1}、ZD_{1-2} 为固定点，建立一个假设坐标系，采用曲线控制桩表中各控制桩的设计角度、距离值可以推算出整个曲线的控制点的坐标，将坐标推算至曲线另一侧的切线转点（或副交点）ZD_{2-1}、ZD_{2-2} 上，将这些坐标当做曲线控制点的设计坐标。然后将 ZD_{1-2}、ZD_{1-2} 到 ZD_{2-1}、ZD_{2-2} 看做附合导线，采用复测角度、距离进行平差，当角度闭合差小于 30″，曲线横向闭差小于 10 cm，全长相对闭合差满足 1/3 000，则认为曲线精度满足线路精度要求，否则设计曲线不满足精度要求，需进一步调整或变更。通过平差就将曲线误差均匀地进行了调整，采用平差后的控制点坐标对曲线进行分段放样即可，也达到了无须现场调整桩位就可以调整曲线误差的目的。

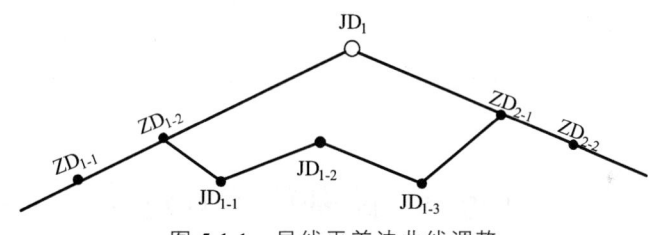

图 5.1.1 导线平差法曲线调整

偏角调整法是最严密的一种方法，但是要改变设计偏角值；导线平差法将误差均匀调整不改变设计曲线要素；传统偏角法虽然直观，但是劳动强度大、精度低。在实际施工中，可以根据实际情况和个人习惯，采用上述方法或传统的偏角法进行曲线的调整。

任务 2　控制桩的保护

在施工过程中线路控制桩是施工的重要依据，因此，路基开工前，应全面恢复中线桩，但是这些桩位于线路上，施工时经常被破坏，为了能及时、准确恢复线路控制桩原来的位置，以便指导施工。在施工范围以外，选择通视良好，且地面稳固的地方，钉设一些桩点，根据这些桩点，把控制桩恢复起来，这些桩称为护桩。护桩的设置位置如图 5.2.1 所示，根据条件，可以采用 2 个方向交会定点，如图中（a）、（b）、（c）；3 个距离交会定点，如图中（d）；也可采用 1 个方向 1 个距离定点，如图中（e）。

为了在个别护桩破坏时仍能将控制点恢复起来,在一条直线上,至少应对3个控制点进行护桩,每个点应有不少于2条交会线,而在一条交会线上,应不少于3个护桩。为保证交会的精度,两交会方向的夹角,最好在90°附近,不得已时,也不应小于30°或大于120°。

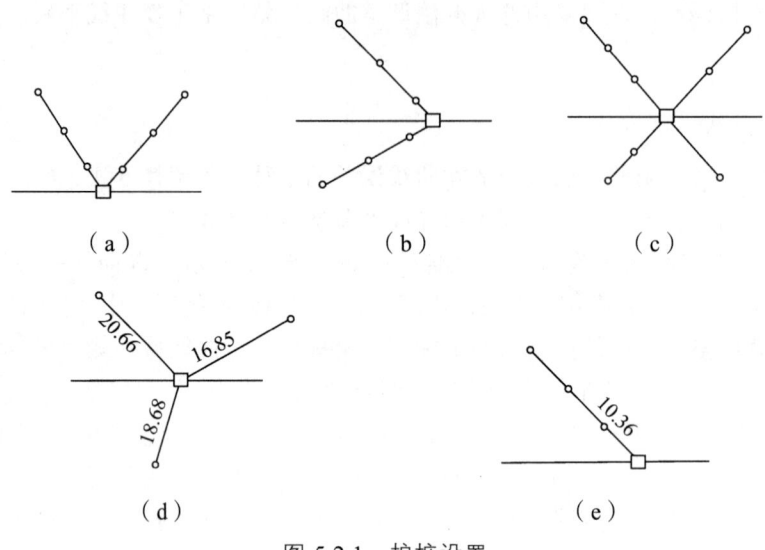

图 5.2.1　护桩设置

测设护桩时,应在控制点上架设仪器,以盘左照准选好的方向,并在这一方向上由远及近的钉设木桩,在木桩上做一临时的标记,然后用盘右位置重新检查一次。如果盘左盘右位置重合,则在标记的地方钉一小钉,如果不相重合,则取平均位置钉设,作为最后的方向标志。

任务3　路基施工测量

一、路基边桩放样

路基施工前,要标定每一个中桩处的横断面方向上路堤坡脚线或路堑坡顶线,即路基两旁边坡与地面相交点,作为修筑路基填挖方开始的范围,这些桩称为边桩。边桩位置是根据两侧边桩至中桩的水平距离测设。

放边桩前,应仔细审核、熟悉图纸,了解路基形式、设计宽度、曲线加宽、路基断面变化、边坡坡度等,了解地面起伏状况,确定放样方法,选择仪器工具,以便正确测放边桩。一般常用方法有图解法、解析法、逐渐接近法、坐标法、RTK法。

1. 图解法

直接从路基断面图上量取边桩至中桩的水平距离 D_1、D_2,然后从中线桩沿断面方向直接丈量出边桩位置,如图 5.3.1 所示。此方法适用于平坦地段,要求横断面图必须有足够的精度。

(a)　　　　　　　　　　　　(b)

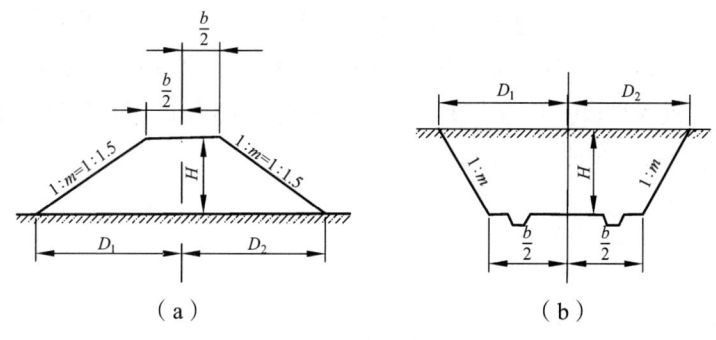

图 5.3.1　路基断面图

2. 解析法

用公式计算中桩至边桩的水平距离即：

$$D_1 = D_2 = \frac{b}{2} + m \times H \tag{5.3.1}$$

式中　b——路堤时为路基顶面宽度，路堑时为路基顶面宽度加侧沟和平台的宽度；
　　　m——边坡坡度比例系数；
　　　H——中桩填挖高度。

3. 逐渐接近法

地面坡度倾斜较大时，直接丈量距离较为困难，边桩至中线桩的水平距离也是随着地面坡度的变化而变化，而且两侧的距离不等，即 D_1 与 D_2 不相等，如图 5.3.2、5.3.3 所示。若直接从断面图中量取边桩至中桩的水平距离，则放样边桩的精度很难保证，可采用逐渐接近法。如图 5.3.2 所示，以测设路堤坡下边桩为例说明测设边桩方法。

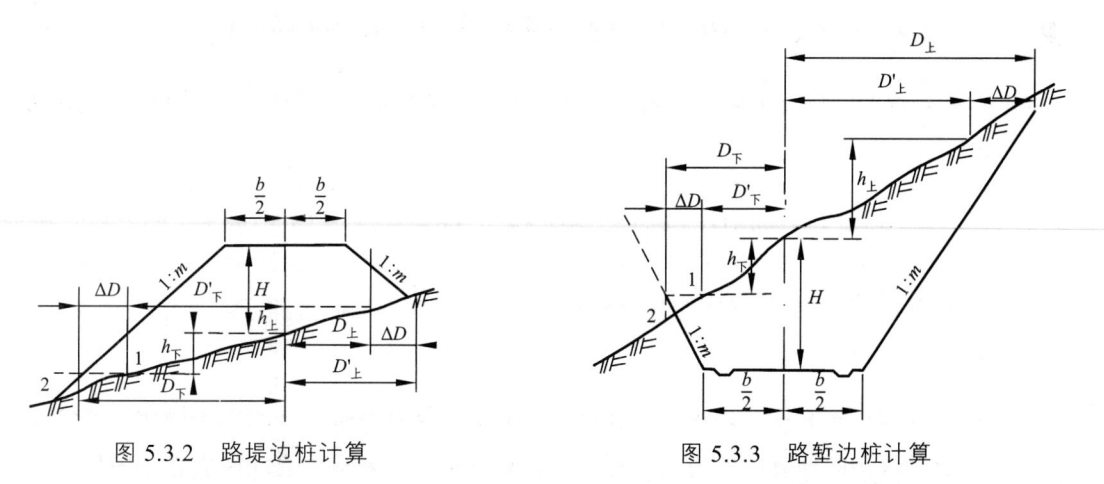

图 5.3.2　路堤边桩计算　　　　图 5.3.3　路堑边桩计算

（1）根据填挖高度大致估计一点坡脚桩的位置 1 点立尺（可在横断面图量取水平距离）；
（2）用水准仪测出 1 点和中桩的高差 $h_下$，量出 1 点至中桩的水平距离 $D'_下$；
（3）将 $h_下$ 代入式（5.3.4），计算当高差为 $h_下$ 时的 1 点至中桩的正确距离 $D_下$。
　　当 $D_下 > D'_下$，说明边桩的位置应由 1 点起向外移；

当 $D_下 < D'_下$，说明边桩的位置应由 1 点起向内移。

若 $D_下 \neq D'_下$，根据 $\Delta D \neq D_下 - D'_下$ 差值，根据差值移动水准尺再次试测，直至 ΔD 小于 0.1 m，则认为立尺点为坡脚点位置，做出标记。一般 2~3 次即可找出坡脚点。

路堤边桩至中桩的水平距离为：

路堤横坡上 $\quad D_上 = \dfrac{b}{2} + m \times (H - h_上)$ （5.3.2）

路堤横坡下 $\quad D_下 = \dfrac{b}{2} + m \times (H + h_下)$ （5.3.3）

路堑边桩至中桩的水平距离为：

路堑横坡下 $\quad D_下 = \dfrac{b}{2} + m \times (H - h_下)$ （5.3.4）

路堑横坡上 $\quad D_上 = \dfrac{b}{2} + m \times (H + h_上)$ （5.3.5）

式中　$b/2$——路堤时为路基顶面宽度的一半，路堑时为加侧沟和平台的宽度；

$h_下$，$h_上$——试测点至中桩的实测高差。

【例 5.3.1】 如图 5.3.2 所示，路基一半宽 $b/2 = 5$ m，中桩填土高度 $H = 3.8$ m，边坡率 $m = 1.5$。试用逐渐接近法测设左边桩的位置。

【解】（1）在图上量取中桩至坡脚点的距离，结合地形情况，估计值 $D'_下 = 15$ m，用皮尺沿断面方向量 15 m，得 1 点。

（2）测高差 $h_下 = 3.2$ m，代入式（5.3.3），计算初设边桩 1 点至中桩的距离。

$$D_下 = \dfrac{b}{2} + m \times (H + h_下) = 5 + 1.5 \times (3.8 + 3.2) = 15.5 \text{（m）}$$

$D_下 > D'_下$，说明初设边桩离中桩近了，应将桩向坡下移动。假定估计值 15.5 m 点，测得高差 3.2 m。

$$D_下 = \dfrac{b}{2} + m \times (H + h_下) = 5 + 1.5 \times (3.8 + 3.2) = 15.5 \text{（m）}$$

此值与估计值相符，故 2 点即为左边桩位置。

4. 坐标法

坐标法放样边桩是利用全站仪放样和测量功能，根据逐渐接近法的原理测设边桩位置。测设前，要求计算出断面方向的边桩坐标，坐标计算关键是要求出直线段垂直于中桩方向的方位角、圆曲线上中桩处径向方位角和缓和曲线中桩处法线方位角。根据中桩坐标、中桩至边桩的距离及方位角计算边桩坐标。

（1）直线段断面方向方位角计算。

如图 5.3.4 所示，α_Z 可用直线上两点坐标反算求得，左、右断面方向方位角为：

$$\left.\begin{array}{l}\alpha_{左} = \alpha_Z - 90° \\ \alpha_{右} = \alpha_Z + 90°\end{array}\right\} \quad (5.3.6)$$

（2）圆曲线段径向方位角计算。

如图 5.3.5 所示，径向方位角计算式为：

① 圆心坐标。

$$\left.\begin{array}{l}\alpha_{JO} = \alpha_{JZ} + \dfrac{180° - \alpha}{2} = \alpha_{JZ} + 90° - \dfrac{\alpha}{2} \\ X_O = X_J + (R+E)\cos\alpha_{JO} \\ Y_O = Y_J + (R+E)\sin\alpha_{JO}\end{array}\right\} \quad (5.3.7)$$

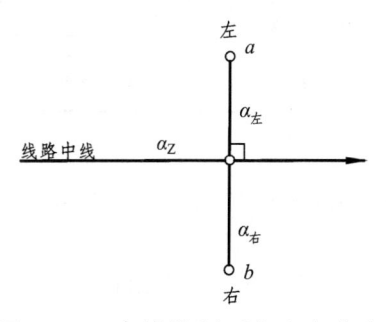

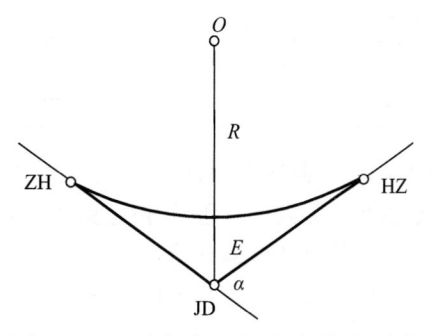

图 5.3.4　直线段断面方向方位角计算　　图 5.3.5　圆曲线段径向方位角计算

② 径向方位角。

圆心坐标与中线坐标进行反算即可得各点径向方位角。

（3）缓和曲线段法线方位角计算。

如图 5.3.6 所示，法线方位角计算式为：

曲线左偏时，

$$\left.\begin{array}{l}\alpha_{左} = \alpha_{ZJ} - \beta_p - 90° \\ \alpha_{右} = \alpha_{ZJ} - \beta_p + 90°\end{array}\right\} \quad (5.3.8)$$

式中　α_{ZJ}——ZH - JD 方向方位角；
　　　$\alpha_{左}$——左边桩方位角；
　　　$\alpha_{右}$——右边桩方位角。

图 5.3.6　缓和曲线段法线方位角计算

任一点 p 的缓和曲线切线角计算式为：

$$\beta_p = \dfrac{L^2}{2RL_0} \times \dfrac{180°}{\pi} \quad (5.3.9)$$

同理可得曲线右偏时法线方位角：

$$\left.\begin{array}{l}\alpha_{左} = \alpha_{ZJ} + \beta - 90° \\ \alpha_{右} = \alpha_{ZJ} + \beta + 90°\end{array}\right\} \quad (5.3.10)$$

（4）坐标法放样边桩步骤。

① 从断面图中量取中桩至边桩的水平距离（估计值），用程序计算出边桩坐标。

② 使用全站仪坐标放样功能，放样初设边桩位置。

③ 由于设计路基断面图与实地断面图有出入，所以初设边桩存在误差。用全站仪实测中桩至初设边桩的距离和高差，计算实际平距并与估计值比较，根据差值实地调整边桩位置。

【例 5.3.2】 某路线 JD_4、JD_5 的坐标见表 5.3.1，JD_4 的半径 $R = 400$ m，缓和曲线长 $l_0 = 90$ m，$\beta_左 = 48°15'47''$，各中桩坐标见逐桩坐标表 4.8.3。计算各中桩处左右边桩坐标。

表 5.3.1　已知交点坐标

交点序号	桩　　号	X	Y
JD_4	K2 + 771.427	$x_4 = 27\ 101.307$	$y_4 = 627\ 968.686$
JD_5	K4 + 355.566	$x_5 = 25\ 942.262$	$y_5 = 629\ 080.813$

【解】 （1）曲线资料计算：

曲线常数、要素、里程及相关坐标方位角计算同例 4.8.1。

（2）直线段边桩坐标计算：

计算直线段边桩坐标（以 K3 + 000 为例），从断面图上量得中桩距左边桩的距离是 25 m，距右边桩的距离是 30 m。

$$\alpha_左 = \alpha_{JD_4-HZ} - 90° = 136°11'0.4'' - 90° = 46°11'0.4''$$

$$\alpha_右 = \alpha_{JD_4-HZ} + 90° = 136°11'0.4'' + 90° = 226°11'0.4''$$

$$x_左 = x_{K3+000} + d_左 \times \cos\alpha_左 = 26\ 920.385 + 25 \times \cos 46°11'0.4'' = 26\ 937.694\ (m)$$

$$y_左 = y_{K3+000} + d_左 \times \sin\alpha_左 = 628\ 142.284 + 25 \times \sin 46°11'0.4'' = 628\ 160.323\ (m)$$

$$x_右 = x_{K3+000} + d_右 \times \cos\alpha_右 = 26\ 920.385 + 30 \times \cos 226°11'0.4'' = 26\ 899.614\ (m)$$

$$y_右 = y_{K3+000} + d_右 \times \sin\alpha_右 = 628\ 142.284 + 30 \times \sin 226°11'0.4'' = 628\ 120.637\ (m)$$

（3）第一缓和曲线边桩坐标计算：

计算第一缓和曲线段边桩坐标（以 K2 + 576.875 为例），从断面图上量得中桩距左边桩的距离是 25 m，距右边桩的距离是 30 m。

$$\beta_p = \frac{L^2}{2RL_0} \times \frac{180°}{\pi} = \frac{30^2}{2 \times 400 \times 90} \times \frac{180°}{\pi} = 0°42'58.3''$$

$$\alpha_左 = \alpha_{ZH-JD_4} - \beta_p - 90° = 184°26'47.4'' - 0°42'58.3'' - 90° = 93°43'49.1''$$

$$\alpha_右 = \alpha_{ZH-JD_4} - \beta_p + 90° = 184°26'47.4'' - 0°42'58.3'' + 90° = 273°43'49.1''$$

$$x_左 = x_{K2+586.875} + d_左 \times \cos\alpha_左 = 27\ 295.264 + 25 \times \cos 93°43'49.1'' = 27\ 293.638\ (m)$$

$$y_左 = y_{K2+586.875} + d_左 \times \sin\alpha_左 = 627\ 983.894 + 25 \times \sin 93°43'49.1'' = 628\ 008.841\ (m)$$

$$x_右 = x_{K2+586.875} + d_右 \times \cos\alpha_右 = 27\ 295.264 + 30 \times \cos 273°43'49.1'' = 27\ 297.216\ (m)$$

$$y_右 = y_{K2+586.875} + d_右 \times \sin\alpha_右 = 627\ 983.894 + 30 \times \sin 273°43'49.1'' = 627\ 953.958\ (m)$$

(4)第二缓和曲线段边桩坐标计算：

计算第二缓和曲线段边桩坐标（以 K2+923.815 为例），从断面图上量得中桩距左边桩的距离是 25 m，距右边桩的距离是 30 m。

$$\beta_p = \frac{L^2}{2RL_0} \times \frac{180°}{\pi} = \frac{40^2}{2 \times 400 \times 90} \times \frac{180°}{\pi} = 1°16'23.7''$$

$$\alpha_{左} = \alpha_{HZ-JD_4} + \beta_p - 90° = 316°11'0.4'' + 1°16'23.7'' - 90° = 227°27'24.1''$$

$$\alpha_{右} = \alpha_{HZ-JD_4} + \beta_p + 90° = 316°11'0.4'' + 1°16'23.7'' + 90° = 47°27'24.1''$$

$$x_{左} = x_{K2+923.815} + d_{左} \times \cos\alpha_{左} = 26\,975.753 + 25 \times \cos 227°27'24.1'' = 26\,958.849 \text{ (m)}$$

$$y_{左} = y_{K2+923.815} + d_{左} \times \sin\alpha_{右} = 628\,089.960 + 25 \times \sin 227°27'24.1'' = 628\,071.541 \text{ (m)}$$

$$x_{右} = x_{K2+923.815} + d_{右} \times \cos\alpha_{右} = 26\,975.753 + 30 \times \cos 47°27'24.1'' = 26\,996.037 \text{ (m)}$$

$$y_{右} = y_{K2+923.815} + d_{右} \times \sin\alpha_{左} = 628\,089.960 + 30 \times \sin 47°27'24.1'' = 628\,112.063 \text{ (m)}$$

计算坐标时带入相应中桩至边桩方位角，左右互换。

(5)圆曲线段边桩坐标计算：

计算圆曲线段边桩坐标（以 K2+700 为例），从断面图上量得中桩距左边桩的距离是 25 m，距右边桩的距离是 30 m。

圆心坐标：

$$\alpha_{JD_4-O} = \alpha_{JD_4-ZH} + \frac{180°-\alpha}{2} = \alpha_{JD_4-ZH} + 90° - \frac{\alpha}{2} = 4°26'47.4'' + 90° - \frac{48°15'47''}{2}$$
$$= 70°18'53.9''$$

$$X_O = X_{JD_4} + (R+E)\cos\alpha_{JD_4-O} = 27\,101.307 + (400+39.228) \times \cos 70°18'53.9''$$
$$= 27\,249.261 \text{ (m)}$$

$$Y_O = Y_{JD_4} + (R+E)\sin\alpha_{JD_4-O} = 627\,968.686 + (400+39.228) \times \sin 70°18'53.9''$$
$$= 628\,382.245 \text{ (m)}$$

有圆心坐标和中桩坐标反算径向方位角：

$$\alpha_{左} = \alpha_{JD_4-O} = \arctan\left|\frac{628\,382.245 - 627\,989.649}{27\,249.261 - 27\,172.654}\right| = 78°57'31.2''$$

$$\alpha_{右} = \alpha_{O-JD_4} = 258°57'31.2''$$

$$x_{左} = x_{K2+700} + d_{左} \times \cos\alpha_{左} = 27\,172.654 + 25 \times \cos 78°57'31.2'' = 27\,177.442 \text{ (m)}$$

$$y_{左} = y_{K2+700} + d_{左} \times \sin\alpha_{左} = 627\,989.649 + 25 \times \sin 78°57'31.2'' = 628\,014.186 \text{ (m)}$$

$$x_{右} = x_{K2+700} + d_{右} \times \cos\alpha_{右} = 27\,172.654 + 30 \times \cos 258°57'31.2'' = 27\,187.179 \text{ (m)}$$

$$y_{右} = y_{K2+700} + d_{右} \times \sin\alpha_{右} = 627\,989.649 + 30 \times \sin 258°57'31.2'' = 627\,960.204 \text{ (m)}$$

5. RTK 法放样边桩

操作方法请扫描二维码观看视频教学。

二、路基边坡放样

边桩测设后,路堤填方,路堑挖方过程中要控制边坡坡率符合设计要求,还要在实地标定边坡坡度。

1. 挂线法

如图 5.3.7 所示,a、b 为坡脚桩,A、B 为边桩,在 A、B 竖立标杆,在标杆上等于中桩填方高度处做 A'、B' 记号,用细绳连接 a、A'、B'、b,即得出设计边坡线。此法适用于填土的路堤施工。

如图 5.3.8 所示,当填土较高时,分层施工填筑,此时可分层挂线,挂线前,根据每层填土高度 h 及坡度率计算顶面宽度,挂线方法与一次挂线相同。

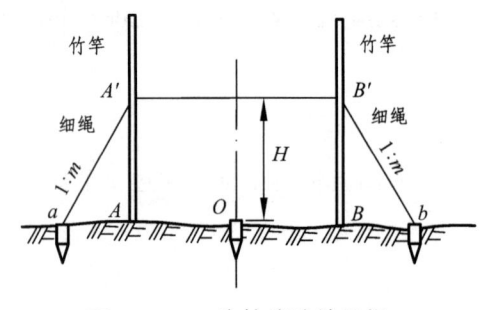

图 5.3.7 一次挂线边坡放样

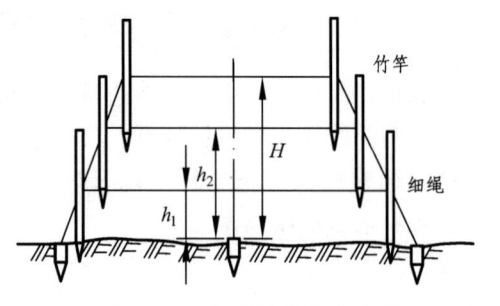

图 5.3.8 多层挂线边坡放样

2. 坡度尺法

如图 5.3.9 所示,路堑施工时,可在边桩外侧按设计边坡钉立固定的边坡样板,施工时可随时指示并检查开挖和修整边坡。

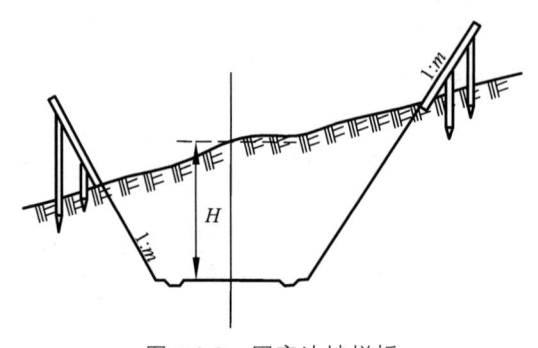

图 5.3.9 固定边坡样板

3. 机械施工边坡控制

路堑施工时,根据测设的边桩位置,当机械开挖至靠近边坡 0.3 m 时,改为人工修坡。每 10 m 边坡范围插杆挂线人工刷坡。每挖深 3~4 m 时,要重新恢复中线点、测高程,放出施工面边桩。

路堤施工放样边桩时,每侧需超出路堤的设计宽度 0.3 m,以保证修整路基边坡后的路堤边缘有足够的压实度,人工修坡时,保证边坡的坡率和平整度。每层填料松铺厚度 300~

500 mm，每挖深 1~2 m 时，要重新恢复中线点、测高程，放出填筑面边桩。撒石灰线标志出边线位置。

4. RTK 边坡放样

操作方法请扫描二维码观看视频教学。

RTK 边坡放样视频

任务 4　路基高程放样

一、竖曲线高程放样

1. 竖曲线的概念

在铁路、公路线路纵断面上，两相邻坡段的交点称为变坡点。在变坡点处坡度发生急剧变化，为了行车安全，要在其两相邻坡段之间加设竖曲线。竖曲线按顶点的位置可分为凸曲线和凹曲线，如图 5.4.1（a）所示。按性质又可分为圆曲线形竖曲线和抛物线形竖曲线。用抛物线过渡在理论上似乎更为合理，但在实际上用圆曲线和用抛物线是非常接近的，因此，我国竖曲线均采用圆曲线。

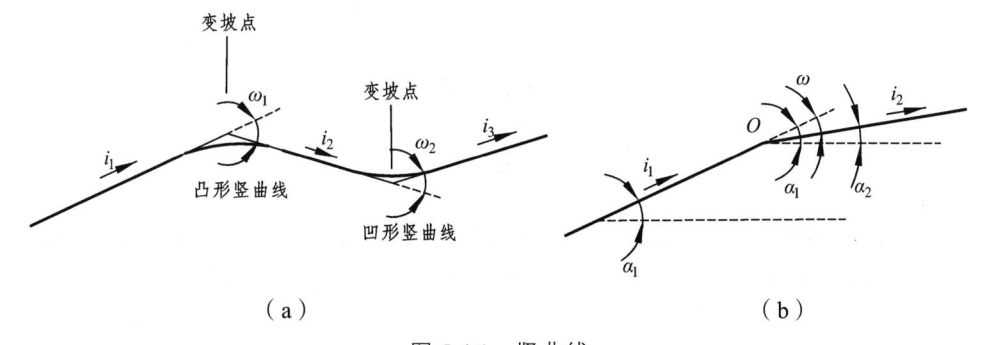

图 5.4.1　竖曲线

2. 竖曲线要素计算

（1）线路竖向转坡角。

相邻两坡段的坡度代数差，称为转坡角。如图 5.4.1（b）所示，由于线路设计的允许坡度一般都很小，所以可以认为 ω 等于相邻坡道之坡度代数差，近似计算公式为：

$$\omega = i_1 - i_2 \tag{5.4.1}$$

式中　ω——正时为凸曲线，负时为凹曲线。

坡度 i 在上坡时为正，下坡为负。相邻坡段的坡度代数差是考虑了坡度符号后的差值。

（2）切线长。

切线长 $T = R\tan(\omega/2)$，因 ω 很小，则有 $T = R \times \omega/2$，根据式（5.4.1），竖曲线计算公式为：

$$T = \frac{1}{2} R \times |i_1 - i_2| \tag{5.4.2}$$

（3）竖曲线长。

$$L = R \times |i_1 - i_2| = 2T \tag{5.4.3}$$

（4）外矢距。

因为转坡角很小，外矢距采用近似计算公式为：

$$E_0 = \frac{T^2}{2R} \tag{5.4.4}$$

3. 竖曲线上各点高程

由于 ω 角很小，如图 5.4.2 所示，T、x 相当于水平距离，y 相当于高差，从图中可得

$$(R+y)^2 = R^2 + x^2$$
$$2Ry = x^2 - y^2$$

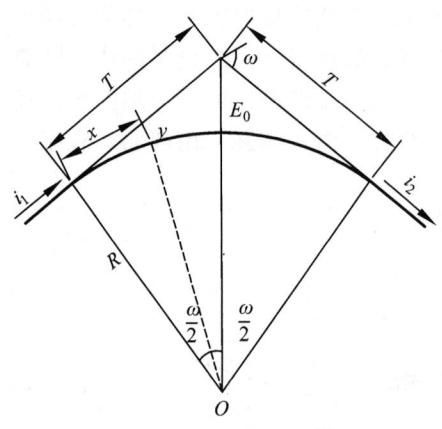

图 5.4.2　竖曲线计算

因 y 与 x 相比，y 值很小，故 y^2 可略去不计，则

$$y = \frac{x^2}{2R} \tag{5.4.5}$$

$$H_i = H_i' \pm y_i \tag{5.4.6}$$

式中　H_i——曲线上任意点高程；

　　　H_i'——该点在切线上的高程，也就是坡道线上的高程，称为坡道点高程；

　　　y_i——该点的高程改正。当竖曲线为凸形曲线时取"−"号；当为凹形曲线时取"+"号。

坡道点高程 H_i' 可根据变坡点高程 H_0、坡度 i 及该点至变坡点的距离求算，计算公式为：

$$H_i' = H_0 \pm (T - x_i) \times i \tag{5.4.7}$$

式中，自变坡点至待求点为下坡时，$(T-x_i) \times i$ 取负值，上坡时取正值。

根据以上式（5.4.6）、（5.4.7），竖曲线任一点高程计算式为：

$$H_i = H_0 \pm (T - x_i) \times i \pm \frac{x^2}{2R} \tag{5.4.8}$$

【例 5.4.1】 已知线路一方为上坡,其坡度为 + 2.5%,一方为下坡,其坡度为 - 4.981‰,变坡点里程为 K6 + 470.00,高程 H_0 为 41.299 m,竖曲线切线 T 为 239.848 m,半径 R 为 16 000 m。试计算竖曲线上里程为 K6 + 435 和 K6 + 635 的高程。

【解】 (1) 计算竖曲线起终点的里程:

终点里程 = 变坡点里程(K6 + 470) + 239.848 = K6 + 709.848

起点里程 = 变坡点里程(K6 + 470) - 239.848 = K6 + 230.152

(2) 计算竖曲线各点高程:

由起终点里程、变坡点里程及待求点里程可知:K6 + 435 在坡度为 + 2.5%段,K6 + 635 在坡度为 - 4.981‰。由此可算出:

$$X_{K6+435} = 6\ 435 - 6\ 230.152 = 204.848\ (m)$$

$$X_{K6+635} = 6\ 709.848 - 6\ 635 = 74.848\ (m)$$

$$H_{K6+435} = 41.299 - (239.848 - 204.848) \times 0.025 - 204.848^2/(2 \times 16\ 000)$$
$$= 39.113\ (m)$$

$$H_{K6+635} = 41.299 - (239.848 - 74.848) \times 0.004\ 981 - 74.848^2/(2 \times 16\ 000)$$
$$= 40.302\ (m)$$

竖曲线上其他点计算方法与此相同。

二、缓和超高段边桩高程计算

放样边桩除了放样平面位置外,还要放样边桩高程,边桩高程计算是根据中桩高程、中桩至边桩的距离及路拱横坡度计算边桩高程。在直线段与圆曲线超高段(全超高段)各横断面路拱横坡坡度为已知,而在缓和曲线段的超高横坡度是逐渐变化的。因此,缓和超高段的边桩高程计算关键是计算各横断面处超高横坡度,计算公式如下:

1. L_1 计算

$$L_1 = \frac{2i_1}{i_1 + i_b} \times L_s \tag{5.4.9}$$

式中 L_1 —— 缓和曲线起点 ZH 或终点 HZ 至超高边坡临界面的距离;

i_1 —— 直线段路拱坡度,取正值;

i_b —— 设定的最大超高横坡度,取正值;

L_s —— 缓和曲线长。

2. 外侧超高横坡度

$$i_x = \frac{L_x}{L_s}(i_1 + i_b) - i_1 \tag{5.4.10}$$

式中 L_x —— 计算点至缓和曲线起点 ZH 或终点 HZ 的距离。

3. 内侧超高横坡度

《公路工程技术标准》规定，当超高横坡度计算值小于路拱坡度时，设置等于路拱坡度超高。则：

当 $L_x<L_1$ 时，内侧超高坡度 $i_x = i_1$；

当 $L_x>L_1$ 时，内侧超高坡度 i_x 等于外侧超高坡度。

4. 边桩高程

$$H_左 = H_右 = H_中 + D \times i_x$$

式中　$H_左$，$H_右$——边桩高程；

　　　$H_中$——中桩高程；

　　　D——半幅路宽。

【例 5.4.2】　图 5.4.3 为某施工标段其中一个曲线超高段示意图，路宽 15.5 m，从图中可知，曲线为右偏曲线，路面右低左高。缓和曲线长 L_s = 80 m；设定最大超高横坡度 i_b = 0.04；路拱坡度 i = - 0.02，中桩高程已计算出填入计算表，各主点里程如图 7.15 所示。试计算每 20 m 整桩号的边桩高程。

【解】　（1）L_1 计算：

$$L_1 = \frac{2i_1}{i_1+i_b} \times L_s = \frac{2 \times 0.02}{0.02+0.04} \times 80 = 53.33 \text{ m}$$

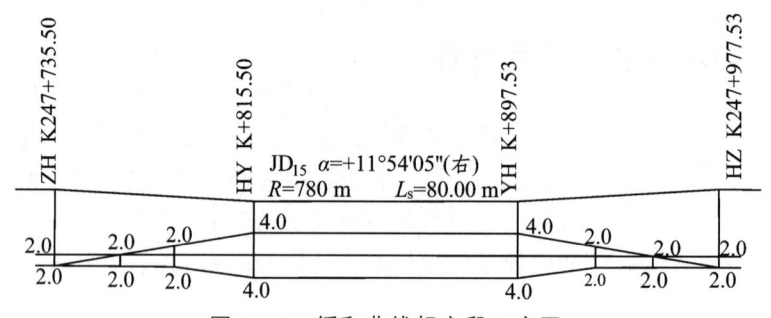

图 5.4.3　缓和曲线超高段示意图

（2）第一缓和曲线段 K247 + 780.0 断面：

$$L_x = 780 - 735.5 = 44.5 \text{（m）}$$

则 $L_x<L_1$，外侧按计算值，内侧应等于路拱坡度。

外侧超高横坡度：

$$i_x = \frac{L_x}{L_s}(i_1+i_b) - i_1 = \frac{44.5}{80}(0.02+0.04) - 0.02 = +0.013\,4 \text{（m）}$$

边桩高程：

$$H_左 = H_中 + D \times i_x = 181.940 + 7.75 \times 0.013\,4 = 182.044 \text{（m）}$$

$$H_右 = H_中 + D \times i_x = 181.940 + 7.75 \times (-0.020) = 181.785 \text{（m）}$$

其余各点计算结果见表 5.4.1。

表 5.4.1　缓和超高段横坡与边桩高程计算

桩号	$H_左$	L_x	i_x	$H_中$	i_x	L_x	$H_右$
ZH+735.50	182.117	0	−0.02	182.272	−0.02	0	182.117
+740	182.109	4.5	−0.016 6	182.238	−0.02	4.5	182.083
+760	182.076	24.5	−0.001 6	182.089	−0.02	24.5	181.934
+780	182.044	44.5	+0.013 4	181.940	−0.028 4	44.5	181.785
+800	182.011	64.5	+0.02	181.791	−0.04	64.5	181.571
HY+815.50	181.985	80	+0.028 4	181.675	−0.04	80	181.365
+820	181.952	—	+0.04	181.642	−0.04	—	181.332
+840	181.802	—	+0.04	181.492	−0.04	—	181.182
+860	181.653	—	+0.04	181.343	−0.04	—	181.033
+880	181.504	—	+0.04	181.194	−0.04	—	180.884
YH+897.53	181.373	80.0	+0.04	181.063	−0.04	80.0	180.753
+900	181.341	77.53	+0.038 2	181.045	−0.038 2	77.53	180.749
+920	181.075	57.53	+0.023 2	180.896	−0.023 2	57.53	180.717
+940	180.809	37.53	+0.008 1	180.746	−0.02	37.53	180.591
+960	180.544	17.53	−0.006 9	180.597	−0.02	17.53	180.442
HZ+977.53	180.311	0	−0.02	180.466	−0.02	0	180.311

学习情境小结

曲线闭合差调整与护桩设置是传统测量必备的常识，随着现代测量技术与手段发展已经很少进行这两项工作，作为了解知识是有必要的。

路基施工填挖边界的确定，称为路基边坡放样，即路堤坡脚线、路堑坡顶线的确定。边桩放样方法有图解法、解析法、逐渐接近法、坐标法、RTK 法，目前广泛应用 RTK 法。

竖曲线测设实质是中线纵向高程放样。竖曲线要素有线路竖向转坡角、切线长、竖曲线长、外矢距。缓和超高段横坡与边桩高程计算可采用软件程序计算。

课后训练

某一路段相邻坡度为 +5‰~−5‰，变坡点的里程为 DK217+940，高程为 458.69 m，该路段以半径为 1 600 m 的凸形竖曲线连接。试完成下述内容：

（1）计算曲线要素；

（2）要求计算竖曲线上 DK217+900 和 DK217+980 的高程。

学习情境六　桥梁施工测量实施

【学习目标】

1. 了解桥梁施工控制网所需精度估算方法；
2. 了解施工控制网复测要求；
3. 了解传统纵横轴线测设方法；
4. 了解现浇箱梁、悬臂法施工放样基本方法；
5. 能按坐标法计算纵横轴线方向点的坐标；
6. 能依据规范进行施工控制网复测和加密控制点；
7. 掌握墩台中心坐标计算方法及原理；
8. 掌握明挖基础、桩基基础施工放样。

【学习指南】

桥梁施工中，为了保证所有墩台平面位置以规定精度，按照设计平面位置放样和修建，使预制梁安全架设，必须进行桥梁施工控制测量。

在一般情况下，桥梁施工测量所建控制网均由设计单位勘察设计时建立。作为施工单位，进场后只需安排测量人员对其控制网点进行复测，其精度满足有关规范及桥梁设计要求，即可采用原设计提供的控制网点坐标。对控制网点复测后，为了方便现场施工放样要求，施工单位需在其之间加设一定数量的加密点或加密网，其加密点精度应等同于原控制网点。

另外，桥梁施工现场工序繁杂、机械作业频繁，对其测量高程及控制点干扰较大，容易造成破坏。因此，控制点及测量标志必须埋设稳固，尽量远离施工容易干扰的位置，并要注意保护，经常检查，定期复测，如有破坏及时恢复。

为了保证桥梁施工的平面位置及高程均能符合设计要求，施工测量与测绘地形图一样，也要遵循"先整体后局部，先控制后碎部"的原则，即先在施工现场建立统一的平面控制网及高程控制网，然后以此为基础，进行施工放样。施工放样前要认真审核图纸，放样数据计算必须第二人复检，实地放样采用不同控制点位放样。本学习情境包括3项任务：桥梁施工控制测量、桥梁下部结构施工测量、桥梁上部结构施工测量。

任务1　桥梁施工控制测量

一、桥轴线长度需要的精度估算

如图6.1.1所示，桥头两端线路控制点（A、B）间的连线称为桥轴线。A、B间的距离称为桥轴线长度。桥轴线长度测量是最基本，也是最主要的工作。桥轴线长度的精度，直接影响着墩台中心位置的测设精度。因此，应预估算出桥轴线长度的精度为多高时，测设桥轴线长度才是适宜的。从而合理拟订测量方案、选择仪器、规定各项测量限差。下面按桥型给出桥轴线精度的估算方法。

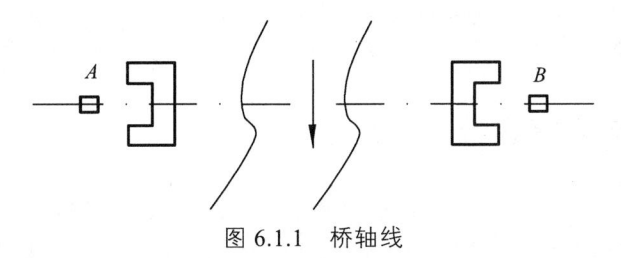

图 6.1.1　桥轴线

1. 混凝土梁与钢筋混凝土梁

设墩中心点位的放样中误差为 Δ_L，全桥共有 n 跨，则桥轴线长度中误差为：

$$m_D = \pm \frac{\Delta_L}{\sqrt{2}} \sqrt{n} \quad (\text{mm}) \tag{6.1.1}$$

式中，Δ_L 一般取 ±10 mm。

2. 钢板梁与短跨（跨距不大于 64 m）简支钢桁梁

设钢梁的长度为 l，其制造限差为 1/5 000，支座的安装限差为 δ，则桥轴线长度中误差分别见下。

（1）单跨：

$$m_d = \pm \frac{1}{2} \sqrt{\left(\frac{l}{5\,000}\right)^2 + \delta^2} \quad (\text{mm}) \tag{6.1.2}$$

式中，δ 一般取 ±7 mm。

（2）多跨等跨：

$$m_D = \pm m_d \sqrt{n} \quad (\text{mm}) \tag{6.1.3}$$

（3）多跨不等跨：

$$m_D = \sqrt{m_{d1}^2 + m_{d2}^2 + \cdots + m_{d3}^2} \tag{6.1.4}$$

3. 连续梁及长跨（跨距大于 64 m）简支钢桁梁

设单联或单跨桥梁组成的节间数为 N，一个节间的拼装限差为 Δ_l，则桥轴线长度中误差分别见下。

（1）单联（跨）：

$$m_d = \pm \frac{1}{2} \sqrt{N \Delta_l^2 + \delta^2} \quad (\text{mm}) \tag{6.1.5}$$

式中，Δ_l 一般取 ±2 mm。

(2)多联(跨)等联(跨):

$$m_D = \pm m_d \sqrt{n} \text{ (mm)} \tag{6.1.6}$$

(3)多联(跨)不等联(跨):

$$m_D = \sqrt{m_{d1}^2 + m_{d2}^2 + \cdots + m_{d3}^2} \tag{6.1.7}$$

二、桥梁控制网等级选用

按照上列(6.1.1)~(6.1.7)各式求出桥轴线中误差以后,除以桥轴线长度 L,并化为 $1/N$ 形式,即为跨河桥轴线边的边长相对中误差。跨河正桥施工平面控制网的测量等级应根据跨河桥长、大跨径桥梁的主跨跨距及桥型桥式、施工精度要求等因素,经过综合分析后,不得低于表 6.1.1 规定。实际工作当中可根据跨河桥长 L 和斜拉桥、悬索桥等大跨径桥梁主跨 L_1 选定等级的高者作为控制网的基本等级,并结合各种因素综合确定控制网的实际施测精度。

公路桥梁平面控制网依据《公路桥涵施工技术规范》规定平面控制网的等级不低于表 6.1.2 规定,同时桥梁轴线精度尚应符合表 6.1.3 规定。对特大跨径及特殊结构桥梁,应根据其施工允许误差,确定控制网的精度和等级。

表 6.1.1 铁路桥梁跨河正桥施工平面控制测量等级和精度要求

跨河桥长 L/m	大跨径桥梁主跨 L_1/m	测量等级	跨河桥轴线边的边长相对中误差
2 500<L≤3 500	800<L_1≤1 000	一等	≤1/350 000
1 500<L≤2 500	500<L_1≤800	二等	≤1/250 000
1 000<L≤1 500	300<L_1≤500	三等	≤1/150 000
L≤1 000	L_1≤300	四等	≤1/100 000

表 6.1.2 公路平面控制测量等级

多跨桥梁总长 L/m	单跨桥梁跨径 L_k/m	其他构造物	测量等级
L≥3 000	L_k≥500	—	二等
2 000≤L<3 000	300≤L_k<500	—	三等
1 000≤L<2 000	150≤L_k<300	高架桥	四等
L<1 000	L_k<150		一级

表 6.1.3 公路桥轴线相对中误差

测量等级	桥轴线相对中误差	测量等级	测量等级
二等	≤1/150 000	四等	≤1/600 00
三等	≤1/100 000	一级	≤1/400 00

三、桥梁施工控制网的布设与复测

桥梁施工控制测量包括平面控制测量和高程控制测量。

1. 平面控制测量

建立平面控制网的目的，是测定桥轴线长度和据以进行墩台位置放样，同时也可用于施工过程中的变形监测。对于跨越无水河道的直线小桥，桥轴线长度可以直接测定，墩台位置也可直接利用桥轴线的设计控制点测设，无须建立平面控制网。但跨越有水河道的大型桥梁，墩台无法直接定位，则必须建立平面控制网。根据桥梁跨越的河宽及地形条件，平面控制网多布设成如图 6.1.2 所示的形式。

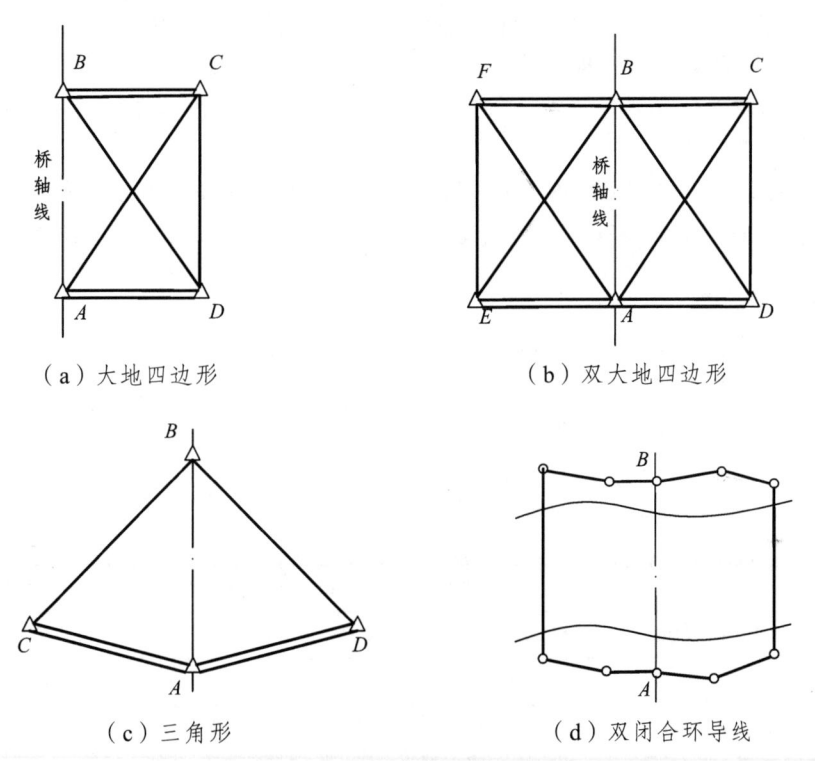

（a）大地四边形　　　　（b）双大地四边形

（c）三角形　　　　（d）双闭合环导线

图 6.1.2　桥梁控制网常用图形

施工平面控制点应选择在土质坚实、通视条件良好、避开施工干扰、易于保护的地方，并以设在高处。GNSS 控制点点位应满足 GNSS 观测的需要。宜在桥轴线方向上每岸埋设 1~2 个轴线控制点，也可在桥轴线同侧 50~300 m 左右每岸埋设 1~2 个控制点，用以代替桥轴线点。首级控制网可为测角网、测边网或三角网，测边网是测量所有边长而不测角度。边角网则是边长和角度都测。如果采用测边网或边角网，由于边长是直接测定的，所以不受或少受测角误差的影响，测边精度与桥轴线要求的精度相当即可。

根据需要采用三角形网或精密导线测量方法布设加密控制网。首级控制网中岸上基线边应与桥轴线近似垂直，其长度宜为桥轴线长度的 0.7 倍，困难时不宜小于 0.5 倍。三角网的布设应满足控制网的精度和观测条件要求。

导线控制测量应组成附合导线或闭合导线。附合导线或导线环的边数宜为4~6条,最短导线边边长不宜小于300 m,相邻边长之比不宜小于1∶3。采用全站仪测量的控制边长必须加入气象、加乘常数改正,然后化算为水平距离,最后将水平距离归算至墩顶或轨顶平均高程面上。

对于控制点的要求,除了图形强度以外,还要求便于交会墩位,其交会角不能太大或太小,应控制在30°~120°,困难时也不宜小于25°。

引桥部分可根据测量条件和施工放样的方便,布设单三角锁或用引桥中线测量各墩台的位置。由于桥梁三角网一般都是独立的自由网,没有坐标及方向的约束条件,所以平差时都按自由网处理。它所采用的坐标系,直线桥一般是以桥轴线作为 x 轴,而桥轴线始端控制点的里程作为该点的 x 值。曲线桥是以直线转点或曲线起终点为坐标原点,以切线为 x 轴,垂直于坐标原点的垂线方向为 y 轴。这样,直线桥的桥梁墩台的设计里程即为该点的 x 坐标值,可以便于以后施工队放样的数据计算。

控制点要埋设标石及刻有"+"字的金属中心标志。如果兼作高程控制点用,则中心标志宜做成顶部为半球状。

控制网的测设优先采用GNSS、也可以采用导线测量、三角形网或综合测量方法施测。

技术要求按TB 10101—2018《铁路工程测量规范》第3.1、3.2、3.3节规定。

2. 高程控制测量

在桥梁施工阶段,除了建立平面控制网外,还应建立高程控制网,作为放样高程的依据,即在河流两岸建立若干个水准基点。这些水准基点除用于施工外,也可作为变形观测的高程基准点。跨河正桥施工高程控制网的等级应符合表6.1.4规定。

表6.1.4 跨河正桥施工高程控制网的等级

轨道结构	列车设计速度 v/(km/h)	跨河桥长 L/m		大跨径桥梁主跨 L_1/m		
		$L \leq 1\,000$	$L > 1\,000$	$L_1 < 300$	$300 < L_1 \leq 500$	$L_1 > 500$
无砟	$120 < v \leq 200$	二等	二等	二等	二等	二等
	$v \leq 120$	三等	二等	三等	三等	二等
有砟	$160 < v \leq 200$	三等	二等	三等	二等	二等
	$v \leq 160$	三等	二等	三等	三等	二等

施工高程控制网中的水准点,应沿桥轴线两侧均匀布设,顺桥向点间距宜为400 m左右,并构成连续水准环。墩台较高、两岸坡陡时,可在陡坡上一定高差内加设辅助水准点,其作用是临时性的,精度可较低,一般只需满足桥墩基础或墩身圬工部分浇筑过程中的精度要求。水准基点布设的数量视河宽及桥的大小而异。一般小桥可只布设1个;在200 m以内的大、中桥,宜在两岸各设1个;当桥长超过200 m时,由于两岸联测不便,为了在高程变化时易于检查,则每岸不少于3个。

同岸水准点间高程联测和起算点高程引测,宜采用水准测量方法,四等网也可采用光电测距三角高程。

水准基点是永久性的,必须十分稳固。除了它的位置要求便于保护外,根据地质条件,可采用混凝土标石、钢管标石、管柱标石或钻孔标石。在标石上方嵌以凸出半球状的铜质或不锈钢标志。

桥梁水准点与线路水准基点应采用同一高程系统。

3. 桥梁控制网复测

桥梁施工前,应对移交的控制网进行复测,首先应熟悉、理解设计文件中桥梁控制网的形式、等级、相关的技术规范,制订复测技术方案。复测的目的是检查控制点的稳定性。

复测应在原网的基础上进行。复测网精度的等级应与原网相同,复测方法及技术要求宜与原测保持一致。原控制网的坐标系统和高程系统不得更换,控制网的起算点应与原网一样。当原网起算点被损毁或发生明显位移(沉降)时,可改用其他稳定可靠的控制点起算,但必须保持位置基准,方向基准、尺度基准和高程基准不变。复测完成后,应进行严密平差,并采用现场勘验与统计检验相结合的方法对施工控制点进行稳定性分析。当较差超限时,应进行二次复测,查明原因,并分析、确认采用成果。复测工作完成后应向业主、监理提交复测报告和原始记录。

施工控制网复测后,当控制点的复测成果与原测成果较差满足规定限差要求时,采用原测成果。复测限差要求见学习情境四,任务1。

任务 2 桥梁下部结构施工测量

一、桥梁墩台中心放样

在桥梁施工测量中,最主要的工作是准确地定出桥梁墩台的中心位置和它的纵横轴线,这些工作称为墩台定位。墩台基础中心定位可采用 RTK 法、全站仪坐标法、交会法。

水中桥墩基础施工定位时,由于水中桥墩基础的目标处于不稳定状态,在其上无法使测量仪器稳定,一般采用方向交会法;如果墩位在无水或浅水河床上,可用 RTK 法、全站仪坐标法。

墩台基础中心放样不论采用何种方法,必须使用两种方法或不同的控制点放样同一点达到检核目的,各次放样点位的互差不应超过 ±20 mm。采用 RTK 法进行桥梁桩基、承台的平面和高程施工放样,主要技术要求按 TB 10101—2018《铁路工程测量规范》5.3.5 规定。

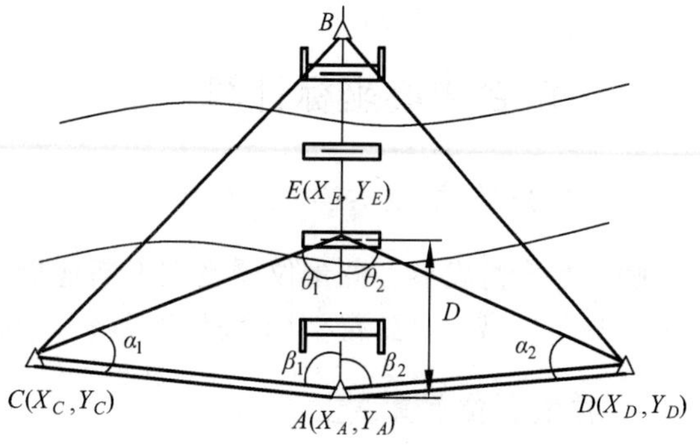

当桥墩位于水中,无法丈量距离及安置反光镜时,则采用角度交会法。如图 6.2.1 所示,A、B 为桥梁轴线,A、B、C、D 为控制网

图 6.2.1 交会法定墩台位置

的控制点,且 A、B、C、D 点坐标为 (X_A, Y_A)、(X_B, Y_B)、(X_C, Y_C)、(X_D, Y_D),E 为墩台中心位置,坐标为 (X_E, Y_E),在控制测量中,可用下面方法测设出墩中心位置 E 点。首先计算各方向方位角:

$$\left.\begin{aligned}\alpha_{CA} &= \arctan\left(\frac{Y_A - Y_C}{X_A - X_C}\right) \\ \alpha_{DA} &= \arctan\left(\frac{Y_A - Y_D}{X_A - X_D}\right) \\ \alpha_{CE} &= \arctan\left(\frac{Y_E - Y_C}{X_E - X_C}\right) \\ \alpha_{DE} &= \arctan\left(\frac{Y_E - Y_D}{X_E - X_D}\right)\end{aligned}\right\} \qquad (6.2.1)$$

注：当 X 差值为 0 时，Y 差值为正时，其方位角为 90°，为负时，其方位角为 270°。再用式（6.2.2）计算出交会角度 α_1，α_2：

$$\left.\begin{aligned}\alpha_1 &= \alpha_{CA} - \alpha_{CE} \\ \alpha_2 &= \alpha_{DE} - \alpha_{DA}\end{aligned}\right\} \qquad (6.2.2)$$

在 C、D 两点上同时架设仪器，C 点的仪器后视 A 点，固定照准部，将度盘置零，然后将仪器照准部向桥墩方向拨动 α_1 角，固定仪器照准部，同时 D 点的仪器后视 A 点，固定仪器照准部，将度盘置零，然后将仪器照准部向桥墩方向拨动 α_2 角，固定仪器照准部。两台仪器视准轴方向的交点即为桥墩中心位置 E 点。为了避免错误和检查交会定点的精度，在 A 点架设第 3 台仪器，照准河对岸的 B 点，看 3 个方向是否交于一点，如不能交于一点，就形成了示误三角形（也称误差三角形）。示误三角形的最大边长或两方向的交点与桥轴线的距离在允许范围内时，从两方向交会点向桥轴线作垂线，与桥轴线的交点即是桥墩台中心。交会定点后，应立即将交会方向延伸到河流对岸上，根据视线方向钉设护桩，以便随时恢复交会方向，检查施工中的桥墩台中心位置。由于这种方法是利用控制网点进行交会墩位，故墩位坐标必须与控制点的坐标系一致，才能进行交会数据的计算。如果两者不一致时，则需先进行坐标转换。墩台位于曲线则以示误三角形的重心为桥墩台中心。

二、墩台中心坐标计算

（一）公路桥墩台坐标计算

随着社会的发展，测量仪器也在不断地更新换代，全站仪坐标法越来越普遍地应用于桥梁施工测量领域。全站仪坐标法放样桥墩台中心坐标计算如下：

1. 桥墩台位于直线上

直线段起点桩号 l_Q，坐标 (X_Q, Y_Q)，直线段坐标方位角 α，直线段上一点 l_i 的坐标 (X_i, Y_i) 的计算公式为：

$$X_i = X_Q + (l_i - l_Q) \times \cos\alpha \qquad (6.2.3)$$

$$Y_i = Y_Q + (l_i - l_Q) \times \sin\alpha \qquad (6.2.4)$$

也可采用下列公式计算：

$$X_i = X_{ZH} + (l_{ZH} - l_i) \times \cos(\alpha + 180°) \quad (6.2.5)$$

$$Y_i = Y_{ZH} + (l_{ZH} - l_i) \times \sin(\alpha + 180°) \quad (6.2.6)$$

2. 桥墩台位于缓和曲线上

如图 6.2.2，在以缓和曲线起点桩号 l_Q，坐标（X_Q，Y_Q）为坐标原点，起点切线（切线坐标方位 α）为 x 轴，垂线为 y 轴的直角坐标系 $x'O'y'$ 中，曲线上一点 i（桩号为 l_i）的切线正支距坐标（X'_i，Y'_i）可由下式求得，即：

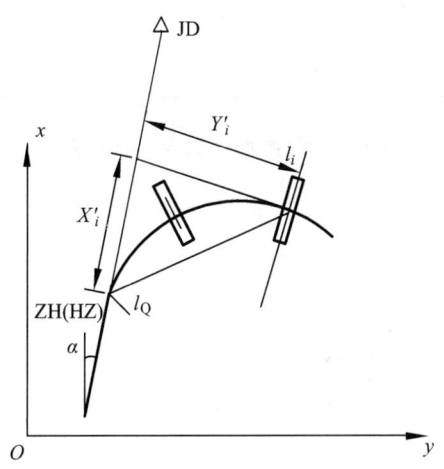

图 6.2.2　缓和曲线墩台坐标计算

$$L = |l_i - l_Q| \quad (6.2.7)$$

$$C = Rl$$

式中　R——圆曲线半径；

　　　l——缓和曲线长度。

$$\left. \begin{aligned} X'_i &= L - \frac{L^5}{40C^2} + \frac{L^9}{3\,456C^4} - \frac{L^{13}}{599\,040C^6} + \frac{L^{17}}{17\,542\,600C^8} - \cdots \\ Y'_i &= \frac{L^3}{6C} - \frac{L^7}{336C^3} + \frac{L^{11}}{42\,240C^5} - \frac{L^{15}}{9\,676\,800C^7} + \cdots \end{aligned} \right\} \quad (6.2.8)$$

再通过坐标平移和旋转计算出该点在大地坐标系 xOy 中的坐标（X_i，Y_i）为：

$$\left. \begin{aligned} X_i &= X_Q + X'_i \cos\alpha - Y'_i \sin\alpha \\ Y_i &= Y_Q + X'_i \sin\alpha + Y'_i \cos\alpha \end{aligned} \right\} \quad (6.2.9)$$

当起点为 ZH 点时，（X_Q，Y_Q）为 ZH 点坐标，l_Q 为 ZH 点里程。左偏时，将 $Y'_i = -Y'_i$ 代入。

当起点为 HZ 点时，（X_Q，Y_Q）为 HZ 点坐标，l_Q 为 HZ 点里程。右偏时，将 $Y'_i = -Y'_i$ 代入。

3. 桥墩台位于圆曲线上

如图 6.2.3 所示，当桥墩台位于圆曲线上时，圆曲线半径为 R，起点里程为 l_Q，起点坐标为（X_Q，Y_Q），起点的切线方位角为 α，曲线上一点 i（桩号 l_i）的坐标可用下式直接求得：

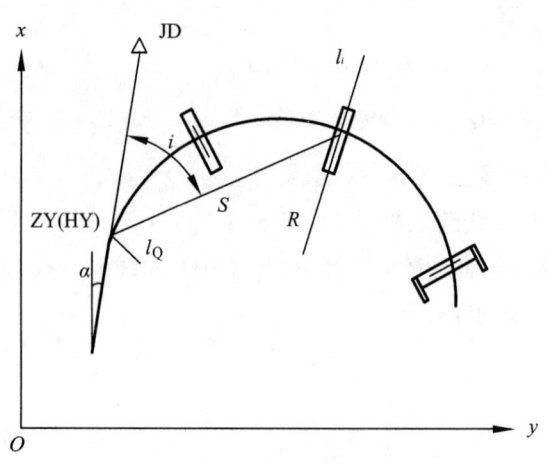

图 6.2.3 圆曲线墩台坐标计算

$$L = |l_i - l_Q| \tag{6.2.10}$$

$$S = 2R\sin\frac{L}{2R} \tag{6.2.11}$$

$$\alpha_i = \alpha \pm i = \alpha \pm \frac{L \times 180°}{2\pi R} \tag{6.2.12}$$

$$X_i = X_Q + S \times \cos\alpha_i \tag{6.2.13}$$

$$Y_i = Y_Q + S \times \sin\alpha_i \tag{6.2.14}$$

式中，i 的"±"号左偏时取"−"，右偏时取"+"。

现就以上所讲桥墩位于直线、缓和曲线和圆曲线上的综合线路的坐标计算，举例如下。

【例 6.2.1】 江滩特大桥平面位于半径 2 000 m，缓和曲线为 250 m 的右偏曲线上，线路交点里程为 K7 + 025.271，坐标为（70 183.437，7 298.688），偏角为 42°46′15.6″，起始边方位角 α = 188°38′3.6″，切线长 T = 908.701 m，求直线上（K5 + 820）、缓和曲线（K6 + 140），圆曲线上（K6 + 435）各点的中线坐标。

【解】 （1）计算各主点里程及坐标。

直缓点里程（ZH）：K7 + 025.271 − 908.701 = K6 + 116.57

缓圆点里程（HY）：K6 + 116.57 + 250 = K6 + 366.57

圆缓点里程（YH）：K7 + 025.271 + 908.701 − 250 = K7 + 683.972

缓直点里程（HZ）：K7 + 025.271 + 908.701 = K7 + 859.56

X_{ZH} = 70 183.437 + 908.701 × cos（188°38′3.6″ + 180°）= 71 081.839（m）

Y_{ZH} = 7 298.688 + 908.701 × sin（188°38′3.6″ + 180°）= 7 435.109（m）

X_{HZ} = 70 183.437 + 908.701 × cos（188°38′3.6″ + 42°46′15.6″）= 69 616.583（m）

Y_{HZ} = 7 298.688 + 908.701 × sin（188°38′3.6″ + 42°46′15.6″）= 6 588.467（m）

（2）计算待求点的坐标。

里程 K5 + 820 处坐标：

$$X = X_{ZH} + (l_{ZH} - l_i) \times \cos(\alpha + 180)$$
$$= 71\,081.839 + (6\,116.57 - 5\,820) \times \cos(188°38'3.6'' + 180°) = 71\,375.048 \text{（m）}$$

$$Y = Y_{ZH} + (l_{ZH} - l_i) \times \sin(\alpha + 180)$$
$$= 7\,435.109 + (6\,116.57 - 5\,820) \times \sin(188°38'3.6'' + 180°) = 7\,479.632 \text{（m）}$$

里程 K6 + 140 处坐标：

$$L = |l_i - l_Q| = 6\,140 - 6\,116.57 = 23.43 \text{（m）}$$

$$C = Rl = 2\,000 \times 250 = 5 \times 10^5$$

$$X'_i = L - \frac{L^5}{40C^2} + \frac{L^9}{3\,456C^4} - \frac{L^{13}}{599\,040C^6}$$

$$= 23.43 - \frac{23.43^5}{40 \times (5 \times 10^5)^2} + \frac{23.43^9}{3\,456 \times (5 \times 10^5)^4} - \frac{23.43^{13}}{599\,040 \times (5 \times 10^5)^6}$$

$$= 23.430 \text{（m）}$$

$$Y'_i = \frac{L^3}{6C} - \frac{L^7}{336C^3} + \frac{L^{11}}{42\,240C^5}$$

$$= \frac{23.43^3}{6 \times (5 \times 10^5)} - \frac{23.43^7}{336 \times (5 \times 10^5)^3} + \frac{23.43^{11}}{42\,240 \times (5 \times 10^5)^5}$$

$$= 0.004 \text{（m）}$$

$$X_i = X_Q + X'_i \cos\alpha - Y'_i \sin\alpha = 71\,058.678 \text{（m）}$$

$$Y'_i = Y_Q + X'_i \sin\alpha + Y'_i \cos\alpha = 7\,431.587 \text{（m）}$$

依据以上方法，可算出

$$X_{HZ} = 70\,835.551 \text{（m）}$$

$$Y_{HZ} = 7\,392.444 \text{（m）}$$

里程 K6 + 435 处坐标：

$$L = |l_i - l_Q| = |6\,435 - 6\,366.57| = 68.43 \text{ (m)}$$

$$S = 2R\sin\left(\frac{L}{2R}\right) = 2 \times 2\,000 \times \sin\left(\frac{68.43}{2 \times 2000}\right) = 68.427 \text{ (m)}$$

$$\alpha_i = \alpha \pm \frac{L \times 180°}{2R \times \pi} = 192°12'55.1'' + \frac{68.43 \times 180°}{2 \times 2\,000 \times 3.141\,592\,6} = 193°11'43.7''$$

$$X_i = X_Q + S \times \cos\alpha_i = 70\,835.551 + 68.427 \times \cos 193°11'43.7'' = 70\,768.931 \text{ (m)}$$

$$Y_i = Y_Q + S \times \sin\alpha_i = 7\,392.444 + 68.427 \times \sin 193°11'43.7'' = 7\,376.824 \text{ (m)}$$

（二）铁路桥墩台坐标计算

1. 直线桥坐标计算

如图 6.2.4 所示，铁路直线桥梁中心线与线路中心线吻合，即桥梁墩台中心均位于桥轴线方向上。在桥梁施工坐标系中，各墩台中心的横坐标 $x=0$。控制点 B 的里程等于控制点 A 的里程加桥轴线长，已知各墩台中心设计里程，则各墩台中心的纵坐标等于墩台中心与控制点的里程之差。

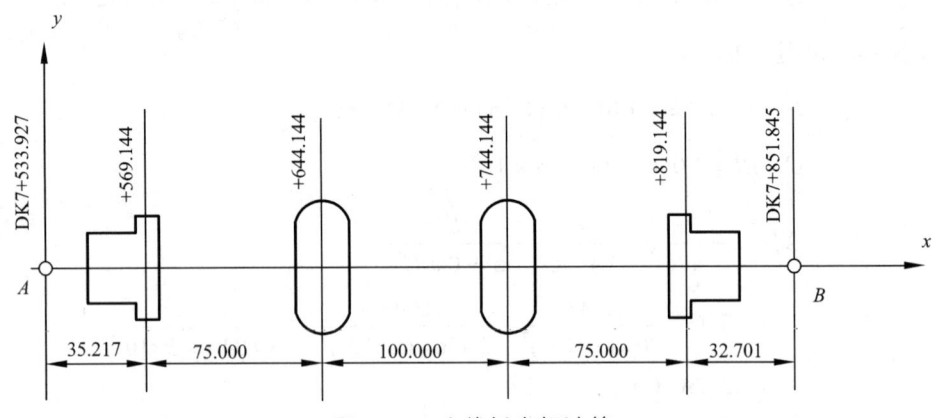

图 6.2.4 直线桥坐标计算

设控制点 A 的里程为 DK_A，第 i 号墩的里程和纵横坐标分别为 DK_i 和（x_i, y_i），则：

$$\left.\begin{array}{l} x_i = DK_i - DK_A \\ y_i = 0 \end{array}\right\} \tag{6.2.15}$$

2. 曲线桥墩台坐标计算

（1）桥梁在曲线上的布置。

如图 6.2.5 所示，桥梁位于曲线上，线路中线呈曲线，而每孔梁中线是直线，两者不吻合。梁在曲线上布置是将各跨梁的中线连接起来，成为与线路中线基本符合的折线，这条折线称为桥梁工作线，也称为墩中心距，用 L 表示。桥墩的中心一般位于工作线转折角的顶点上。相邻梁跨工作线所构成的偏角 α 称为桥梁偏角。

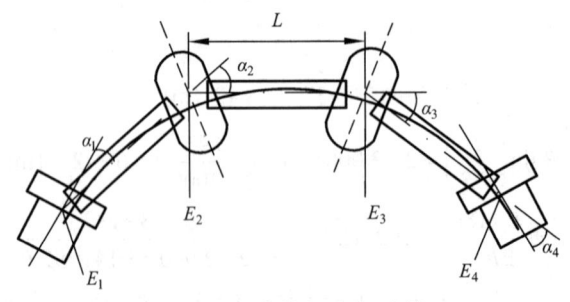

图 6.2.5 曲线桥坐标计算

在桥梁设计中，梁中心线的两端并不位于线路的中心线上，因为如果位于线路的中线上，梁的中部线路必然偏向量的外侧，当列车通过时，梁的两侧受力不均。为了尽可能地使受力均匀,就必须将梁的中线向外侧移动一段距离 E,这段距离称为桥梁偏距。由于桥梁偏角 α 很小,故可以认为偏距 E 就是桥梁工作线各转折点相对线路中线外移的距离。

桥梁偏角 α、偏距 E、墩中心距 L 在设计图中均已给出,这里不再讨论。

(2)墩台中心坐标计算。

铁路桥梁坐标系统一般采用切线坐标系统,因此可以 ZH、HZ 分别建立坐标系,计算墩台坐标,分别利用两个坐标系测设,无须统一在一个坐标系中。坐标系以 ZH(HZ)为坐标原点,ZH(HZ)至 JD 方向为 x 轴正向,过原点垂直于切线方向为 y 轴。

① 墩台位于缓和曲线上。

如图 6.2.6 所示,A 为工作线交点,A' 为桥墩横向轴线与线路中线的交点。计算线路中线上 A' 点的坐标公式为:

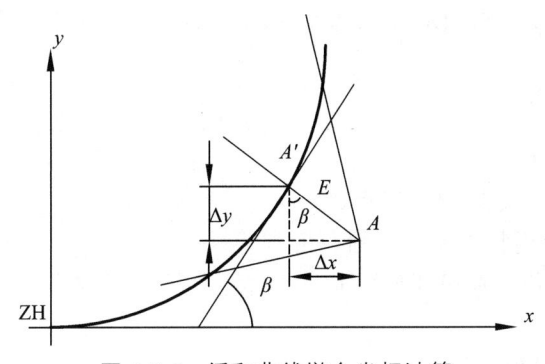

图 6.2.6 缓和曲线墩台坐标计算

$$x'_A = l - \frac{l^5}{40R^2 l_0^2} \tag{6.2.16}$$

$$y'_A = \frac{l^3}{6Rl_0} - \frac{l^7}{336R^3 l^3} \tag{6.2.17}$$

式中 R——圆曲线半径;

l_0——缓和曲线全长;

l——计算点至 ZH(HZ)的曲线长。

如图 6.2.6 所示,工作线交点 A 的坐标为:

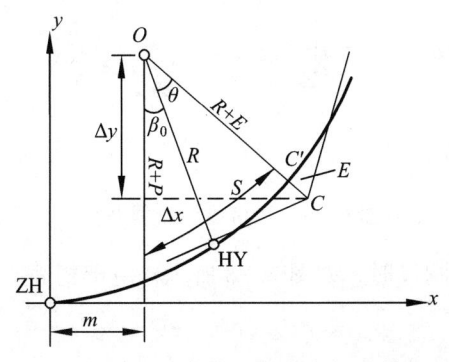

图 6.2.7 圆曲线上墩台坐标计算

$$x_A = x'_A + \Delta x = x'_A + E\sin\beta \tag{6.2.18}$$

$$y_A = y'_A + \Delta y = y'_A + E\cos\beta \tag{6.2.19}$$

$$\beta = \frac{90l^2}{\pi R l_0} \ (°) \tag{6.2.20}$$

上式中 β 为缓和曲线上任一点的切线角。x'_A、Δx 始终为正，在第一象限 y'_A 为正，Δy 为负；在第四象限 y'_A 为负，Δy 为正。

② 墩台位于圆曲线。

如图 6.2.7 所示，工作线交点坐标计算公式为：

$$x_C = (R+E)\sin(\beta_0 + \theta) + m \tag{6.2.21}$$

$$y_C = (R+P) - (R+E)\cos(\beta_0 + \theta) \tag{6.2.22}$$

$$\theta = \frac{180°}{\pi R} S$$

式中　C —— 工作线交点；

　　　C' —— 交点所对应之线路中线点；

　　　θ —— C' 至 HY 点弧长 S 所对的圆心角。

在第一象限 y_C 为正值，在第四象限 y_C 为负值。以上为铁路墩台中心坐标计算。

三、墩台纵横轴线测设

为了进行墩台施工的细部放样，需要对其纵横轴线进行测设。在直线上，纵轴线指过墩台中心平行于线路方向的轴线；曲线上是过墩台中心与该点切线方向平行的轴线。而横轴线即是过墩台中心与纵轴垂直的轴线（斜交桥横轴线则为与其纵轴线垂直方向成斜交角度）。

如图 6.2.8 所示，公路、铁路直线桥墩台纵轴线与桥轴线相重合，无须另行测设，在横轴线测设时，只需要在墩台中心架设仪器，自纵轴线方向测设 90°角或 90°减斜交角度，即为横轴线方向。

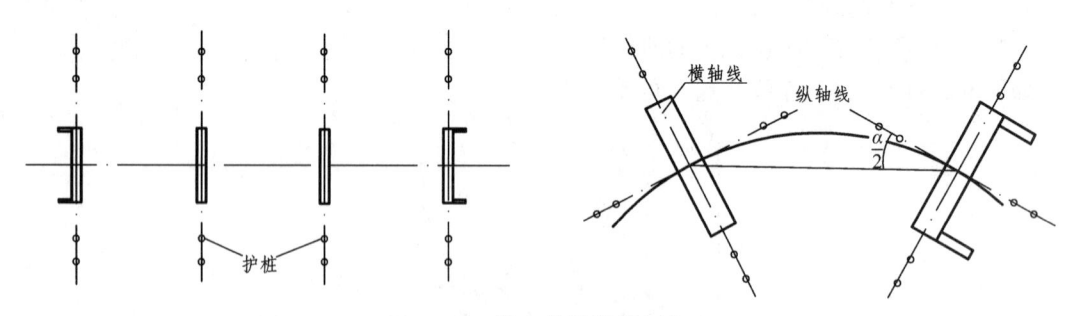

图 6.2.8　墩台纵横轴线测设

在曲线桥的墩台纵轴线测设时，如图 6.2.8 所示，由于相邻墩台中心曲线长度为 l，曲线半径为 R，则：

$$\frac{\alpha}{2} = \frac{l}{2R} \times \frac{180°}{\pi} \tag{6.2.23}$$

测设时，需在墩台中心架设仪器，照准相邻的墩台中心，测设角度 α/2 角，即为纵轴线方向，横轴线与直线桥墩测设方法一致。

在施工过程中，墩台中心定位桩往往会被破坏，但施工中又经常需要恢复，因此在施工范围外就需要钉设护桩，依此来恢复墩台中心位置。在水中的桥墩，由于不能架设仪器，也不能钉设护桩，所以暂不测设轴线，待筑岛、围堰或沉井露出水面以后，再利用它们钉设护桩，准确地测设出墩台中心及纵横轴线。

护桩就是在其纵横轴线上，于两侧不被干扰的位置各钉不少于 2 根的木桩，如图 6.2.8 所示，为了防止被破坏，可以多钉几根木桩。由于在曲线上，护桩纵横交错，极易混淆，这就需要对其进行编号，将其注明在木桩上。

四、明挖基础施工测量

明挖基础也是桥墩台基础常用的一种形式，它就是在墩台位置处先挖一基坑，挖至基底设计高程后，将坑底整平后，然后在基坑内砌筑或灌注混凝土基础及墩台身，当基础及墩台身出地面后，再用土回填基坑。

在进行基坑开挖边线放样时，如图 6.2.9 所示，首先钉出墩台，根据纵横轴线护桩，在实地交出十字线，根据基坑的长度和宽度（应考虑预留 0.3~0.5 m 立模及支撑宽度）放出 A、B、C、D 角桩，撒白灰线即可。

在平坦地形，依照此方法即可放样出基坑边界线，然而在桥梁施工当中，往往难免会遇到倾斜地面和开挖深度较大，坑边要设一定的坡度，放样基坑边界线可采用试探法放样，根据坑底与原地面的高差及坑壁坡度计算开挖边界线与坑边的距离，而坑边至纵横轴线的距离已知，则可根据图 6.2.10 所示的关系，按下列公式即可求出墩台中心至开挖边界线的距离 D：

$$D = \frac{B}{2} + H \times m \qquad (6.2.24)$$

式中　D——坑底的长度或宽度；

　　　H——原地面与坑底的高差；

　　　m——坑壁坡度系数的分母项。

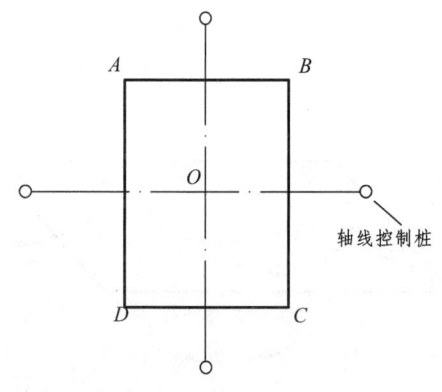

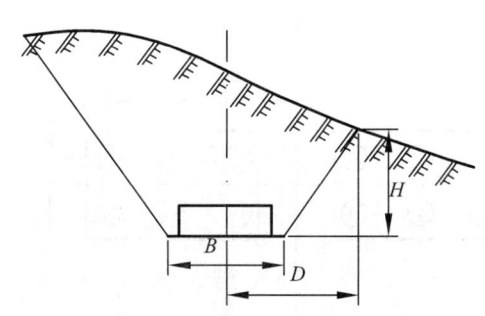

图 6.2.9　平坦地面基坑边线　　　　图 6.2.10　基坑开挖边线放样

在地面上测设出开挖边界线后,根据角桩撒白灰线,依据灰线进行基坑开挖。当基坑开挖到设计高程后,将坑底整平,进行基础及墩台身的立模放样时,应将置镜于轴线上较远的一个护桩上,以另一个护桩定向,这时仪器的视线方向即为轴线方向。模板安装时,使模板中心线与视线重合即可。当模板的位置在地面下较深时,可以利用基坑两边设两个轴线控制桩,两点拉线绳及用垂球来指挥模板的安装,如图 6.2.11 所示。

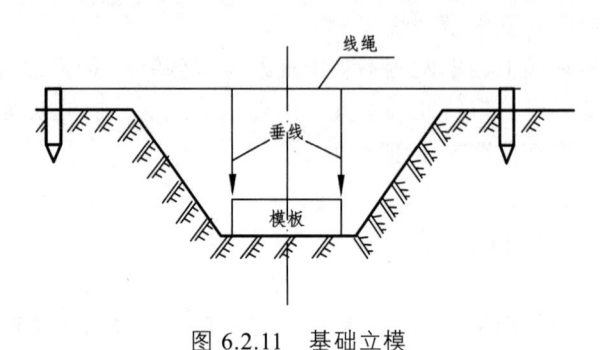

图 6.2.11　基础立模

五、桩基础施工测量

桩基础是桥梁墩台基础常用的一种形式,其测量工作主要有:测设桩基础中心位置、纵横轴线桩测设,护筒定位测量、测定桩的倾斜度和深度等。

1. **桩基中心测设**

各桩中心位置的测设则是以桥墩台纵横轴的为坐标轴,用支距法测设,如图 6.2.12 所示。

如果全桥采用的是统一的大地坐标系(独立坐标系)计算出的各桩位中心位置坐标,就可以利用全站仪直接在桥位导线控制点或任意点置镜,采用极坐标法放样出各桩中心位置。

2. **轴线护桩测设**

桩基础纵横轴线可按前章所述的方法进行测设。

3. **护筒定位**

如图 6.2.12 所示,护筒根据实际情况,采用砖护筒或钢板护筒。护筒中心应与桩中心位于同一垂线。

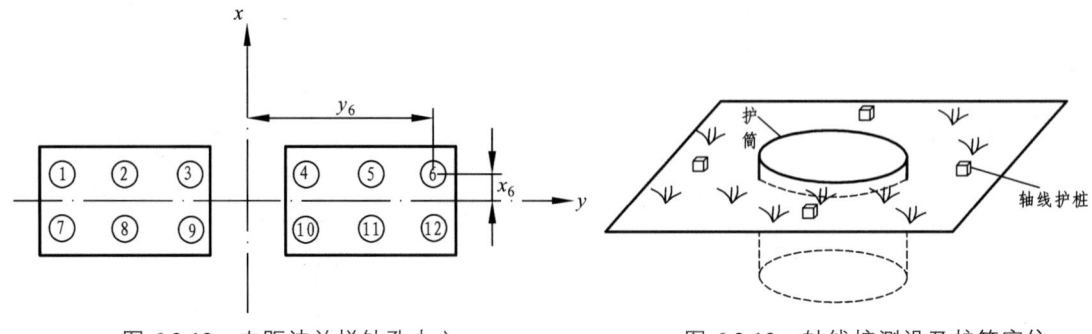

图 6.2.12　支距法放样钻孔中心　　　　图 6.2.13　轴线桩测设及护筒定位

4. 孔深与桩倾斜度测量

钻孔桩或挖孔桩的深度用一定重量的测锤和校验过的测绳测定。在钻孔过程中测定钻杆的倾斜度，用以测定孔的倾斜度，或利用钻机上的调整设备进行校正，使孔的倾斜度不超过1%施工规范要求。

在桩基础灌注完成后，放样承台开挖边线的方法与明挖基础相同，弹墨线开挖至承台底高程，在桩上用红油漆标出桩顶设计高程位置，凿去上部废桩，对每个桩的中心位置应进行重新测定，并检查桩位误差，作为竣工资料，然后平整基底，放样墩台中心及角桩，弹出墨线，以便立模。

六、墩台身平面位置和高程放样

（一）墩台身平面位置放样

当基础浇筑好后，就应对墩台身进行施工放样。墩台身的放样，还是以纵横轴线为依据的，首先应在其基础顶面或每一节段顶面上测设出墩台身的中心位置及纵横轴线以作为下一节段立模的依据。根据纵横轴线及中心位置用墨斗弹出立模边线，立模时，在模板外侧需先画出墩台中心线，然后在纵横轴线的护桩上架设仪器，照准该轴线上另一护桩，用该方向线调整模板的位置。

（二）高程放样

墩台高程放样就是将桥墩台的高度控制在设计高程。常规的水准测量操作简单，速度快。但在桥梁施工中，由于墩台基础或顶部与水准点之间高差较大，用其方法传递高程极为不方便。因此，在桥梁施工中，除了用水准测量方法外，还常用光电测距三角高程法、垂吊钢尺等方法。

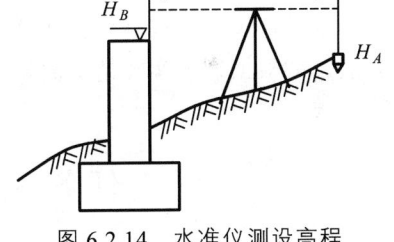

图 6.2.14 水准仪测设高程

1. 水准测量

水准测量就是从一个水准点测至另一个水准点进行附合（闭合）测量。水准测量放样就是在其墩台上测设出已知高程，用以施工。如图 6.2.14 所示，已知控制点 A 高程 H_A，要测设帽梁底模（或托盘）B 点高程 H_B，需按以下方法进行：

（1）在控制点与桥墩位大致中间位置架设水准仪。
（2）在控制点 A 点立水准尺，读后视读数 a。
（3）根据以下公式求出放样数据（后视读数）：

$$b = H_A + a - H_B \tag{6.2.25}$$

（4）在桥墩间上下移动水准尺直至读数为 b（前视读数）为止。

为了提高放样速度，常在其桥墩某位置先画好标记，测出其高程，再计算出与 B 点的高差，然后用钢尺量出距离即可。

当桥墩较高时，可采用倒尺进行高程放样。特别注意的是在高程计算时，是加前视读数。

2. 垂吊钢尺法

当桥墩施工到一定高度时，水准测量就无法将高程传递至工作面，而工作面上架设棱镜又不方便时，这时，可用检定过的钢尺进行垂吊测量。

如图 6.2.15 所示，用钢尺进行垂吊测量时，在工作面边缘用钢尺垂吊一定质量的重物，零刻度朝下，在钢尺静止时，在工作面边缘读取钢尺读数 c，在某一水准点与桥墩中间适当位置架设水准仪，用水准测量的方法在水准点上立一水准尺，后视读数 a，在钢尺上前视读数 b，则工作面边缘的高程为：

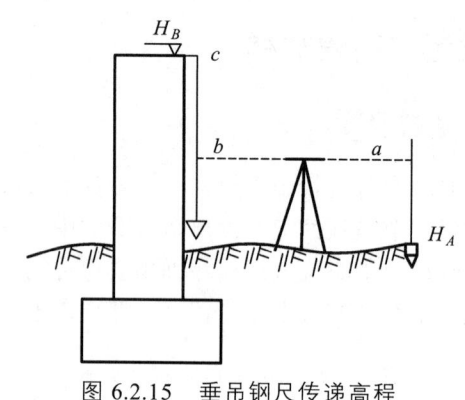

图 6.2.15 垂吊钢尺传递高程

$$H_B = H_A + a - b + c \tag{6.2.26}$$

注：上式未对钢尺进行改正，在计算时应对其进行改正。

垂吊钢尺法测量高程，在桥梁施工中，不失为一种传递高程的好方法。至于选择哪一种方法，就根据现场实际情况而定。

任务 3　桥梁上部结构施工测量

一、铁路桥墩台顶帽放样

当墩台砌筑至离顶帽底 30～50 cm 时，恢复其纵横轴线，纵横轴线的恢复即是在墩台身一侧的护桩上架设仪器，照准另一侧的护桩。但由于墩台身浇筑以后，视线受阻，无法通视，此时就需要在墩身尚未阻挡之前先将其轴线用红油漆标记在已浇筑的墩身上，以后恢复轴线只需要将仪器架设在护桩上，照准这个方向标志点即可。然后根据纵横轴线支立墩台帽模板，安装锚栓孔、钢筋，并根据设计图纸所给的数据，从纵横轴线放出预埋支座垫石钢筋位置，为确保顶帽中心位置、预埋件位置的正确，在浇筑混凝土之前，应再进行一次复核。在全站仪普遍应用于施工单位的当今社会，也可将预埋件位置直接放样在已绑好的钢筋骨架上。

顶帽立模应注意轴线关系，如图 6.3.1～图 6.3.3 所示，基础中心线、墩中心线、梁工作线之间及支座布置。

1. 直线桥顶帽布置图

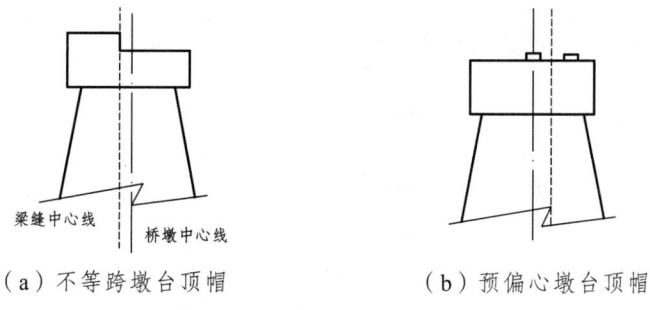

（a）不等跨墩台顶帽

（b）预偏心墩台顶帽

图 6.3.1 墩台中心线关系

2. 直线桥支座布置详图

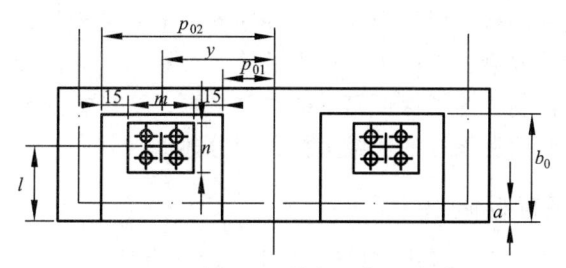

图 6.3.2 单梗梁直线桥顶帽支座布置

3. 曲线桥支座布置详图

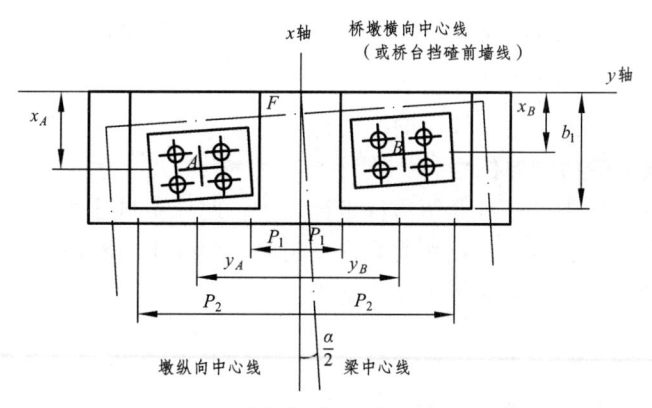

图 6.3.3 单梗梁曲线桥顶帽支座布置

4. 放样计算

（1）支撑垫石角点坐标。

$$\left.\begin{aligned} b_1 &= (b_0 + F)\cos\frac{\alpha}{2} + \left(y + \frac{m}{2}\right)\sin\frac{\alpha}{2} \\ p_1 &= p_{01}\cos\frac{\alpha}{2} - \left(l + \frac{n}{2} + F\right)\sin\frac{\alpha}{2} \\ p_2 &= p_{02}\cos\frac{\alpha}{2} + \left(l + \frac{n}{2} + F\right)\sin\frac{\alpha}{2} \end{aligned}\right\} \quad (6.3.1)$$

（2）支座中心坐标。

$$\left.\begin{array}{l}x_A = (l+F)\cos\dfrac{\alpha}{2} + y\sin\dfrac{\alpha}{2} \\ x_B = (l+F)\cos\dfrac{\alpha}{2} - y\sin\dfrac{\alpha}{2} \\ y_A = y\cos\dfrac{\alpha}{2} - (l+F)\sin\dfrac{\alpha}{2} \\ y_B = y\cos\dfrac{\alpha}{2} + (l+F)\sin\dfrac{\alpha}{2}\end{array}\right\} \quad (6.3.2)$$

二、现浇箱梁施工放样

现浇箱梁施工就是在桥孔位置搭设支架，并在支架上安装模板，绑扎及安装钢筋骨架，预留孔道，并在现场浇筑混凝土与施工预应力的施工方法。其断面控制测量就是对其各断面的平面位置及高程进行控制。为了保证箱梁的线型平顺，至少每 5 m 为一个断面，计算箱梁底板中线、两侧边线和两侧翼缘板的三维坐标，现分述如下：

1. 计算各断面的平面坐标

根据其中桩坐标（X_0，Y_0）、各断面与线路中心的交点切线方位角 α 及左右侧距离 D，计算出各点坐标：

$$X = X_0 + D \times \cos(\alpha \pm 90°) \quad (6.3.3)$$

$$Y = Y_0 + D \times \sin(\alpha \pm 90°) \quad (6.3.4)$$

式中　X_0，Y_0 —— 计算断面中线点坐标；

　　　D —— 横断面上计算点至中线点的距离；

　　　α —— 过中线点的切线方位角。

在学习情境五任务 3 中已详细介绍边桩坐标计算，此处不再详述。放样各断面点位可利用 2 个控制点，一点架设仪器，一点作为后视点定向，放样出各断面上的点，以此指导支立模板、安装钢筋骨架，预应力安装等工序的施工。

2. 高程控制

如图 6.3.4 所示，高程放样点为①、②、③、④、⑤点，计算分为两步，首先计算断面中线点高程，再计算断面方向上各点高程。下面以实例说明计算方法。

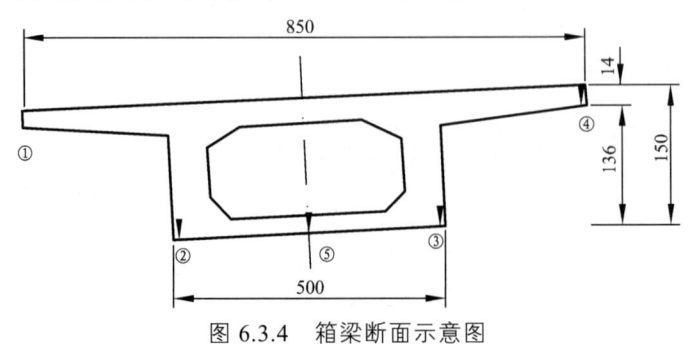

图 6.3.4　箱梁断面示意图

【例 6.3.1】 某高速公路互通立交桥资料，桥全长 225.08 m，为 3×2 300＋3×2 700＋3×2 300 连续梁。从设计图中可知：箱梁横向坡度 7%、竖曲线起点里程 K0＋602.180、终点里程 K0＋747.820、竖曲线 $R＝2 000$ m，$i_1＝＋4.282\%$，$i_2＝－3.000\%$、边坡点里程 K0＋675。以 K0＋614.019 断面为例，该断面位于第 1 跨，跨距 23 m，考虑施工误差，全桥高程整体下 0.015 m。

【解】（1）1 号墩中心坡道高程：

如图 6.3.5 所示，1 号墩中心里程 K0＋599.019，坡道高程计算如下：

$$H_{坡}＝493.471＋0.138＋0.04－0.015＝493.634（m）$$

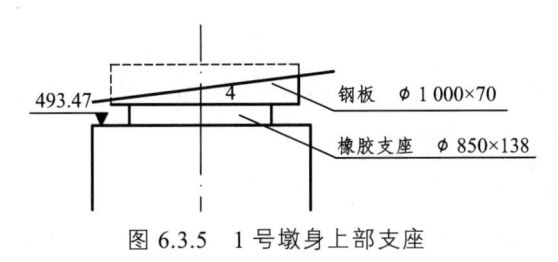

图 6.3.5　1 号墩身上部支座

（2）K0＋614.019 断面中心高程：

预拱度 $\qquad y＝k(L－x)x \qquad$ （6.3.5）

式中　L——跨距；

x——计算段面至起点（起算墩中心）的距离；

k——系数，为试验数据（桥梁工程讲述）。

该桥 23 m 跨距 $k＝0.000\ 15$，27 m 跨距 $k＝0.000\ 137$。

$$y＝0.000\ 15×(23－15)×15＝0.018（m）$$

（3）纵向坡道高程：

$$H_i'＝H_{坡}＋x×i＝493.634＋15×0.042\ 82＝494.276（m）$$

（4）底板中心⑤的高程：

$$H_{中}＝H_i'＋y－\frac{l^2}{2R}＝494.276＋0.018－\frac{11.839^2}{2×2\ 000}＝494.259（m）$$

式中　l——计算断面至竖曲线起点的距离。

（5）①、②、③、④点高程：

不考虑梁顶面倾斜引起的误差，根据图 6.3.4 断面各部位尺寸，各点高程为：

$$H_1＝494.259＋1.5－\frac{8.5}{2}×0.07－0.14＝495.322（m）$$

$$H_4＝494.259＋1.5＋\frac{8.5}{2}×0.07－0.14＝495.917（m）$$

$$H_2＝494.259－\frac{5.0}{2}×0.07＝494.084（m）$$

$$H_3＝494.259＋\frac{5.0}{2}×0.07＝494.434（m）$$

根据各断面的点位进行模板安装，在采用支架法施工时，应对其支架预压前后高程的测量，以测得弹性变形，消除塑性变形。同时根据设计保留一定的预拱度，在浇注过程中，对其变形进行跟踪测量，如果变形过大，应暂停施工，并采取相应措施。

三、悬臂法施工测量

（一）悬臂法施工放样

悬臂法施工放样过程与现浇梁放样基本相同，悬臂法放样是将悬吊在空中的模板根据设计图纸坐标及高程逐渐调整到设计位置，然后进行立模，绑扎钢筋，浇注混凝土等工序。现就其悬臂法放样的具体步骤详述如下。

1. 各节段施工放样

（1）根据桥位合理布置平面和高程控制网，平面控制网主要以误差最小，不易扰动或破坏，适于施工放样为原则。高程控制首先应在 0#块顶（墩中心梁顶位置）埋设水准点，然后根据相关规范及设计要求进行测量平差，形成高程控制网。

（2）在制作好的底模上分出其中心线及其边线点，以构成节段端头线，在此需要说明的是，应根据其模板和施工程序灵活布设施放点，以方便置镜，避免相互干扰。现就某悬臂法施工布设点位如图 6.3.6 所示，仅供参考，希望大家根据具体情况具体分析、灵活运用。

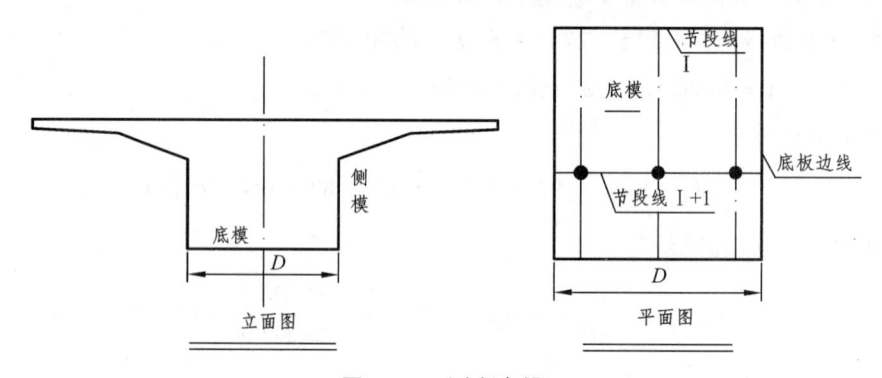

图 6.3.6 测点布设

（3）模板放样。

① 对模板高程进行粗平，并在底板上测设出计算好的节段线中心点；

② 用钢卷尺丈量测设点至中心线的垂距，如测设点不经过其中心线，应对底模进行调整，直至中心点经过底模中心线为止；

③ 复核中心点高程，如其与设计不符，应对其进行调整，然后对中心点进行复核，反复步骤③工作，直至满足要求为准。

需要注意的是，在各节段放样完后，要复核其节段长度，以做到万无一失。特别是最后一节段，避免在合龙间距上留有过大的误差，而给合龙带来不必要的麻烦。

2. 合龙段施工放样

首先应检查悬臂端中轴线及其高程，通过监测数据分析找出最佳合龙条件，如相对高差不符合合龙要求，应对其进行预压（一般采用向箱梁内充水），以达到调整两端高程的目的，然后进行立模，绑扎钢筋，浇注混凝土等工作。

（二）悬臂法施工线形控制

悬臂施工的线形控制测量就是根据施工监控所得的结构参数真实值进行施工阶段计算，确定出每个悬浇节段的立模高程，并在施工过程中根据施工监控的成果对误差进行分析，预测和对下一立模高程的调整，以此来保证成桥后桥面线形、合龙段两悬臂端高程的相对偏差不大于规定值以及结构内力状态符合设计要求。

悬臂施工控制测量的主要工作就在于高程的控制上。在曲线梁施工当中，也要注意其轴线的控制。其控制程序具体如下：

1. 预拱度的确定

在预应力混凝土箱梁悬臂浇筑施工中，随着箱梁的延伸，结构自重将逐步施加于已浇筑的节段上，使其挠度逐渐增加而变化。因此，在各节段施工时需要有一定的施工预拱。但实际施工中，影响挠度的因素较多，主要有箱梁自重、挂篮变形、预施应力大小、施工荷载、混凝土收缩徐变、预应力损失、温度变化等。挠度控制将影响到合龙精度和成桥线形，对其必须进行精确的计算和严格的控制。通过实测，对设计部门给定的预拱度在一定范围作适当修正。

2. 立模高程的计算

现浇箱梁浇筑时各节段立模高程由几部分组成：

$$H_i = H_0 + f_i + (-f_{i预}) + f_{篮} + f_x \tag{6.3.6}$$

式中　H_i——待浇筑箱梁底板前端横板高程；

H_0——该点设计高程；

f_i——本次及以后各浇筑箱梁段对该点挠度影响值；

$f_{i预}$——各次浇筑箱梁段纵向预应力束张拉后对该点挠度影响值；

$f_{篮}$——挂篮弹性变形对该点挠度影响值；

f_x——由收缩、徐变、温度、结构体系转换、二期恒载、活载等影响值。

3. 挠度观测

为了保证其合龙线形及施工质量，在每段施工完毕后，对其定时定点进行挠度观测，并对其观测数据进行分析研究处理，找出最佳合龙条件（时间、温度等），使其成桥质量能够满足精度要求。

（1）测点布置。

箱梁施工当中，在每一节段悬臂端梁顶设立高程观测点和1个箱梁轴线控制点。

高程观测点用短钢筋预埋，短钢筋伸出长度比对应箱梁截面混凝土表面高出 5 mm，其顶端应平滑，轴线控制点用 5 cm × 5 cm 方形钢板预埋，既作为顶面高程和挠度的控制点，也是轴线的控制点。其点位应注明编号,并采用相应的保护措施。观测点位置应选择在具有代表性和不影响挂篮施工的部位,如图 6.3.7 所示。

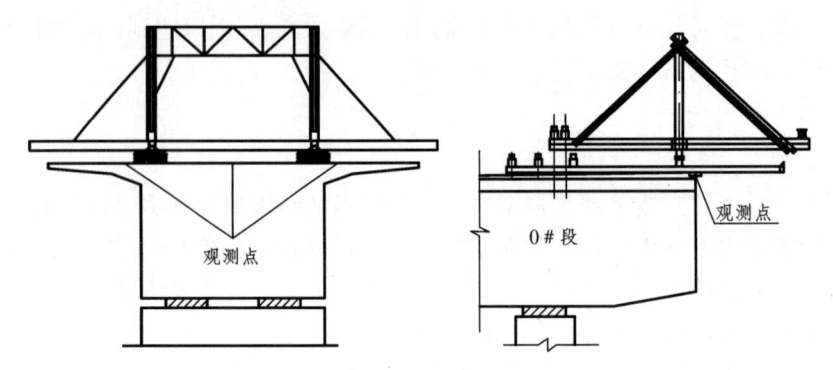

图 6.3.7　节段观测点布设

（2）测量时间。

测量时间应在早 7:00 左右和下午 17:00 以后进行。在必要时,应对温度引起的挠度进行测量。在为了找出温度变化引起的主梁挠度变化的规律,对于一些重点工况,在荷载不变的情况下,分别在早晨 6:00 左右（即温度最低）和中午 12:30～14:30（即温度较高）间对其挠度进行测量,找出温度变化较大时挠度变化的极值,从而为确定待施工各节段预拱提供较为可靠的依据。在有必要时,应对桥梁温度分布规律及其温度效应,进行试验和理论研究,找出最佳的合龙时间和最佳的合龙温度,以及在此基础上对关键的施工工序提出适当的温度要求。

（3）立模高程的测量。

选择有代表性的点进行测量,测量时应避开温差较大的时段。在立模到位、测量完毕后,监理单位应对施工各节段的立模高程进行复测,监控单位不定期抽测。

（4）主梁顶面高程的测量。

在某一施工工况完毕后,对梁顶面混凝土高程进行直接测量。在测量过程中,同一截面测 3 个点,根据其横坡取其平均值,这样可得到梁顶面的高程值。同时,根据不同的施工工况观察梁的挠度（反拱）变化值,按给定的立模高程（含预拱度）立模,也可得到梁顶面的高程值。两者进行比较后,可检验施工质量。

（5）多跨线形通测和结构几何形状测量。

施工当中除要保证各跨线形在控制范围内,还应对其梁全程线形不定期进行通测,确保全桥线形的协调性。线构几何形状的测量主要包括：左右幅箱梁上下表面的宽度、腹板厚度、顶板和底板厚度、箱梁截面高度以及施工节段的长度。

（6）对称截面相对高差的测量。

当两"T"构施工节段相同时,对称截面的相对高差可直接进行测量和分析比较。当施工节段不同时,对称节段的相对高差不满足可比性,此时,可选择较慢的一边最末端截面和较快的一边已施工的对应截面作为相对高差的测量对象,在测量过程中,同一对称截面可测多点,根据其横坡取其平均值,可得到对应点的相对高差。

四、梁体架设的测量工作

梁体施工是桥梁主体结构施工的最后一道工序。桥梁上部结构较为复杂，对其墩台方向、跨距、尺寸及高程都需要以较高的精度进行测量。由于各种桥梁结构不同，使得施工时的控制方法各异，在此仅对常见的几种作以说明。

墩台施工时，对其方向、中心点位、纵横轴线以及高程做了相关精度的测定，但当时是以各墩台为独立单元体进行测定的，而梁体架设时则需要将其相邻墩台联系起来，并考虑相关精度，中心点距离及高程等都应符合设计要求。

桥梁中心线的测定在直线部分可采用准直法，用经纬仪正倒镜进行观测，刻画方向线。如果跨度较大时，应逐墩进行左右角观测。曲线部分，可采用偏角法或坐标法进行测定。

跨距测定可采用光电测距仪进行观测，在已刻画的方向线的大致位置上，适当调整使其中心里程与设计里程完全一致。在中心点上架设经纬仪放出里程线，与方向线正交，形成墩台十字中心线，便于以此精确放出支座底板中心线，弹出墨线。

墩台顶面高程用精密水准测定，构成水准路线，附合到桥梁高程控制点上。

梁体架设测量的主要工作在于平面控制上。在架设前，应在梁顶部和底部分中点做出标记，架梁时用以测量梁体中心线与支座中心线的偏差值。在梁体安装基本到位后，应通过不断的微调以保证梁体的平面位置准确。

五、桥台锥体护坡放样

如图 6.3.8 所示，在路堤与桥台连接处，为保护桥台后路基不受冲刷，桥台两侧筑成锥体形的填土并用石料铺砌锥体表面，称为锥体护坡。

锥体护坡坡脚及基础通常为椭圆形曲线，基边坡按规定，当路堤填土高度小于 6 m 时，锥体坡度平行于线路方向为 1∶1，横向垂直于线路方向的坡度 1∶1.5，大于 6 m 时，路基面下超过 6 m 部分纵向坡度由 1∶1 变为 1∶1.25，横向坡度 1∶1.5 变为 1∶1.75。

锥体护坡的放样，可先求出坡脚椭圆形的轨迹线，然后依此测设到地面上。

此法适用于锥坡不高，干地，底脚地势平坦。桥涵中心与水流方向正交的情况下，用椭圆曲线放样时，也可采用此法。

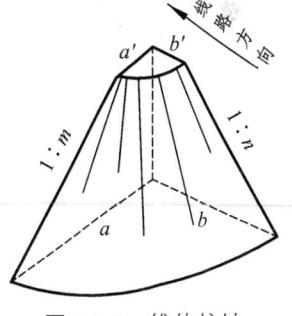

图 6.3.8 锥体护坡

1. 内侧量距法

已知锥坡的高度为 H，两个方向的坡率分别为 m、n，则椭圆的长轴 $a = mH$，$b = nH$。在实地确定锥坡顶点 O 的平面位置后，以 O 点为圆心，放样出以 a、b 为半径的同心圆的 1/4（当地形平坦时，可用拉绳放样），过 O 点拉直线，与同心圆分别相交于 I、J 两点，过 I、J 两点作平行于 x、y 轴的直线，交于 P 点。P 点即为以 O 为圆，以 a、b 为长短轴的椭圆上的点，如图 6.3.9（a）所示，以此就可以在实地放样出锥坡底脚与基础的边缘线。由于 P 点为椭圆上的任意点，设 P 点坐标为 (x, y)。将长轴 a 分为 n 等份（等份越多，椭圆连线越平顺），相应于 n 等份的坐标 y 值，可按椭圆方程导出下式进行计算：

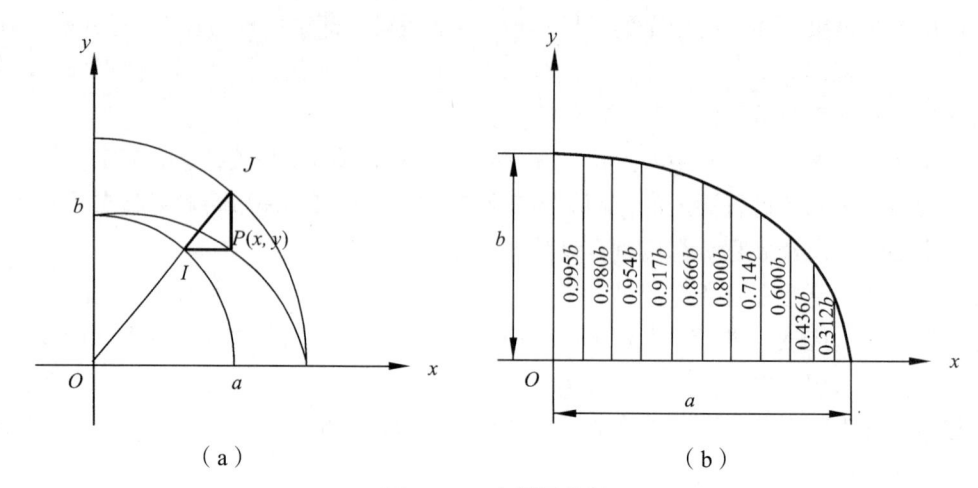

图 6.3.9　内侧量距法

$$y = \pm \frac{b}{a}\sqrt{a^2 - (na)^2} = b\sqrt{1-n^2} \tag{6.3.7}$$

一般情况下，取 n 为 10 即够用，每一等份的长度为 $a/10$，假定每一等份，则 $n_1 = 0.1a$，则 y_1 就等于 $0.995b$，依此类推，就可以将其他 $n-1$ 个点的坐标 (x_i, y_i) 求出，将其连起来就为椭圆曲线的轨迹线，如图 6.3.9（b）所示。

2. 外侧量距法

在桥涵施工中，为了减少回填工作量，路堤填土往往将开挖弃土放在锥坡位置，用内侧量距法不易放样锥坡，这时就需要平移 x、y 轴的方法，从椭圆曲线的外侧向内侧量距。

以 1/4 椭圆的长短轴 a、b 为直角坐标系的 x、y 轴，椭圆上的一点 P 的坐标为 (x, y)，如图 6.3.10 所示，在 Ox 轴上用钢尺将 a 分为 n 等份，且直尺按平行于椭圆短轴 b 的方向，量出各点相应的 y' 值，$y' = b - y$，依此可以放样出椭圆曲线上的一系列点，然后将其连接起来，就形成了锥体护坡的底脚边缘线。

图 6.3.10　外侧量距法

当遇到斜交桥涵锥坡放样时，也可应用此法，但不能直接应用，必须依照桥台或涵洞轴线与线路中线的夹角 α（即斜度），将 a 值乘以不同的斜度系数 C。斜度系数 C 可按下式计算：

$$C = \sec \alpha \tag{6.3.8}$$

由于坐标量距法的常数值不因锥坡的变化而改变，施工人员只需要记住 10 个常数，知道椭圆短轴值，就可以在现场计算出椭圆曲线上的各点，定出曲线来，另外在其放样时，方法和器具都比较简单，且容易掌握，积聚以上优点，此法在桥涵锥体护坡施工中较常用。

六、桥梁竣工测量

在桥梁施工完毕后，通车前应对其进行竣工测量，它在工程施工是一个非常重要的环节。通过竣工测量，我们可以进一步了解工程质量是否能够满足建设单位的要求，同时还可以及时处理补救。桥梁竣工测量的主要内容如下：桥梁竣工测量分两阶段进行，第一阶段是在桥梁墩台施工完毕、梁部架设以前，对全线桥梁墩台的纵、横向中心线、支承垫石顶高程、跨度进行贯通测量，并标出各墩台纵、横向中心线、支座中心线、梁端线及锚栓孔十字线；其位置偏差应满足 TB 10415—2018《铁路桥涵工程质量验收标准》的要求。第二阶段是在梁部架设完成后，对全桥中线贯通测量并在梁面标出桥梁工作线位置。

1. 测定桥梁中线、丈量跨距

我们首先测设出桥梁中线，依据中线用钢尺量取桥面宽度是否满足其精度要求，并测其轴线偏位是否符合相关精度要求。并在架梁前测设出墩中心，用检定过的钢尺丈量其跨距，在其条件方便的情况下也可采用测距仪或全站仪进行测定。

2. 用检定过的钢尺对墩台各部位尺寸进行检查，并做记录

对于各部位尺寸要求应符合相应规范标准，对于不符合的部位，能补救的应及时进行补救。

3. 检查墩帽或盖梁及支座垫石高程

在墩帽及支座垫石浇筑完成后，将水准点引至墩帽或盖梁顶，将水准仪架设在墩帽顶对其墩帽及支座垫石高程进行复核，并做记录，以便于架梁后的高程值符合设计规范要求。

4. 测定桥面高程、坡度及平整度

这项工作在其竣工测量中至关重要。桥面高程，坡度不符合要求，将会使雨水无法排泄；平整度差，将会造成积水，使其桥面提前被破坏。

七、涵洞施工测量

涵洞属于小型公路构筑物。涵洞施工测量时，用导线控制点就可以进行，不需要另外建立控制网。

涵洞施工测量时要首先放样出涵洞的轴线位置，即根据设计图纸上涵洞的里程，放样出涵洞轴线与线路中线的交点，并根据涵洞轴线与路线中线的夹角，放出涵洞的轴线方向。

放样直线上的涵洞时，依涵洞的里程，自附近测设的线路里程桩量出相应的距离，即得涵洞轴线与线路中线的交点。若涵洞位于曲线上时，则采用曲线测设的方法定出涵洞轴线与线路中线的交点。根据地形条件，涵洞轴线与线路有正交，也有斜交。测设时将仪器架设在涵洞轴线与线路中线的交点上，测设出已知角度，即得涵洞轴线的方向，如图 6.3.11 所示。涵洞轴线应用大木桩标志在路线两线两侧涵洞的施工范围以外，且每侧应至少有 2 个。自涵洞轴线与线路中线的交点处沿涵洞轴线方向量出上下游的涵长，即得涵洞口的位置，涵洞口要用小木桩标记出来。

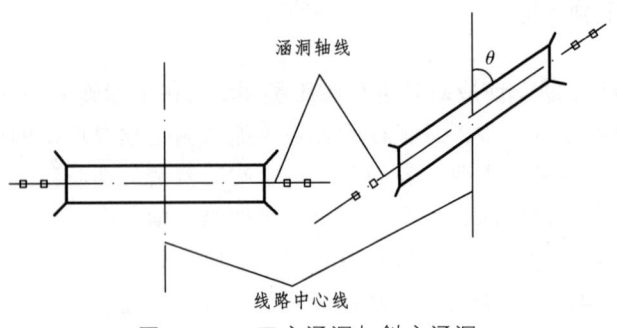

图 6.3.11 正交涵洞与斜交涵洞

涵洞基础与基坑的开挖边界线根据涵洞的轴线测设，在基础轮廓线的转折处都要钉设木桩，如图 6.3.12 所示。为了开挖基础，还要根据开挖深度及土质情况定出开挖边界线，即所谓的边坡线。在开挖基坑时，很多桩都要挖掉，因此，通常要在离基础边坡线 1.0~1.5 m 处设置线板，在线板上以凹痕批出所有基础边沿与边墙在平面上的外形。线板如图 6.3.12 所示。当基坑挖好后，再根据线板上的凹痕将基础边线投放到坑底，作为砌筑基础的根据。

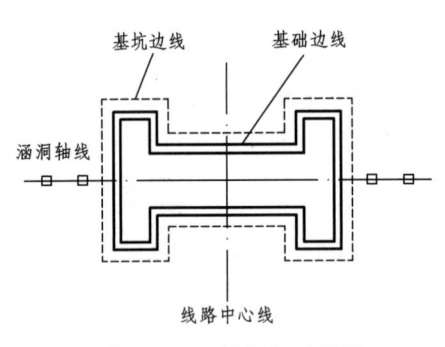

图 6.3.12 涵洞基础测设

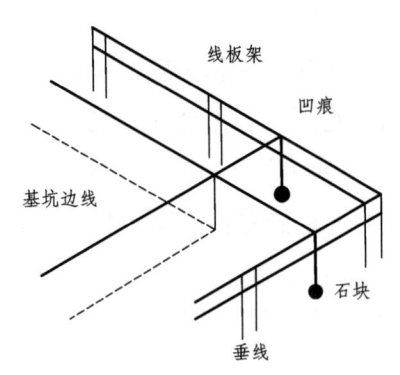

图 6.3.13 利用线板控制轴线

测量放样时，应注意涵长、涵底高程的正确性。对位于曲线和陡坡上的涵洞应考虑加宽、超高和坡度的影响。涵洞各个细部高程的测定均用水准仪。对基础面的纵坡，当涵洞填土在 2 m 以上时，应预留拱度，以便路堤下沉后仍能保持涵洞应有的坡度，此种拱度最好做成弧形，但应使进水口高程高于涵洞中心高程，以防积水。基础建成后，安装管节或砌筑涵身时均以涵洞轴线为基准，即自轴线与线路中线的交点，量出相关的尺寸。

涵洞细部的高程放样，一般采用附近的水准点用水准测量或三角高程测量的方法进行。

涵洞施工测量的精度要求比桥梁施工测量的精度要求低。在平面放样时，主要是保证涵洞轴线与公路轴线保持设计的角度，即控制涵洞的长度。在高程放样时，要控制洞底与上下游的衔接，保证水流畅通。对人行通道（人孔）或小型机动车通道（机孔），保证洞底纵坡与设计图纸一致，不得积水。

学习情境小结

　　桥梁施工测量的目的，是利用测量仪器设备，根据设计图纸中的各项参数（如线路平纵横要素）和控制点坐标（或路线控制桩），按一定精度将桥位准确无误地测设在地面上，指导施工。

　　桥梁施工测量与施工质量、施工进度息息相关。测量人员在桥梁施工前，必须对设计图纸、测量所需精度有所了解，认真复核图纸上的尺寸和测量数据，了解桥梁施工的全过程，并掌握施工现场的变动情况，使施工测量工作与施工密切配合。

　　桥梁施工测量主要包括：墩台纵、横轴线的确定、基坑开挖或墩台扩大基础的放样、桩基础的桩位放样、承台及墩身结构尺寸位置放样、墩帽及支座垫石的结构尺寸位置放样、各种桥型上部结构中心及细部尺寸放样、桥面结构的尺寸的放样、各阶段的高程放样。桥梁施工控制网复测应与原控制网测设精度、方法相同。为了达到检核的目的，确保放样正确性，承台、墩中心点应由不少于3个施工导线点用极坐标放样，并用正倒镜反复检核。桥梁放样前，测量人员应仔细复核有无纵横向预偏心、竖曲线等。在墩中心点置镜，放出桥墩中心的纵横十字线，以减少交会放样的次数；并用全站仪实测出前后跨距，再用钢尺拉出实测跨距，两者相比较且与设计值相差不得大于20 mm。顶帽与垫石施工放样一定确保准确，纵横轴线必须精确测定。

课后训练

1. 曲线桥墩台中心放样有哪些方法？
2. 简述全站仪坐标法放样墩台中心放样元素计算和放样方法。
3. 简述桩基础施工测量的工作。
4. 某特大桥平面的圆曲线半径 $R=2\ 000$ m，缓和曲线长 $l=250$ m，$\alpha_{右}=42°46'15.6''$，线路交点里程为 K7+025.271，坐标为 $X=70\ 183.437$，$Y=7\ 298.688$，直缓至交点的直线方位角 $\alpha_{ZJ}=188°38'3.6''$，切线长 $T=908.701$ m。试求直线段 K5+870.9 墩中心坐标以及缓和曲线段 K6+170 墩中心坐标。
5. 桥梁施工测量的目的是什么？
6. 简述桥梁控制网复测内容及精度要求。
7. 桥梁施工控制网的基本网型有哪些？
8. 某三联三跨连续梁桥，每跨支座间距离为 128 m，由长 16 m 的 8 个节间组成，每联 24 个节间，固定支座安装极限误差为 ±7 mm。试计算全桥桥轴线中误差。
9. 简述桥台锥体护坡放样外侧量距法步骤。
10. 桥梁竣工测量的主要测量工作有哪些？
11. 简述正交和斜交涵轴线放样方法。

学习情境七　隧道控制测量实施

【学习目标】

1. 了解隧道洞外、洞内控制测量的目的与意义。
2. 掌握隧道控制测量相关规范条例。
3. 能按照测量设计进行洞外平面控制网、高程控制网的复测。
4. 能进行洞内导线、高程控制点的施测。

【学习指南】

隧道施工时一般从两端沿中线相向开挖，随着开挖延伸长度的增加，中线纵向测量误差、横向测量误差、高程测量误差的累积，将会影响贯通质量，因此，除建立洞外控制系统外，还要建立洞内控制系统。对于较长隧道为了缩短工期，需要增加开挖工作面，根据地形采用横洞、斜井、竖井或平行道坑，将隧道分成多段施工。于是怎样保证隧道贯通时，中线平面位置和高程在规定的限差以内是隧道施工测量的主要问题。一是要做好洞外控制测量，建立平面控制网、建立洞外高程控制点，以精密方法将相向开挖的两洞口控制点紧密联系起来；二是随着工程进展，根据洞外平面与高程控制点建立洞内平面与高程控制，再以洞内控制点放样中线点，且指导开挖和结构物放样。进行控制测量工作的主要目的，是保证隧道2个或2个以上开挖面相向施工后，施工中线在贯通面处能够按照设计规定的精度正确地衔接，并保证各结构物及隧道净空在施工过程中及竣工后，以设计精度按照设计位置修建，不会侵入限界。隧道控制测量分洞外控制测量和洞内控制测量2部分。

本学习情境包括2项任务：隧道地面控制测量、隧道洞内控制测量。

任务1　隧道地面控制测量

一、洞外平面控制测量的建立

洞外平面控制测量的主要任务，是测定两相向开挖洞口各控制点的相对位置，并与洞外线路中线点相联系，以便根据洞口控制点进洞，使隧道能以设计的精度按照设计的位置修建，保证以规定精度正确贯通。

在施工前期，隧道洞口附近已经布设了基础控制网、线路控制网、线路水准基点控制点，但点位密度还无法满足隧道施工控制测量要求，另外原有控制网的精度是按铁路类型、设计时速、轨道类型确定的，而隧道控制网的精度是根据隧道贯通精度确定的，精度要求可能高于 CPⅠ、CPⅡ网和水准基点网的精度,因此,隧道施工时应根据隧道贯通长度、辅助坑道布置、隧道宽度、线路曲线半径等因素,以线路控制网 CPⅠ、CPⅡ和水准基点网为依据,以满足贯通精度、轨道铺设精度为目标,设计并建立相应的隧道施工平面、高程控制网。隧道洞外平面控制测量方法有:GNSS 测量、导线测量、三角形网测量及其组合测量方法。

1. 隧道洞外控制等级选用

隧道洞外控制测量的等级划分、适用长度和精度要求可参考表 7.1.1,公路洞外导线控制测量技术参照表 7.1.2 规定。

表 7.1.1 隧道平面控制测量技术要求(铁路隧道)

测量部位	测量方法	测量等级	隧道长度/km	洞外定向边/洞内导线边长度/m
洞外	GNSS 测量 导线测量 三角形网测量	一等(GNSS)	8~20	≥400
		二等	4~8	≥350
		三等	2~4	≥300
		四等	<2	≥250

表 7.1.2 隧道平面控制测量等级(公路隧道)

隧道贯通长度 L/m	测量等级
$L \geqslant 6\,000$	二等
$3\,000 \leqslant L < 6\,000$	三等
$1\,000 \leqslant L < 3\,000$	四等
$L < 1\,000$	一级

2. 导线测量

目前,全站仪已普及使用,则导线测量建立洞外平面控制测量已成为主要方法。导线法平面控制就是用导线连接进出口中线控制点,按精密导线方法实测和计算,求得隧道两端洞口中线控制点间的相对位置,作为引测进洞和洞内测量的依据。对于曲线隧道,还应将两切线上控制点纳入导线,通过导线精确求算隧道所在曲线转向角,以确定曲线各要素。通过导线获取两端洞口控制点与交点的相对位置。精密导线布设要求及观测方法已在前面阐述。

施工控制网导线布设要求:洞外平面控制网应沿两洞口连线方向布设成多边形组合图形,构成闭合检核条件,每个导线环由 4~6 条边构成,导线网图形简单。导线边长应根据隧道长度和辅助坑道数量及分布情况,结合地形条件和仪器测程确定,宜采用长边导线。

进出口控制点应以直接观测边连接,构成长边控制网,增强图形强度;每个洞口平面控制点和水准点的布设,均不应少于 3 个稳固可靠的平面控制点和高程控制点,并且便于洞口投点和长期保存;向洞内传递方向的洞外联系边长度宜大于 500 m,困难时不宜短于 300 m;导线网、三角形网的最大俯仰角不宜大于 15°;当隧道长度大于 8 000 m 时洞外控制应采用强制对中墩,每个洞口应埋设不少于 3 个;洞口投点应纳入整个控制网内。洞外导线控制测量完成后,要估算洞外导线引起的贯通误差。

导线水平角的观测应按表 1.1.2 规定。导线边长观测应按表 1.1.3 规定。公路隧道导线控制测量见《公路隧道施工技术规范》(JTG)/T3660—2020 施工测量篇。

3. GNSS 控制网

GNSS 控制网应由洞口子网和子网之间的联系主网组成。洞口子网宜布设成大地四边形或三角形网,进洞联系边应为直接观测边。洞口间联系网可布设成四边形或大地四边形。当洞口子网采用 GNSS 观测困难时,可采用 GNSS 测量一条定向边,洞口子网的其他控制点可采用全站仪测量。洞口控制点数量不少于 3 个。相向开挖超过 8 km 的隧道洞口引测边距离短于 300 m 时,应设置强制观测墩。GNSS 控制网进洞联系边最大俯仰角不宜大于 5°。洞口 GNSS 控制点应方便用常规方法检测、加密、恢复和向洞内引测。

为了使 GNSS 控制点的坐标与隧道设计坐标取得统一,便于计算施工放样数据,对于直线隧道洞口点应选在隧道中线上,对于曲线隧道,除洞口点外,还应在曲线的 2 个切线方向上选择两点作为 GNSS 控制点,以便计算精确转向角。洞口附近至少布设 2 个定向点,定向点之间不要求通视,洞口点与定向点之间要求通视,便于引测进洞。所选的 GNSS 控制点要满足良好的接收信号的要求。完成洞外控制测量后,应采用控制网实际精度估算洞外控制测量引起的横向贯通误差,其估算值应满足测量设计要求。

二、洞外高程控制测量

隧道高程控制测量应起闭于隧道进出口线路水准基点,当线路水准基点精度不能满足要求时,应建立隧道独立高程控制网。

洞外高程控制一般采用水准测量和光电测距三角高程测量。二、三等高程控制测量应采用水准测量方法;四、五等高程控制测量可采用水准测量,也可采用光电测距三角高程测量。

洞口水准点布设,在每个洞口附近至少埋设 3 个水准点,每个洞口的 2 个水准点间的高差,以安置 1 次水准仪即可联测为宜。水准点埋设在土质坚实,通视良好,施测方便,尽可能避开施工干扰且高程适宜之处。

二等高程控制测量应采用水准测量,当水准路线绕行长度大于 4 倍隧道长度时,可采用精密光电测距三角高程测量。三等及以下可采用水准测量或光电测距三角高程测量。

隧道洞内、洞外高程控制测量精度的等级应符合表 7.1.3 的规定。公路隧道符合表 7.1.4 的规定。

隧道高程控制网精度设计应根据隧道洞外、洞内水准路线长度和轨道铺设精度统筹规划,应符合下列规定:

(1)洞外、洞内高程路线组成高程闭合环,并应包括隧道两端洞口附近的线路水准基点,高程起算点应不少于 1 个线路水准基点。

(2)根据洞外、洞内水准路线总长度和水准环闭合差限差小于隧道高程贯通极限误差的要求设计水准测量精度等级。

（3）洞内水准测量应与洞外水准测量等级相同，并满足学习情境三表3.2.2要求。

表7.1.3 隧道洞内、洞外高程控制测量精度

铁路类型	轨道结构	列车设计速度 v/（km/h）	隧道洞外、洞内水准路线总长度/km			
			<6	6~17	17~39	39~100
客货共线铁路、重载铁路	无砟	120<v≤200	二等			
		v≤120	二等			
	有砟	120<v≤200	三等	精密	二等	
		v≤120	四等	三等	精密	二等
城际铁路	无砟	v=160, v=200	二等			
		v≤120	精密	二等		
	有砟	v=160, v=200	精密	二等		
		v≤120	三等	精密	二等	

表7.1.4 隧道高程控制测量等级表（公路隧道）

隧道长度 L/km	测量等级	每公里高差中数中误差/mm	
		偶然中误差 M_Δ	全中误差 M_W
L≥6 000	二等	±1	±2
3 000≤L<6 000	三等	±3	±6
L<3 000	四等	±5	±10

目前，光电测距三角高程测量方法已广泛使用，有关精度及规定已在学习情境一，任务6叙述。为了提高竖直角测量精度，削弱大气垂直折光误差的影响，往返测应取气象条件相近的时段进行，同时要注意提高视线高度，限制传算边长度。一般导线边长大于600 m，最大边长不宜大于1 000 m，否则应在中部加设临时转点。仪器高和棱镜高要多次仔细量取，读到mm。用经过仪器改正、气象改正之后的斜距，按高差公式计算往返测高差较差小于规定精度时，取平均值。

三、施工独立坐标系的建立

当线路平面控制网 CP Ⅰ、CP Ⅱ 精度能满足隧道控制测量要求时，应在线路控制网基础上扩展加密，不能满足隧道施工控制要求时，应建立隧道施工独立平面控制网，施工平面控制网独立坐标系的建立有3种方法。

1. 以进、出口端的线路控制点 CP Ⅰ、CP Ⅱ 为约束基准的线路坐标系

（1）已进、出口端的线路控制点（CP Ⅰ、CP Ⅱ）为约束基准的坐标系，选择与原则 CP Ⅰ、CP Ⅱ 符合程度最好的2点作为基准，其余 CP Ⅰ、CP Ⅱ 点采用新值。不改变控制点间角度相对关系。不产生断链，使用方便。缺陷是将控制点的长度变化引入控制网成果，部分改变控制点间的相对关系。

（2）全约束加密网方式。以进、出口端的全部线路控制点（CPⅠ、CPⅡ）为约束基准，可以保证与全线线路控制网协调一致，不需要对设计理论中线实施转换。

2. 固定一点一方向的独立坐标系

原点和轴线点选择灵活，以进出口点位稳定、可长久保存、联测水准点高程方便的点作为原点，进口端假定数据及轴向采用勘测基准。需要对设计理论中线实施转换。

3. 中线轴线法独立坐标系

长达隧道洞身一般为直线，采用中线轴线法时，施工独立坐标系的建立以隧道长直线为 X 轴，里程增加方向为 X 轴正方向，X 坐标即为相应的里程；曲线隧道当隧道内夹直线较长时，宜以夹直线为 X 轴；隧道主要在曲线上时，可选取其中的一条切线为 X 轴。位于 X 轴线上的直线段的中线坐标可以直观地反映施工里程及偏离中线的距离。该独立控制网必须与线路控制网建立联测关系，需要对设计理论中线实施转换，将线路中线转换到独立坐标系。

中线轴线法施工独立坐标系在实地中线上设置洞口投点，保证线位与线路控制网放样位置一致，测量时将实地中线（洞口投点）纳入控制网，利用实测中线相对关系，修正设计理论中线，施工中以实地中线作为施工理论中线，保证中线与控制点相对关系的一致性，施工时不存在中线位置放样误差，使进出口的施工方向在同一条直线方向上，有利于保证隧道的正确贯通。

四、隧道洞外控制网复测

隧道施工前，应对洞外施工控制网进行全面复测。施工期间要进行定期复测，复测周期为一次/年。当发生突发情况（如地质灾害）或控制点有位移、沉陷时，应进行局部或全面复测。复测方法应与原测保持一致，复测精度不应低于原测精度。复测网的平差宜选用隧道进、出口稳定控制点进行约束平差。

复测坐标与原测坐标较差应小于 15 mm；GNSS 整网复测相邻点间坐标增量之差的相对精度限差应满足学习情境四表 4.1.1 要求；洞口 GNSS 子网复测应反算控制点间角度、边长，反算值与原测的较差应符合表 7.1.5 的规定。导线、三角形网复测洞外控制点，水平角、边长较差应满足表 7.1.6 的规定。

表 7.1.5　隧道洞口子网复测角度、边长较差限差

等级	角度较差/(″)	边长较差/mm
一等	4	$2\sqrt{2}\sigma$
二等	5	
三等	6	
四等	7	

表 7.1.6　导线、三角网复测较差的限差

等级	水平角较差/(″)	边长较差/mm
二等	2.8	2mD
隧道二等	3.6	
三等	5.0	
四等	7.0	

高程控制点复测，由已知的水准点从一端洞口测至另一端洞口与已知水准点闭合。施工控制网水准点复测应按高差比较法检查，水准点间的复测高差与原测高差较差应符合学习情境一、表 1.3.1 要求。复测较差符合要求时，采用原测成果。复测较差超限时，应进行二次复测，查明原因，并分析，采用成果。复测完成后，编制复测成果报告。

施工高程控制测量精度高于设计高程精度时，将不符值（高程差）推出洞外至设计高程点设置断高，也可推算至路基段调整。

任务 2　洞内控制测量

一、洞内平面控制测量

洞内平面控制的主要形式有多边形导线环和交叉导线形式。

1. 导线形式

洞内导线需要随隧道的掘进不断向前延伸，而且不等贯通，即需要依据导线测设中线，进行施工放样。因此，对洞内导线的形式最主要的要求有 2 个：其一为尽可能有利于提高导线端点（掌子面）的点位精度；其二是敷设的导线点必须有妥善的检核，以免由于山体压力或洞内施工、运输等影响产生位移。下面常用导线形式。

（1）单导线。

如图 7.2.1 所示，一般用于短隧道，为了检核，导线必须独立进行 2 次以上的测量。导线角可采用左右角观测，观测方法与精度要求见学习情境一、任务 1。

图 7.2.1　单导线形式

（2）双路线引测进洞与洞内交叉导线环。

为提高向洞内传算坐标与方位的精度和可靠性，一般选取两条进洞联系边向洞内同时传递方向和坐标如图 7.2.2 所示。洞外两条独立路线向洞内传递数据，洞内导线构成闭合检核条件。

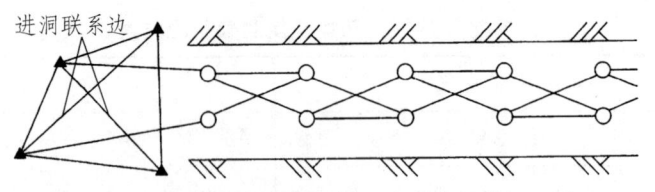

图 7.2.2　双路线引测进洞与洞内交叉导线环示意图

（3）多边形导线环。多边形导线环如图 7.2.3 所示。

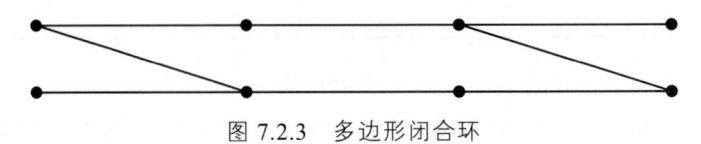

图 7.2.3　多边形闭合环

2. 洞内导线的等级确定

洞内导线精度的确定如表 7.2.1 所示。

表 7.2.1　洞内导线等级确定

测量部位	测量方法	测量等级	隧道长度/km	洞外定向边/洞内导线边长/m
洞内	导线测量	二等	8~20	≥400
		隧道二等	5~8	≥350
		三等	2~5	≥300
		四等	1.5~2	≥200
		一级	≤1.5	≥200

3. 洞内导线布设的一般要求

（1）洞内导线边长的选择与隧道形状、施工方法有关。在直线地段较为灵活，而曲线地段受洞身宽度的限制导线边过长就不能通视，在直线地段导线边长不宜短于 200 m，曲线地段，不宜短于 70 m。

（2）洞内导线多属于向前沿延伸的形状，对于这种导线，边长越短，边数越多，则导线测角、测边积累误差越大，对于横向贯通精度是不利的，因此，长大隧道洞内导线一般采用分级布设的方法。如图 7.2.4 所示，为满足开挖放样，开始布设边长 20~50 m 较短的施工导线，随着延伸将导线边增长为 50~100 m 的基本导线，减少导线点。随着隧道开挖延伸可布设边长 200~400 m，后一种导线点一般可与前一种导线点重合，基本导线点也可以舍去，即直接在施工导线的基础上布设长边导线。

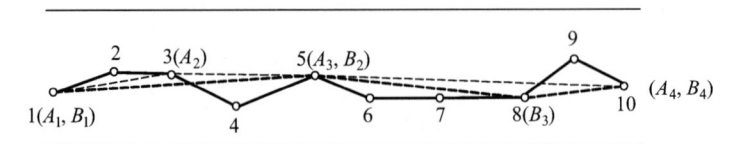

——为施工导线（1，2，3，…）　------为基本导线（A_1，A_2，A_3，…）　— — —为主要导线（B_1，B_2，B_3，…）

图 7.2.4　洞内导线分级布设示意图

（3）洞内导线应布设成多边形闭合导线环，每一导线环的边数以 4~6 条为宜。

（4）导线点应布设在施工干扰小、稳固可靠、便于设站的地方，点间视线横距洞内设施 0.2 m 以上，避免产生较大的旁折光影响。

（5）洞内导线向前延伸，每建立 1 个新的导线点以前，必须对已经建立的前 2 点进行检测。主要检测角度，将检测角度与原测角度进行比较。

4. 洞内导线水平角观测要求

（1）由于洞内洞外温差较大，洞外洞内的 2 个测站的测角工作宜选择在夜晚或阴天进行。仪器进洞后，应将仪器打开晾露半小时，方可正常使用。

（2）应采用三联架法或者测回间多次对中整平的方法削弱短边测量时的对中误差对方位角传递精度的影响。

（3）洞内觇标必须人工照明，目标应有足够的明亮度，受光均匀、目标清晰。

（4）洞内测角必须等排烟妥善后进行。

（5）当洞内有瓦斯时，必须采取安全可靠的防爆措施，必要时应采用防爆仪器进行观测。

（6）充分通风、避免尘雾；测线避开电器；反射镜有适度照明；仪器和反射镜面无水雾。

二、洞内高程控制测量

洞内高程控制测量是指由洞口水准点向洞内布设水准路线，测定洞内各水准点高程，以作为隧道施工放样的依据，确保隧道竖向贯通精度。

（1）洞内高程控制测量宜采用水准测量进行往返测，并应每隔 200~500 m 设置一对水准点。不足 1 个水准点间距时，以支水准路线向前延伸，必须用往返测进行检核。采用光电测距三角高程测量时应进行对向观测，高程导线构成闭合环。

（2）隧道洞内高程控制测量的等级和使用仪器可参照表 7.1.3 隧道洞内、洞外高程控制测量精度。

（3）洞内三等及以上的高程测量应采用水准测量；四、五等可采用水准测量或光电测距三角高程测量的方法。

（4）每建 1 个新的水准点最好从洞外水准点开始一直到新点为止进行往返测，或每新建几个水准点复测 1 次。已建水准点之间历次的高差取平均值，作为最后的高差。

（5）可以将洞内导线点兼作水准点，共用 1 个标石。

（6）隧道贯通以后，在贯通面附近设立 1 个水准点（或选择中线点），由两端洞口引进水准路线都联测到此点上，这样可以得到高程贯通误差。

学习情境小结

隧道地面控制测量包括：地面平面控制测量、地面高程控制测量。线路平面控制网 CPⅡ、线路水准基点控制网的精度是按铁路类型、设计时速、轨道类型确定的，而隧道控制网的精度是根据隧道贯通精度确定的，精度要求可能高于 CPⅠ、CPⅡ网和水准基点网的精度，因此，对于长达隧道必须建立独立施工控制网。洞外平面控制测量目前均采用 GNSS 测量方法，高程控制测量采用水准测量或光电测距三角高程测量。传统的主副导线、单导线不再应用。隧道洞内控制测量包括：洞内平面控制测量、洞内高程控制测量。洞内导线布设介绍了双路线引测进洞与洞内交叉导线环、多边形闭合环。条件困难时，可布设单边引测形成洞内闭合环。

课后训练

1. 洞外平面控制测量的主要任务是什么？采用哪些方法建立洞外平面控制网？
2. 怎样建立隧道施工独立坐标系？
3. 洞内平面控制一般有哪些形式？
4. 洞内导线布设有哪些要求？

学习情境八　隧道施工测量实施

【学习目标】

1. 了解隧道施工测量的测量程序；
2. 掌握传统导坑中线延伸测量方法；
3. 掌握洞内导线布设方法；
4. 掌握洞内结构物放样方法；
5. 了解贯通误差的来源及贯通误差的测定。

【学习指南】

隧道施工测量工作主要包括：开挖测量、结构放样、贯通误差测量、竣工测量等。施工的先导是开挖，按开挖时的测量要求来讲，可分为 2 种方法：一种是先挖导坑后扩大成型，如先拱后墙法、上下导坑法、上导坑法等，因为这些开挖方法在扩大时还有纠正隧道位置的较大的余地，所以测量工作可以先粗后精；一种是一次开挖成型，紧跟着衬砌成洞，此时按隧道线路中线的精度要求，随时引进正式中线到开挖面，以便根据正式中线进行开挖、放样、立模、衬砌。

采用先挖导坑，后扩大成型的方法时导坑的掘进是依据临时中线放样，临时中线是由后方的正式中线引来的，而正式中线是由洞内导线测设的，同时为了控制开挖面位置的高低，还需根据正式水准点测设临时水准点。当采用一次开挖成型时掘进过程中也需要测设较高精度的临时中线或直接将正式中线引测至开挖面。掘进工作就是根据中线和水准点测设、检查或放样开挖断面的轮廓线，以便钻爆，使钻爆后的坑道断面轮廓达到设计位置。随即进行衬砌施工，衬砌施工必须根据正式中线与正式水准点进行放样，开挖前进到一定程度时，必须由洞外控制点引测正式中线进行拱部、边墙、铺底、仰拱、排水沟等各项结构物的放样。隧道相向开挖时的中线随着掘进距离的增长产生误差，因此，在隧道贯通面处必然会产生平面和高程贯通误差。如果贯通误差不进行调整，硬将两端洞口引进的线路中线连接起来，则会在贯通面附近地段产生线路硬性扭曲，严重的情况下会造成建筑物侵入限界，因此，为了使贯通后线路中线能按规定的精度符合它的设计位置，还要进行贯通误差的测定和线路中线的调整。竣工以后，进行竣工测量，其目的：一方面是检查施工质量；一方面为交付使用提供各种测量方面的数据，以便进行设备安装、维修和改建时使用。竣工以后，在必要的时候有计划地进行沉陷、位移观测。本学习情境主要包括 6 个学习任务：线路进洞关系计算和进洞测量、导坑延伸测量、隧道实际贯通误差的测定与调整、隧道断面放样、洞内水准测量、隧道竣工测量。

任务 1　线路进洞关系计算和进洞测量

隧道施工，首先测定洞门位置。开挖初期阶段，洞内平面控制和高程控制还无条件建立，是依靠洞外控制点来找出开挖方向（临时中线）和开挖需要的临时中线点位置。因此，首先要计算洞门的设计里程和各临时中线点的里程在统一坐标系的坐标，对于有些隧道设计本身就采用了国家统一坐标系，设计文件已有数据需要进行复核计算，然后利用坐标反算出所放样数据。

进洞关系计算和进洞测量的主要任务是：其一，在统一施工坐标系中，确定隧道两端洞口已确认线路中线控制桩之间的关系，确定隧道线路中线与平面控制网之间的关系，以便据此进行中线的计算和放样，确保贯通；其二，在洞内控制建立之前，指导中线进洞和洞内开挖。

一、直线隧道进洞关系计算与进洞测量

如图 8.1.1 进口线路中线控制点 A、B，出口线路中线控制点 C、D，经复测或控制测量后，这 4 个点并不严格位于一条直线上，在通常情况下，可假定进口（出口）两点的连线作为纵坐标轴，以便推算另一端洞口两个投点偏离线路中线的横向偏移量（即横坐标值），然后用移桩的办法将偏离的两投点移到线路中线上。

1. 以 A 为原点，AB 为纵轴的情况

如图 8.1.1 所示，此时必须计算 C、D 两点，相应于 AB 直线的横向偏离值和相应的里程。

图 8.1.1　以 A 为原点，AB 为纵轴的移桩

坐标计算：以 A 为原点 AB 方向为 x 轴正向，$\alpha_{ab} = 0°0'0''$，假定 A 点坐标 $x = A$ 点里程、$y = 0$，则 B 点坐标 $y = 0$，$x = B$ 点里程。将复测中线作为导线推算 C、D 坐标及方位角偏移中线量的计算：C、D 两点横坐标就是两点的偏移值为 y_C、y_D，C 点的里程 = A 点里程 + x_C，D 点里程 = A 点里程 + x_D，$\beta = \alpha_{AB} - \alpha_{CD}$。

移桩方法：置镜于 D 点后视 C 点，反拨 $(90° - \beta)$ 得 DD' 的方向。量取 y_D 得 D' 点的位置前视较短，可采取设远视桩的方法钉设 D' 点桩。置镜 C 点的后视 D 点，顺拨 $(90° + \beta)$，取得 CC' 方向，量取 y_C，得 C' 点的位置，此进洞方向就确定了。洞口位置的里程为已知，分别置镜 A、D'，后视 B、C'，沿视线量洞口位置至 A 点距离放样洞门位置。

2. 以 A 为原点，AD 为纵轴时的情况

在某些情况下，当 CD 偏移较大时，为了不影响线路平面位置和其他原因，要求挪动的

数值最小,以保证原有设计的正确和不改变,可以进出口头尾 2 点作为纵轴,如图 8.1.2 中的 A、D 点,此时 B、C 两点之偏移为最小。由图 8.1.2 可知:

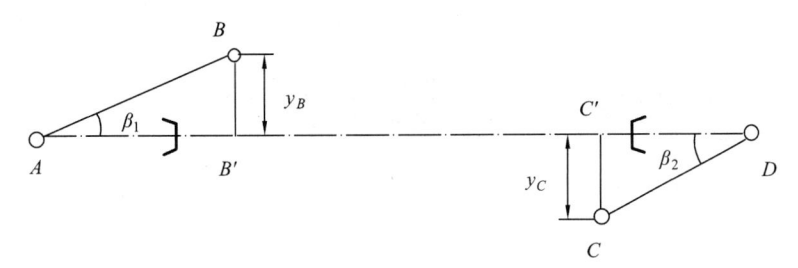

图 8.1.2 以 A 为原点,AD 为纵轴的移桩

$$\beta_1 = \arctan\frac{|y_B|}{x_B} \tag{8.1.1}$$

$$\beta_2 = \arctan\frac{|y_C|}{x_D - x_C} \tag{8.1.2}$$

或者计算 α_{AD},则

$$\beta_1 = \alpha_{AD} - \alpha_{AB}, \quad \beta_2 = \alpha_{DA} - \alpha_{DC}$$

移桩方法:置镜于 B 点后视 A 点,顺拨(270°+β)即为 BB′ 的方向,在此方向上量取|y_B|,得 B′ 点的位置,置镜于 B 点后视 A 点,顺拨(270°+β)即为 BB′ 的方向,在此方向上量取|y_B|,得 B′ 点的位置,置镜于 C 点,后视 D 点,顺拨(270°+β)即为 CC′ 的方向,在此方向上量取|y_C|得 C′ 点的位置。AB′、DC′ 即为进洞的正确方向。

以上移桩法较便于施工引测,但点位的偏移量一般都很小,移动后的点位仍不可能与理论值相符,因此,在进出口各设一个进洞点,后视洞外控制点,按极坐标法测设进洞。

【例 8.1.1】 某隧道进洞关系计算,如图 8.1.3 所示。精测后,以 ZD_{38-7} ~ JZD_2 为坐标纵轴计算各点坐标值,见表 8.1.1。

图 8.1.3 某隧道控制点

表 8.1.1 ZD_{38-7} ~ JZD_2 为纵轴时各点坐标

点 号	x	y
JZD_1	+130 461.13	-154.98
ZD_{38-1}	+508 408.34	-137.98
ZD_{38-7}	+3 000 000.00	0
JZD_2	+3 364 882.45	0

【解】 由于 JZD_1 与 ZD_{38-1} 的横向偏移量较大,为使中线不致摆动过大,以 JZD_1 ~ JZD_2 为新纵坐标轴计算 ZD_{38-1} 与 ZD_{38-7} 的偏移量。

（1）计算夹角β_1。

如图 8.1.4 所示，已知 $ZD_{38-7} \sim JZD_2$ 的方位角 $\alpha_1 = 0°00'00''$，设 $JZD_1 \sim JZD_2$ 的方位角为 α_2，则

$$\alpha_2 = \arctan\frac{0-(-154.98)}{3\ 364\ 882.45-130\ 461.13} = 0°00'9.88''$$

$$\beta_1 = \alpha_2 - \alpha_1 = 0°00'9.88''$$

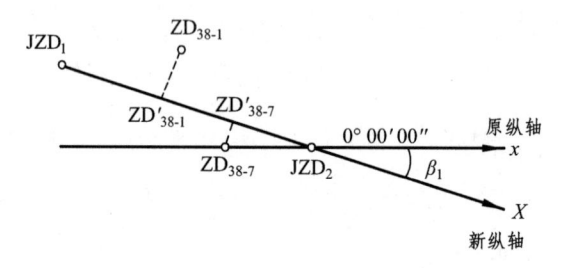

图 8.1.4　夹角 β_1 计算

（2）计算 ZD_{38-7}、ZD_{38-1} 对新纵轴的横向偏移量与测设数据。

① ZD_{38-7} 的计算。

如图 8.1.5 所示，计算如下：

$$a_1 = x_{JZD_2} - x_{ZD_{38-7}} = 364\ 882.45\ (\text{mm})$$

$$b_1 = a_1 \times \sin\beta_1 = 364\ 882.45 \times \sin 0°00'9.88'' = 17.48\ (\text{mm})$$

② ZD_{38-1} 的计算。

如图 8.1.6 所示，设 $JZD_1 \sim ZD_{38-1}$ 的方位角为 α_3，则

$$\alpha_3 = \arctan\frac{(-137.98)-(-154.98)}{508\ 408.34-130\ 461.13} = 0°00'9.28''$$

$$\beta_2 = \alpha_2 - \alpha_3 = 0°00'0.60''$$

$$a_2 = \frac{\Delta x}{\cos\alpha_3} = \frac{377\ 947.21}{1.000\ 000\ 0} = 377\ 947.21\ (\text{mm})$$

$$b_2 = a_2 \sin\beta_2 = 377\ 947.21 \times 0.000\ 002\ 91 = 1.1\ (\text{mm})$$

以上偏移量和 β_1、β_2 计算完成后，可采用移桩法或极坐标法进洞。

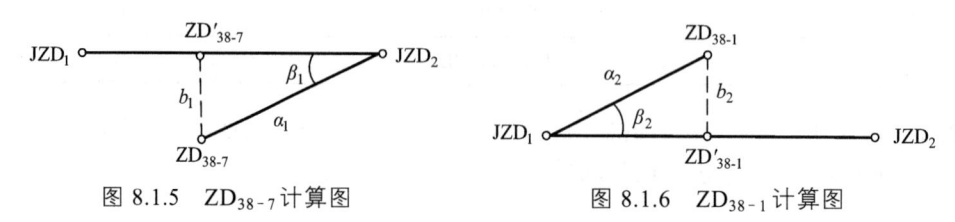

图 8.1.5　ZD_{38-7} 计算图　　　　图 8.1.6　ZD_{38-1} 计算图

二、曲线隧道进洞关系计算与进洞测量

（一）圆曲线进洞

如图 8.1.7 所示，在进行洞外控制测量时，线路上两切线上直线转点 ZD_1、ZD_2、ZD_3、ZD_4 已纳入地面控制网，精测坐标为已知，设为 (x_1, y_1)、(x_2, y_2)、(x_3, y_3)、(x_4, y_4)。

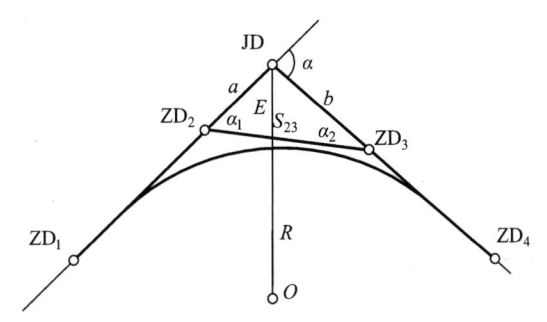

图 8.1.7　转向角与交点坐标

1. 计算曲线精测转向角

按新坐标反算 α_{12}、α_{34}。曲线精测转向角按下式计算：

$$\alpha = \alpha_{34} - \alpha_{12}\ (\text{右转}), \qquad \alpha = \alpha_{12} - \alpha_{34}\ (\text{左转}) \tag{8.1.3}$$

2. 计算交点坐标

如图 8.1.7 所示，交点坐标是通过解三角形，计算出边长 a，根据 ZD_2 坐标推算交点坐标，其目的是将曲线各主点纳入地面控制网坐标系，据此可计算洞口插点的坐标。

（1）三角形内角 α_1、α_2。

$$\alpha_1 = \alpha_{23} - \alpha_{12}\ (\text{右转})\quad \alpha_1 = \alpha_{12} - \alpha_{23}\ (\text{左转}) \tag{8.1.4}$$

$$\alpha_2 = \alpha_{43} - \alpha_{32}\ (\text{右转})\quad \alpha_2 = \alpha_{32} - \alpha_{43}\ (\text{左转}) \tag{8.1.5}$$

（2）三角形边长 S_{23}、a、b。

$$S_{23} = \sqrt{(x_3 - x_2)^2 + (y_3 - y_2)^2} \tag{8.1.6}$$

$$a = S_{23} \frac{\sin \alpha_2}{\sin \alpha} \tag{8.1.7}$$

$$b = S_{23} \frac{\sin \alpha_1}{\sin \alpha} \tag{8.1.8}$$

（3）交点坐标。

$$\left. \begin{aligned} x_{\text{JD}} &= x_2 + a \cos \alpha_{12} \\ y_{\text{JD}} &= y_2 + a \sin \alpha_{12} \end{aligned} \right\} \tag{8.1.9}$$

检核计算：

$$\left. \begin{aligned} x_{\text{JD}} &= x_3 + b \cos \alpha_{43} \\ y_{\text{JD}} &= y_3 + b \sin \alpha_{43} \end{aligned} \right\} \tag{8.1.10}$$

3. 计算曲线要素与主点里程

（学习情境二已叙述，不再赘述）

4. 计算圆心坐标

$$\left.\begin{array}{l}\alpha_{JO} = \alpha_{12} \pm 180° - \dfrac{1}{2}(180° - \alpha) \quad (右转) \\ \alpha_{JO} = \alpha_{12} \pm 180° + \dfrac{1}{2}(180° - \alpha) \quad (左转)\end{array}\right\} \tag{8.1.11}$$

式中　α_{JO} ——交点至圆心的坐标方位角。

$$\left.\begin{array}{l}x_O = x_{JD} + (R+E)\cos\alpha_{JO} \\ y_O = y_{JD} + (R+E)\sin\alpha_{JO}\end{array}\right\} \tag{8.1.12}$$

5. 计算插点 A 坐标与进洞测设数据

如图 8.1.8 所示，在洞口位置选一中线点 A，该点的中线里程应为整桩号，且与控制点通视。放样 A 点，在该点安置仪器，后视控制点，得该点切线方向，即可按设计中线进洞。

（1）计算 A 点坐标。

$$\left.\begin{array}{l}\alpha_{BO} = \alpha_{12} + 90° \quad (右转) \\ \alpha_{BO} = \alpha_{12} - 90° \quad (左转)\end{array}\right\} \tag{8.1.13}$$

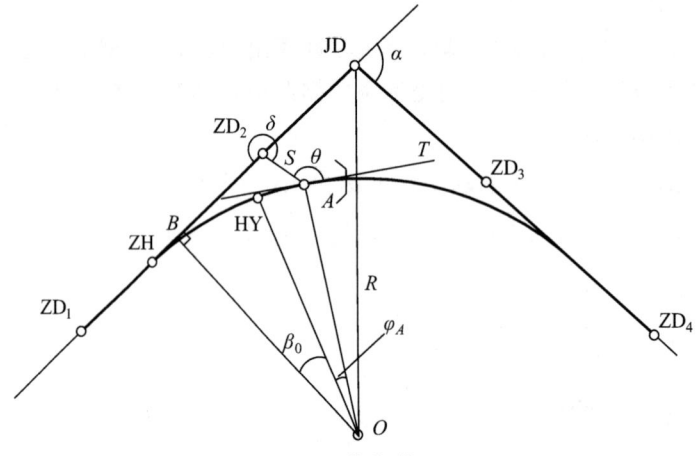

图 8.1.8　圆曲线进洞测量

$$\left.\begin{array}{l}\alpha_{OA} = \alpha_{BO} \pm 180° + (\beta_0 + \varphi_A) \quad (右转) \\ \alpha_{OA} = \alpha_{BO} \pm 180° - (\beta_0 + \varphi_A) \quad (左转)\end{array}\right\} \tag{8.1.14}$$

$$\varphi_A = \dfrac{(l_A - l_{HY})}{R} \times \dfrac{180°}{\pi} \tag{8.1.15}$$

$$\left.\begin{array}{l}x_A = x_O + R\cos\alpha_{OA} \\ y_A = y_O + R\sin\alpha_{OA}\end{array}\right\} \tag{8.1.16}$$

式中　β_0——缓和曲线角；
　　　φ_A——A 点至 HY 点圆弧所对圆心角；
　　　l_A，l_{HY}——A 点及 HY 点里程桩号。

（2）计算放样 A 点数据。

$$\alpha_{2A} = \arctan\frac{y_A - y_2}{x_A - x_2} \tag{8.1.17}$$

$$\delta = \alpha_{2A} - \alpha_{21} \tag{8.1.18}$$

$$S = \sqrt{(x_A - x_2)^2 + (y_A - y_2)^2} \tag{8.1.19}$$

（3）计算 A 点切线放样角 θ。

$$\left.\begin{array}{l}\alpha_{AT} = \alpha_{OA} + 90°\ （右转）\\ \alpha_{AT} = \alpha_{OA} - 90°\ （左转）\end{array}\right\} \tag{8.1.20}$$

$$\left.\begin{array}{l}\theta = \alpha_{AT} - \alpha_{A2}\ （右转）\\ \theta = \alpha_{A2} - \alpha_{AT}\ （左转）\end{array}\right\} \tag{8.1.21}$$

6. 进洞测量方法

（1）将仪器置于 ZD_2 点上，后视 ZD_1 点，用正倒镜分中法测设 θ 角和距离 S，得曲线中线点 A。

（2）将仪器置于 A 点，后视 ZD_2 点，拨 θ 角定出 A 点的切线方向，按需要测设的曲线中线点施测进洞。

（二）缓和曲线进洞

如图 8.1.9 所示，首先按照圆曲线进洞计算精测转向角、交点坐标，然后计算 A 点坐标，放样 A 点测设数据及 A 点切线放样角。

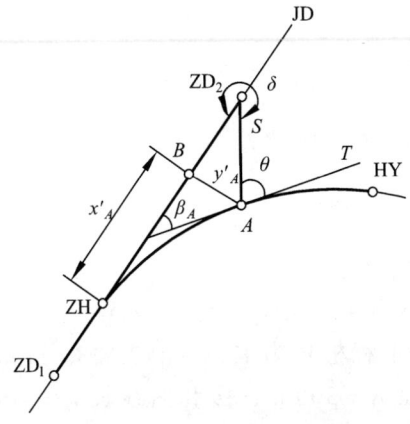

图 8.1.9　缓和曲线进洞测量

1. 计算 A 点切线坐标

$$\left.\begin{aligned} x'_A &= (l_A - l_{ZH}) - \frac{(l_A - l_{ZH})^5}{40R^2 l_s^2} \\ y'_A &= \frac{(l_A - l_{ZH})^3}{6Rl_s} - \frac{(l_A - l_{ZH})^7}{336R^3 l_s^3} \end{aligned}\right\} \quad (8.1.22)$$

式中　l_s —— 缓和曲线长；

l_A，l_{ZH} —— A 点与 ZH 点的里程桩号。

2. 计算 ZH 点和垂足点 B 的坐标

（1）ZH 点坐标。

$$\left.\begin{aligned} x_{ZH} &= x_{JD} + T \cos \alpha_{21} \\ y_{ZH} &= y_{JD} + T \sin \alpha_{21} \end{aligned}\right\} \quad (8.1.23)$$

（2）B 的坐标。

$$\left.\begin{aligned} x_B &= x_{ZH} + x'_A \cos \alpha_{12} \\ y_B &= y_{ZH} + x'_A \sin \alpha_{12} \end{aligned}\right\} \quad (8.1.24)$$

（3）A 点坐标。

$$\left.\begin{aligned} \alpha_{BA} &= \alpha_{12} + 90° \quad (右转) \\ \alpha_{BA} &= \alpha_{12} - 90° \quad (左转) \end{aligned}\right\} \quad (8.1.25)$$

$$\left.\begin{aligned} x_A &= x_B + y'_A \cos \alpha_{BA} \\ y_A &= y_B + y'_A \sin \alpha_{BA} \end{aligned}\right\} \quad (8.1.26)$$

3. 计算 A 点切线放样角

$$\beta_A = \frac{l_A^2}{2Rl_s} \cdot \frac{180°}{\pi} \quad (8.1.27)$$

$$\left.\begin{aligned} \angle BA2 &= \alpha_{A2} - \alpha_{AB} \quad (右转) \\ \angle BA2 &= \alpha_{AB} - \alpha_{A2} \quad (左转) \end{aligned}\right\} \quad (8.1.28)$$

$$\theta = 90° + \beta_A - \angle BA2 \quad (8.1.29)$$

进洞测量方法与圆曲线进洞相同。

【例 8.1.2】　如图 8.1.8 所示，ZD_1、ZD_2、ZD_3、ZD_4 为曲线两切线的控制点，其精测坐标见表 8.1.2。ZD_2 的里程桩号为 K23 + 487.628。进口端曲线中线插点 A 的里程定为 K23 + 470。圆曲线半径 $R = 300$ m，缓和曲线长 $l_s = 100$ m。试计算进口端进洞关系数据。

表 8.1.2　控制点坐标表

点　名	坐　标	
	x	y
ZD$_1$	2 762.444 2	100.628 7
ZD$_2$	2 944.818 9	293.135 4
ZD$_3$	2 927.437 3	486.304 5
ZD$_4$	2 762.761 2	700.371 6

【解】　（1）计算曲线精测转向角。

$$\alpha_{12} = \arctan\frac{293.135\,4 - 100.628\,7}{2\,944.818\,9 - 2\,762.444\,2} = 46°32'53.4''$$

$$\alpha_{34} = \arctan\frac{700.371\,6 - 486.304\,5}{2\,762.761\,2 - 2\,927.437\,3} = 127°34'12.4''$$

转向角：　　$\alpha_{右} = 127°34'12.4'' - 46°32'53.4'' = 81°01'19''$

（2）计算交点坐标。

$$\alpha_{23} = \arctan\frac{486.304\,5 - 293.135\,4}{2\,927.437\,3 - 2\,944.818\,9} = 95°08'30.1''$$

$$\alpha_1 = 95°08'30.1'' - 46°32'53.4'' = 48°35'36.7''$$

$$\alpha_2 = 127°34'12.4'' - 95°08'30.1'' = 32°25'42.3''$$

$$S_{23} = \sqrt{(2\,927.437\,3 - 2\,944.818\,9)^2 + (486.304\,5 - 293.135\,4)^2} = 193.949\,5\,（m）$$

$$a = 193.949\,5 \times \frac{\sin 32°25'42.3''}{\sin 81°01'19''} = 105.294\,6\,（m）$$

$$b = 193.949\,5 \times \frac{\sin 48°35'36.7''}{\sin 81°01'19''} = 147.273\,5\,（m）$$

交点坐标：　$x_{JD} = 2\,944.818\,9 + 105.294\,6 \times \cos 46°32'53.4'' = 3\,017.234\,7\,（m）$

$\quad\quad\quad\quad\quad y_{JD} = 293.135\,4 + 105.294\,6 \times \sin 46°32'53.4'' = 369.574\,3\,（m）$

检核：　$x_{JD} = 2\,927.437\,3 + 147.273\,5 \times \cos(127°34'12.4'' + 180°) = 3\,017.234\,7\,（m）$

$\quad\quad\quad y_{JD} = 486.304\,5 + 147.273\,5 \times \sin(127°34'12.4'' + 180°) = 369.574\,4\,（m）$

（3）计算曲线要素和主点里程。

① 曲线要素（计算过程略）。

缓和曲线角　$\beta_0 = 9°32'57.5''$

曲线内移距　$p = 1.388\,9\,（m）$

切曲差　　　$q = 49.9537$（m）

切线长　　　$T = 307.4640$（m）

曲线长　　　$L = 524.2299$（m）

外矢距　　　$E = 96.4175$（m）

② 主点里程（计算过程略）。

直缓点　　　ZH = K23 + 285.458 6

缓圆点　　　HY = K23 + 385.458 6

圆缓点　　　YH = K23 + 709.688 5

缓直点　　　HZ = K23 + 809.688 5

曲中点　　　QZ = K23 + 547.573 6

（4）计算圆心坐标。

$$\alpha_{JO} = 46°32'53.4'' + 180° - \frac{1}{2}(180° - 81°01'19'') = 177°03'32.9''$$

$$x_O = 3\,017.2347 + (300 + 96.4175)\cos 177°03'32.9'' = 2\,621.3392 \text{（m）}$$

$$y_O = 369.5743 + (300 + 96.4175)\sin 177°03'32.9'' = 389.9126 \text{（m）}$$

（5）计算进口端 A 点坐标和进洞测设数据。

① A 点坐标：

$$\varphi_A = \frac{(470 - 385.4586)}{300} \times \frac{180°}{\pi} = 16°08'46.4''$$

$$\alpha_{OA} = 136°32'53.4'' + 180° + (9°32'57.5'' + 16°08'46.4'') = 342°14'37.3''$$

$$x_A = 2\,621.3392 + 300\cos 342°14'37.3'' = 2\,907.0479 \text{（m）}$$

$$y_A = 389.9126 + 300\sin 342°14'37.3'' = 298.4219 \text{（m）}$$

② 放样 A 点数据：

$$\alpha_{2A} = \arctan\frac{298.4219 - 293.1353}{2\,907.0479 - 2\,944.8189} = 172°01'57.1''$$

$$\delta = 172°01'57.1'' - 226°32'53.4'' + 360° = 305°29'3.7''$$

$$S = \sqrt{(2\,907.0479 - 2\,944.8189)^2 + (298.4219 - 293.1354)^2} = 38.1392 \text{（m）}$$

③ A 点切线的放样角：

$$\alpha_{AT} = 342°14'37.3'' + 90° - 360° = 72°14'37.3''$$

$$\theta = 72°14'37.3'' - (172°01'57.1'' + 180°) - 360° = 80°12'40.2''$$

任务2　导坑延伸测量

隧道向前掘进，平面测量工作的顺序一般是这样，如图 8.2.1 所示，当掘进的延伸长度不足 1 个中线点间距时，先测设临时中线点 1，2，3，…，当延伸长度大于 1 个或 2 个中线点时，就可以建立 1 个新的正式中线点，如图 8.2.1 中 a、b、c、d 点，例如 d 点。当掘进的延伸长度距最后一个导线点 B，大于 1 个或 2 个设计中线点时，就可以建立 1 个新的导线点 C。当采用全断面开挖时，导线点和中线点都是紧跟临时中线点的，这时临时中线点要求的精度也较高，一般先用激光导向，再用全站仪极坐标法施测。采用上下半断面施工时，上半断面每延伸 90～120 m 时应与下半断面的中线点联测，检查校正上半断面中线。

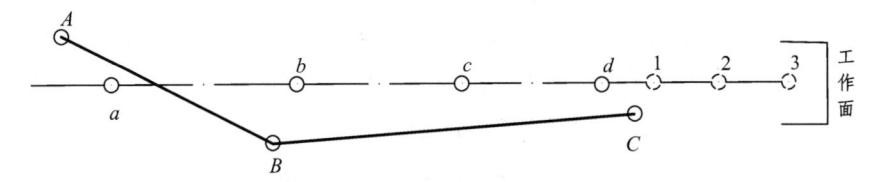

图 8.2.1　临时中线、正式中线与导线关系

洞内中线是由洞口两端中线控制点引入洞内，作为洞内结构物放样，开挖的依据，但导坑的掘进一般用临时中线控制，临时中线的作用就是指导开挖方向，即每次钻爆要在掌子面确定中线及导坑轮廓线以便布置炮眼，并供架设临时支撑使用和扩大开挖等。因此，导坑中临时中线点的间距都很短，一般在直线上 10 m 一点，在曲线上 5 m 一点。当延伸长度在直线地段不大于 30 m，在曲线地段不大于 20 m 时，可以采用串线法测定临时中线点的位置。在直线地段一般用眼串线，曲线地段测设临时中线点方法很多。用仪器测定的方法如图 8.2.2 所示，为直线延伸，1、2、3 为使用仪器测定的临时中线点，1-1，1-2，1-3，…为采用串线法目测的中线点。当需用仪器测定点 3 时，仪器置于点 2，后视点 1 以远的正式中线点，采用正倒镜分中的方法标定点 3，再测设 2-3 之间的距离。曲线的中线延伸如图 8.2.3 所示，1、2、3、4 各点为仪器按弦线偏角法测定的临时中线点。在上述每相邻两点间，按每 5 m 一点用弦线偏距法的目测串线，量出弦延线及偏距、定中线点，随着导坑的掘进、在依次分别到达 2、3、4 点时，用仪器定正。可以利用洞内控制点，采用全站仪坐标法放样点 1、2、3、4 点。具体计算方法见后述。

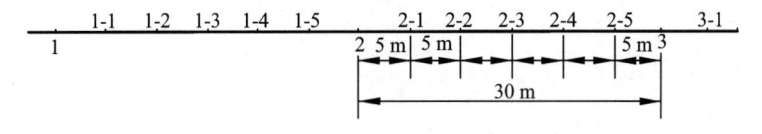

图 8.2.2　临时中线点布设间距

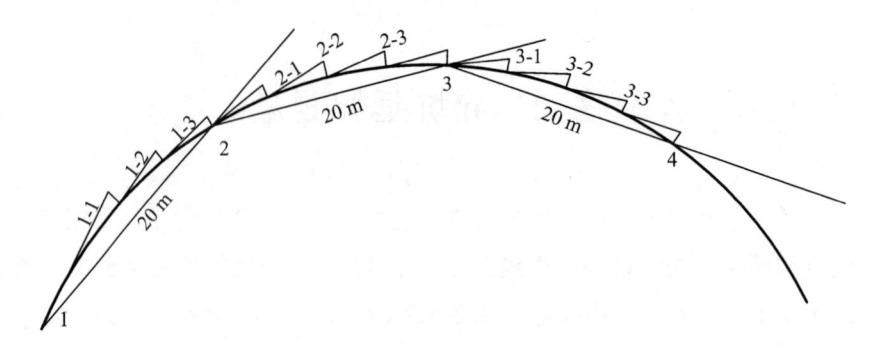

图 8.2.3　曲线隧道中线延伸方法

一、串线法测设直线

如图 8.2.4 所示，在掌子面附近用仪器在中线方向上钉 3 个临时点，并挂上 3 根细麻线，用三点一线的方法在掌子面上定出直线，如图中 A、B、C。每次开挖之前观测者在 A 点后面用 A、B 垂线形成的视准面，在导坑掌子面上定出 C 点。洞内光线较暗，如瞄准过程中麻线看不清时，可用手电筒将麻线照亮再用肉眼串线。

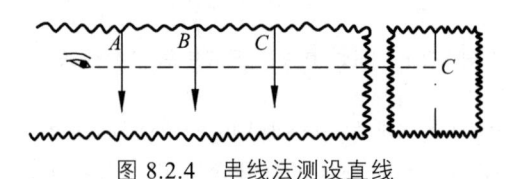

图 8.2.4　串线法测设直线

二、串线法测设曲线

方向距串线法一般多用于缓和曲线的反向延伸，也可用于正向延伸和圆曲线延伸。

如图 8.2.5 所示，串线法是由已经测定的三个临时中线点 A、B、C，在 AB 延长方向上量出方向距 Bb 定设 b 点，利用 b、C 两点串出 CD 的方向，待弦长达到 S_3 长度时，定出临时中线点 D。

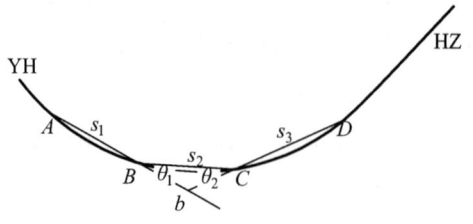

图 8.2.5　串线法测设曲线

（1）在缓和曲线上的方向距。

$$Bb = s_2 \frac{\sin\theta_2}{\sin(\theta_1 + \theta_2)} \quad （由 A 向 D 延伸） \tag{8.2.1}$$

$$Cb = \frac{s_2 \sin\theta_1}{\sin(\theta_1+\theta_2)} \quad (由 D 向 A 延伸) \tag{8.2.2}$$

$$\theta_1 = \delta_{B前} + \delta_{B后} \quad (即 B 点上两偏角之和) \tag{8.2.3}$$

$$\theta_2 = \delta_{C前} + \delta_{C后} \quad (即 C 点上两偏角之和)$$

式中 Bb，Cb —— 方向距；

$\delta_{前}$，$\delta_{后}$ —— 计算点的前、后偏角。

等弦进测时，方向距可采用近似公式计算，即

$$Bb = s\frac{m_2}{m_1+m_2} \quad (由 A 向 D 延伸) \tag{8.2.4}$$

$$Cb = s\frac{m_1}{m_1+m_2} \quad (由 D 向 A 延伸) \tag{8.2.5}$$

式中 s —— 等弦长（m）；

m_1，m_2 —— B 点和 C 点至 ZH（HZ）的测站数。

式（8.2.4）、（8.2.5）不适合用于缓和曲线的始、末弦，以及相邻圆曲线的始弦。

（2）在圆曲线上的方向距。

$$Bb = s_2\frac{\sin\theta_2}{\sin(\theta_1+\theta_2)} \tag{8.2.6}$$

$$Cb = \frac{s_2 \sin\theta_1}{\sin(\theta_1+\theta_2)} \tag{8.2.7}$$

$$\theta_1 = \frac{s_1+s_2}{2R} \tag{8.2.8}$$

$$\theta_2 = \frac{s_2+s_3}{2R} \tag{8.2.9}$$

式中 θ_1，θ_2 —— 弦偏角（弧度）；

s_1，s_2，s_3 —— 弧 AB、BC、CD 的弦长。

等弦进测时，方向距可采用近似公式计算，即

$$Bb = \frac{s}{2} \tag{8.2.10}$$

式中 s —— 等弦弦长（m）。

任务 3　隧道实际贯通误差的测定与调整

一、隧道实际贯通误差概念

隧道贯通在工程中是指隧道施工由两相向洞口开挖，沿隧道中线相向前进，在贯通面处或贯通面附近将隧道挖通。

在隧道洞内，由相向开挖的两个洞口开始引进施工正式中线，根据这两个施工中线，按贯通点的设计里程，各自放出贯通点的位置，理论上贯通点是一个，但由于不可避免的测量误差，会放出 2 个点，如图 8.3.1 所示，E' 点为进口一端放出的贯通点，E'' 点为出口一端放出的贯通点，空间线段 $E'E''$ 称为隧道实际贯通误差。空间线段 $E'E''$ 在水平面上的投影（设纸面代表水平面）称为实际平面贯通误差。水平线段 $E'E''$ 在贯通面上投影的线段长 $E''P$ 称为实际横向贯通误差，在垂直于贯通面的方向上的投影线段长 $E'P$ 称为实际纵向贯通误差。E' 与 E'' 的高差称为实际高程贯通误差。

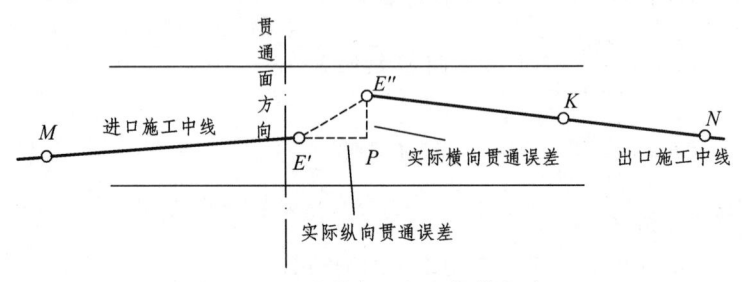

图 8.3.1　隧道实际贯通误差概念

二、纵横向贯通误差的测定方法

1. 中线法贯通的隧道

如图 8.3.1 所示，由两端中线分别延伸中线至贯通面，按贯通面的里程钉 1 个中线点，即 E' 与 E'' 点的里程相同，量取 2 点横向距离 $E''P$ 为横向贯通误差，量取 2 点的纵向距离 $E'P$ 为纵向贯通误差。

2. 导线法贯通的隧道

用导线作洞内平面控制的隧道，可在实际贯通点附近设 1 个中线点 E，如图 8.3.2 所示，分别由进出口导线测出其坐标。分别为（$x_{E进}$，$y_{E进}$）和（$x_{E出}$，$y_{E出}$），直线隧道是以线路中线方向作为 x 轴，则实际贯通误差由 8.3.1 式计算得出。

图 8.3.2　导线贯通时贯通误差测定

$$f_{贯} = \sqrt{(x_{E出} - x_{E进})^2 + (y_{E出} - y_{E进})^2} \tag{8.3.1}$$

横向、纵向贯通误差分别为：

$$\left. \begin{array}{l} f_{横} = y_{E出} - y_{E进} \\ f_{纵} = x_{E出} - x_{E进} \end{array} \right\} \tag{8.3.2}$$

如果是曲线隧道，如图 8.3.3 所示，设贯通面方向与实际贯通误差方向的夹角为 φ，可按式（8.3.3）计算：

$$\varphi = \alpha_{贯} - \alpha_{面} = \arctan\frac{y_{E出} - y_{E进}}{x_{E出} - x_{E进}} - \alpha_{面} \quad (8.3.3)$$

式中　$\alpha_{面}$——贯通面方向的坐标方位角，可根据贯通点在曲线的位置计算。

计算出 φ 角，即可根据式（8.3.4）得纵横贯通误差值。

$$\left.\begin{aligned} f_{横} &= f_{贯}\cos\varphi \\ f_{纵} &= f_{贯}\sin\varphi \end{aligned}\right\} \quad (8.3.4)$$

图 8.3.3　纵横贯通误差计算

3. 方位角贯通误差

如图 8.3.4 所示，中线法贯通时，延长 ME' 直线交 NE'' 于 K 点，在 K 点上安置经纬仪，实测 $\angle MKN$ 由进口中线的 ME' 的方位角 $\alpha_{ME'}$，按测得的 $\angle MKN$ 推算 NK 的方位角 α'_{NK} 与出口 NE' 的方位角 $\alpha_{ME''}$ 的差值为实际方向贯通误差，即方位角贯通误差。

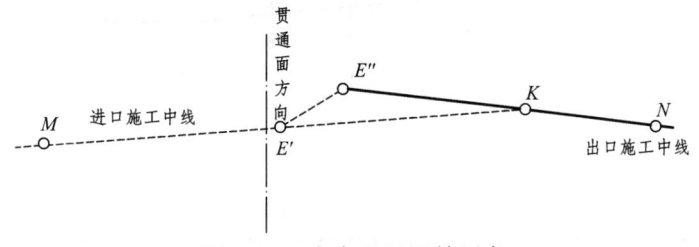

图 8.3.4　方向贯通误差测定

由导线贯通时，用贯通导线将两端洞口导线连通后，对于同一方位边由两端算得的方位角之差即为方位角贯通误差。

三、贯通误差的调整

实际贯通误差达到一定的数值时，在贯通面附近若按照原测设中线点连接起来，线路的平面形状和坡度会改变设计位置，因此，必须对线路中线进行调整，调整后应符合线路标准。

1. 按导线法贯通的调整方法

如图 8.3.5 所示，进口 J 点至 A 点，出口 C 点至 B 点为已建立洞内导线，A 点至 B 点间为未衬砌的调线地段。调整方法如下：

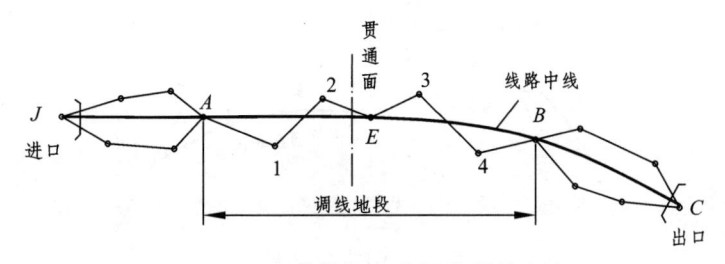

图 8.3.5　导线法贯通的误差调整方法

① 两端 A、B 为已知点，用导线连接 A、B 点，形成附和导线，计算方位角贯通误差，即角度闭合差。将闭合差平均分配至衬砌地段的各导线角。

② 在贯通点上求得贯通误差 2 个分量 f_x 和 f_y。

③ 将 f_x 和 f_y 按边长成比例进行改正，得到调整后的坐标。

④ 以调整后的坐标放样中线点即可。

2. 用中线法贯通的调整方法

（1）折线法调整直线地段。

如图 8.3.6 所示，在贯通面两端各选择 1 个中线点，连接成 1 条折线。因调线而产生的转折角 β_1 和 β_2 在 5′以内时，即作为直线线路考虑；转折角在 5′~25′时，应按定点内移量确定线路及相应衬砌位置，顶点内移量应符合表 8.3.1 规定。转折角大于 25′时，则应加设半径为 4 000 m 的圆曲线。

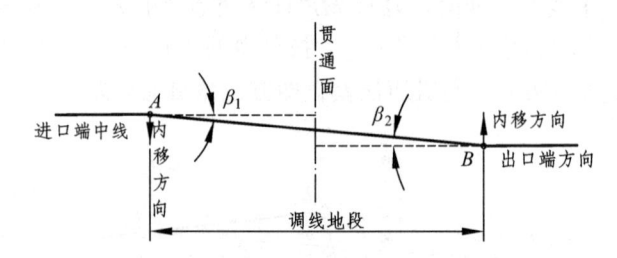

图 8.3.6　中线法贯通的直线段调整方法

表 8.3.1　顶点内移量表

转折角/(′)	内移量/mm	转折角/(′)	内移量/mm
5	1	20	17
10	4	25	26
15	10		

（2）圆曲线地段调线。

当调线地段全部位于圆曲线上时，应根据实际横向贯通误差，由调线地段圆曲线的两端向贯通面按长度比例调整中线位置，如图 8.3.7 所示。

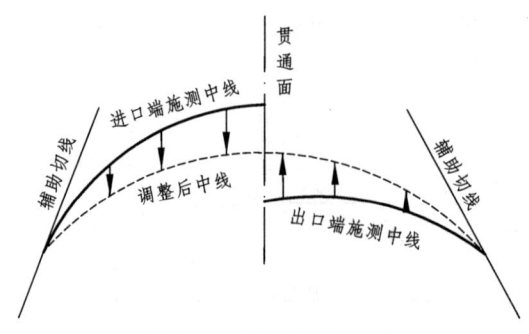

图 8.3.7　圆曲线段调线

（3）贯通点在曲线始、终点附近时的调整。

如图 8.3.7 所示，贯通点在曲线始、终点附近时，调线地段有直线和曲线，将曲线始、终点的切线延伸，理论上应与贯通面另一侧的直线重合。但是，由于贯通误差的存在，实际出现的情况是既不重合，也不平行。因此，通常应先将两者调整平行，然后再调整，使其重合。

① 调整圆曲线长度法。

如图 8.3.8 所示，左中线的 HZ 点在贯通面附近，由 HZ 点继续向前延伸切线时，发现此切线与右中线相交于 K 点，其交角为 β。为使切线平行于右中线，可将圆曲线增加或减少一段弧长（图中为增加。增加与减少取决于 β 角的正负。β 角为正值需增加，反之需减少。β 角的计算见下文），使增加这段弧长所对的圆心角等于 β。这样，YH 点移至 YH′点，HZ 点移至 HZ′点，而由 HZ′点作出的切线必然由原切线方向旋转一 β 角，而与右中线平行。此时交点由 JD 移至 JD′，转角由 α 增加一个 β 值而变为 α'。切线长也相应增加。

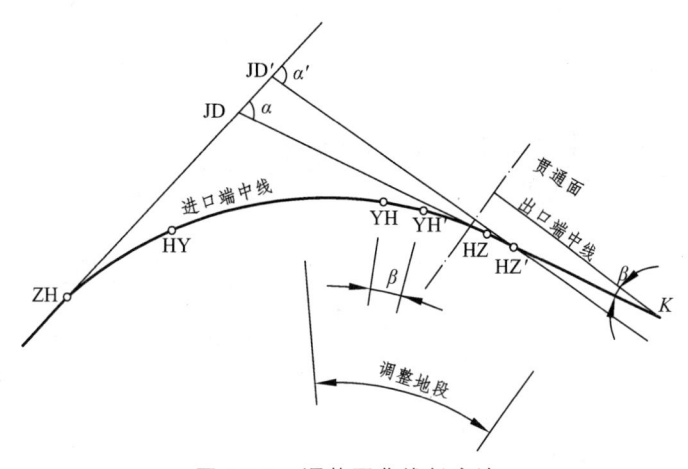

图 8.3.8 调整圆曲线长度法

图 8.3.9 为图 8.3.8 的局部放大图。为求得 β 角值，由 HZ 点沿切线延伸至 C 点，量出 HZ 点至 C 点的长度为 l，由 HZ 点和 C 点分别量出至出右中线的垂距 d_1 和 d_2，β 角即可算出：

$$\beta = \frac{d_1 - d_2}{l} \rho \tag{8.3.5}$$

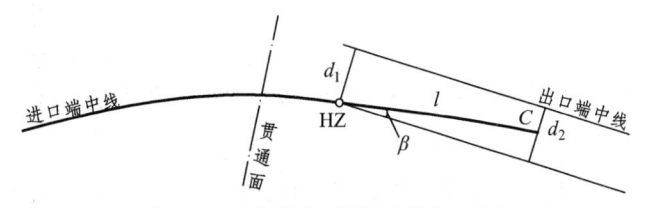

图 8.3.9 调整圆曲线局部放大图

计算的 β 角的精度与测量 d_1、d_2 的精度以及 l 的长度有关。若 β 角欲达到 10″的精度，l 应不短于 60 m，d_1 和 d_2 的测量中误差应达到 ±1 mm；若 β 角欲达到 30″的精度，l 应不短于 20 m，则 d_1 和 d_2 的测量中误差应达到 ±1 mm；若 β 角欲达到 1′的精度，则 l 丈量精度可以放宽，准确至 cm。

设圆曲线半径为 R，圆曲线需增、减的弧长为：

$$L = R\beta/\rho \tag{8.3.6}$$

由上可以看出，当 $d_1>d_2$，β 为正值，L 也为正值，圆曲线需增长；反之，当 $d_1<d_2$，β 为负值，L 也为负值，圆曲线就需减短。

调整平行后应进行检核。由 HZ′点延长切线，其长度不小于 20 m，量取延长切线两端点至右中线的垂距 d_1 和 d_2，若 $d_1 = d_2$，说明两切线平行。其间距 $S = d_1 = d_2$。

② 调整曲线始、终点法。

如图 8.3.10 所示，JD′和 HZ′为调整平行后交点和缓直点所处的位置。欲将调整平行后的切线与出口端中线重合，只需将曲线的 ZH 点沿其切线方向连同整个曲线推移一段距离 m。此时，ZH 移至 ZH′，JD′移至 JD″，HZ′移至 HZ″，这样两端中线就完全重合。m 值可按下式求得：

$$m = \frac{s}{\sin \alpha'} \tag{8.3.7}$$

式中　s —— 调整平行后的切线与出口端中线的距离；

　　　α' —— 调整平行后的转角。

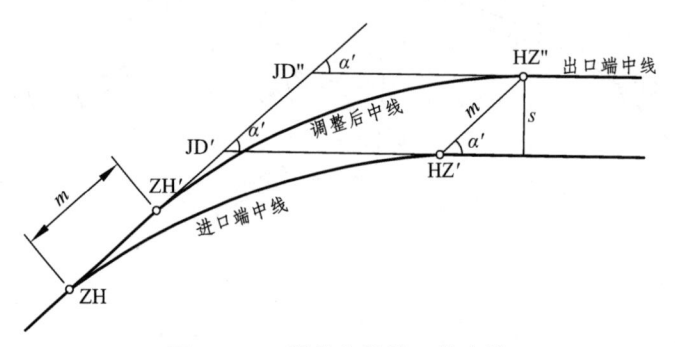

图 8.3.10　调整曲线始、终点法

任务 4　隧道断面放样

开挖钻爆作业之前，应根据临时中线点用串线法或仪器照准的方法，在开挖断面上从上而下绘出线路中线，以白灰水、红油漆或其他方法标绘出来，然后根据这条中线，按设计断面尺寸，在开挖面上绘出断面轮廓线，断面的顶和底线都应采用腰线法测定，最后再根据断面轮廓线及中线布置炮眼。

一、腰线测设

隧道开挖高程控制是通过设置腰线控制的，所谓腰线是指用红油漆在坑壁上画一粗线，以指导开挖的高程标志。腰线高程一般以起拱线高程加 1 m 或轨顶（路面）高程加 1 m。

由于隧道洞内有一定坡度，所以在高程测量时应计算出相距 5~10 m 的高程，标注腰线位置，施工人员可根据腰线放出坡度和各部位的高程。腰线测设方法如图 8.4.1 所示，将水准仪置于开挖面附近，后视已知水准点 P 读数 a，即得仪器视线高程：

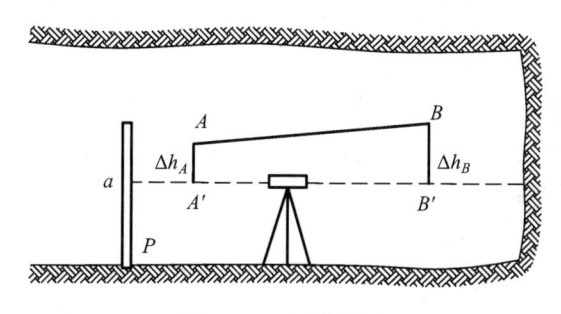

图 8.4.1 测设腰线

$$H_i = H_P + a \tag{8.4.1}$$

根据腰线点 A、B 的设计高程，可分别计算出 A、B 点与仪器视线间的高差 Δh_A、Δh_B：

$$\left.\begin{aligned}\Delta h_A &= H_A - H_i \\ \Delta h_B &= H_B - H_i\end{aligned}\right\} \tag{8.4.2}$$

先在边墙上用水准仪放出与视线等高的两点 A'、B' 两点间的连线即是腰线。根据腰线就可以定出断面各部位的高程及隧道的坡度。

二、拱部边墙放样

拱部断面的轮廓线一般用五寸台法测出。如图 8.4.2 所示，自拱顶外线高程起，沿路线中线向下每隔半米向左、右两侧量其设计支距，然后将各支距端点连接起来，即为拱部断面的轮廓线。在隧道的直线地段，隧道中线与路线中线重合一致，开挖断面的轮廓左右支距（指与断面中线的垂直距离）也相等。在曲线地段，隧道中线由路线中线向圆心方向内移一 d 值，如图 8.4.2 所示。由于在开挖面上的中线是依路线中线标定的，所以在标绘轮廓线时，内侧支距应比外侧支距大 $2d$。

墙部的放样采用支距法，如图 8.4.3 所示，曲墙地段自起拱线高程起，沿路线中线向下每隔半米向左右两侧按设计尺寸量支距，直墙地段间隔可大些，可每隔 1 m 量支距定点。如隧道底部设有仰拱时，可由路线中线起，向左右每隔半米由轨面（路基）高程向下量出设计的开挖深度。

施工断面各部位高程的确定应考虑允许的施工误差，一般起拱线、内拱顶和外拱顶高程，均需增加 5 cm，有时为防止掘进中底部开挖超高处理困难，采取将底部高程降低 10 cm。

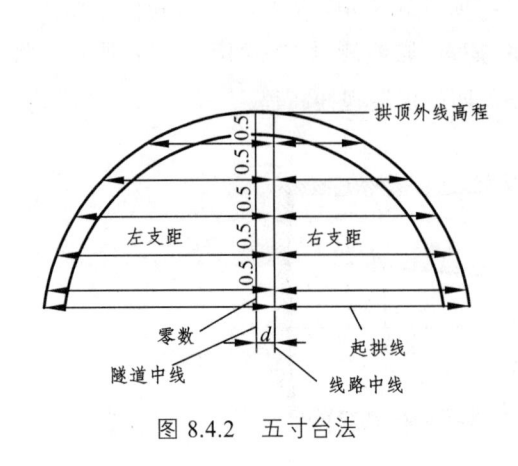

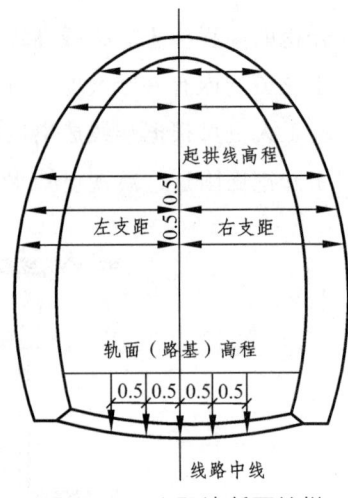

图 8.4.2　五寸台法　　　　　　　　　图 8.4.3　支距法断面放样

任务 5　洞内水准测量

隧道洞内水准测量的主要任务是在洞内布设水准路线，建立水准点，每隔 200～500 m 设置一对水准点，并为施工方便布设必要的水准高程标志，作为测量线路中线点的高程或施工放样的依据。

洞内水准测量以洞外水准基点的高程为依据，水准基点一般与导线控制点共桩。隧道贯通之前，施测方法采用往返测，洞内水准测量，也是随不断地掘进，不断地向前建立新的水准基点，最好的方法是每建 1 个新点，从洞外水准点开始一直到新点为止进行往返测，或每新建几个水准点复测 1 次。已建立的水准点之间历次的高差取平均值作为最后的高差，根据最后高差推算各点高程。这样除了复测检核以外，还起了提高精度的作用。水准点的测量方法可根据需要采用水准测量方法、洞内高程控制设计在三等以下时，可以采用光电测距三角高程测量。

由于隧道施工方法的不同，放样时需要高程部位不同，水准基点设置位置也不同。采用水准测量时，观测时会出现 4 种情形，即：双正尺、双倒尺、后正尺前倒尺、前正尺后倒尺，如图 8.5.1 所示。另外下导坑向上导坑引测高程时，为避免过多的转镜可用钢尺代替塔尺。

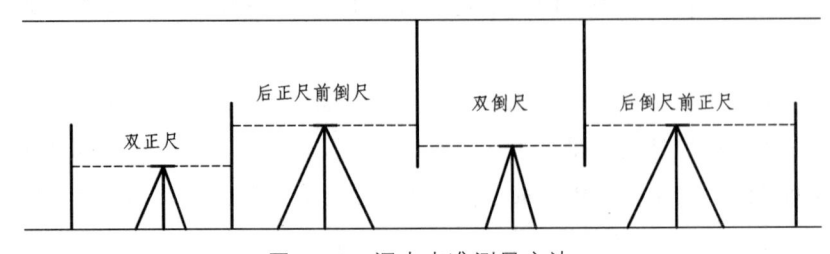

图 8.5.1　洞内水准测量方法

导坑开挖高程控制是通过设置在导坑支撑立柱上的腰线控制的。由于隧道洞内底板有一定坡度，所以在高程测量时应计算出相距 5～10 m 的高程，标定于洞壁的一侧或两侧，定出腰线点，以后利用这些点根据隧道纵坡用抬平的方法将高程延伸下去，延伸长度最好不超过 20 m，超过时再用水准仪定出数点，用上述方法继续延伸。

洞内水准测量条件差，应注意以下几点：
（1）洞内外联测宜选择在阴天或夜间进行。
（2）冬天仪器进洞，应先敞开半小时，使仪器温度和洞内温度相适应。
（3）洞内光线较暗，常有将上下丝当作中丝的现象。

任务6　隧道竣工测量

隧道竣工测量的主要目的是为了检查主要结构物及线路位置是否符合设计要求，并为将来运营的检修工程和设备安装等提供测量控制点。隧道竣工测量包括：洞内 CPⅡ 控制网测量、水准贯通测量、中线贯通测量和横断面测量。

洞内 CPⅡ 测设完成后，应以洞内 CPⅡ 控制点为基准，进行隧道中线贯通测量。

洞内水准点每千米 1 个，水准路线起闭于隧道进出口两端的线路水准基点，按相应等级水准测量要求施测。

净空断面测量直线地段 50 m，曲线地段 20 m 以及其他需要的地方均应测量净空断面。净空断面测量以线路中线为准，测量内拱顶高程、起拱线宽度以及轨顶以上 1.1 m、3 m、5.8 m 处的宽度。

学习情境小结

进洞关系计算和进洞测量的主要任务是：其一，在统一施工坐标系中，确定隧道两端洞口已确认线路中线控制桩之间的关系，确定隧道线路中线与平面控制网之间的关系，以便据此进行中线的计算和放样，确保贯通；其二，在洞内控制建立之前，指导中线进洞和洞内开挖。

导坑延伸测量串线法主要用于定出掌子面中心线位置及开挖轮廓线的标注，开挖轮廓线放样有支距法、全站仪坐标法、三维激光扫描法。五寸台支距法是传统方法，其优点是简便，易操作，缺点是精度低。全站仪坐标法断面测量也是常用方法，基本原理是初步确定开挖断面位置任一点，实测三维坐标，计算断面里程及该点到中线水平距离，再根据设计资料计算出该点到轮廓线边的水平距离和垂直距离。计算均采用程序计算器编程计算。目前推广使用三维激光扫描法。

课后训练

1. 隧道施工测量主要包括哪些内容？
2. 进洞关系计算和进洞测量的主要任务有哪些？
3. 导线法贯通的隧道如何测定纵、横向贯通误差？
4. 隧道竣工测量的目的是什么，包括哪些内容？

学习情境九　地铁地表控制测量实施

【学习目标】

1. 了解地铁控制测量的相关规范；
2. 了解地铁与轻轨控制测量工作要求；
3. 能进行地表控制测量实施。

【学习指南】

在地铁（轻轨）建设的各个阶段均要进行测量工作。如前期要进行1∶500地形图测量或修测、首级平面高程控制测量、地下管辖建构筑物调绘测量；设计阶段要进行稳定线路平纵断面的初定测、稳定站位各种井位的放样测量；线路站位基本稳定后要进行二级平面控制测量、二等高程控制测量，地表控制测量本学习情境包括2任务：地表平面控制测量、地表高程控制测量。

任务1　地表平面控制测量

一、卫星定位控制测量

1. 卫星定位控制网布设

（1）选点原则。

在进行卫星定位控制网观测前，应先进行卫星定位控制网布设。卫星定位控制网布设应在收集和熟悉设计站位、区间走向、施工方法的基础上，集合线路附近的既有城市高等级平面控制点进行卫星定位控制网选点。选点工作关系到卫星定位控制网的质量，同时工作量也较大，因此应先进行图上选点，然后进行现场核对。通过图上选点与现场核对的反复进行，才能选出既满足卫星定位测量要求，又方便使用、保护的卫星定位控制网点。选出的卫星定位控制网点特别是沿线路选出的卫星定位控制网点应尽可能通视，以方便以后各等级常规平面测量工作的开展。选出的卫星定位控制网点必须能控制线路和车站位置，且要避开可能施工的范围。

（2）卫星定位点位应满足的要求。

① 所选卫星定位点在15°的空间范围内不应有任何障碍物外。

② 点位附近不应有电磁场，应远离高压输电线和无线电发射装置。

③ 点位附近不应有散热体散热池，沿线路的点间最好不应有电磁场、散热体散热池。
④ 测线上不应有树枝等影响测角测距的障碍物。
⑤ 位于车站的卫星定位点与地面的垂直角不应大于20°，以减少垂线偏差对测边方位角的影响。
⑥ 离开线路中心线或车站等构筑物的距离不宜小于50 m。
⑦ 建筑物上的控制点应选在便于联测的楼顶承重墙上。
⑧ 二等线路控制网各控制点方向不应少于2个。
（3）卫星定位桩点的标志。
卫星定位桩点可参考规范进行，埋设的卫星定位桩点上应有标志，以利于判断其有关属性。

2. 卫星定位控制网测量精度指标

卫星定位控制网测量技术要求应符合表9.1.1规定

表9.1.1　卫星定位控制网测量技术要求

控制网等级	平均边长/km	固定误差 a/mm	比例误差 b/(mm/km)	相邻点的相对中误差	最弱边相对中误差
一等	10	≤5	≤2	±20	1/200 000
二等	2	≤5	≤5	±10	1/100 000

3. 观测仪器的要求

根据卫星定位控制网测量精度要求，一等选用双频卫星定位接收机（$5\ mm + 2\times10^{-6}\times D$），二等选用双频或单频卫星定位接收机（$5\ mm + 5\times10^{-6}\times D$）。

由于地铁（轻轨）工程位于城市，各种干扰因素较多，所以选用的卫星定位接收机抗干扰能力和捕获锁定信号能力要强。

4. 卫星定位外业观测

由于卫星定位接收机在存放、运输途中存在振动等影响接收机系统性能的因素，所以在进行卫星定位外业观测前，必须对仪器及对点器等进行常规检测，对中、整平、量测天线高、观测时段数以及天线高的输入等均严格按规范进行。在作为已知的高级点上要准备使用专门的对中底盘，以确保天线在观测中的稳定。

卫星定位控制网点采用边连接形式构成网，由多个多边形、同步大地四边形或单三角形组成，宜以四、五边形构成网为主，同时卫星定位网必须由非同步独立观测边构成闭合环或附合路线（按长边和短边分别连接）。接收机观测前应编制出卫星定位卫星可见性预报表，其内容应包括可见卫星号、卫星高度截止角和方位角、最佳观测卫星组的最佳观测时间、点位几何图形强度因子（PDOP）等。卫星定位控制网观测应符合下列要求：

（1）作业前应编制作业计划表。
（2）天线应整平、对中，对中误差不应大于1 mm。
（3）每时段观测前、后各量取天线高1次，2次互差小于3 mm时，应取2次平均值作为最后结果。

（4）应按规范规定逐项填写外业观测手簿。

（5）每一时段观测结束后，应及时将存储介质上的数据进行拷贝。每日观测结束后，应及时进行数据处理。

（6）预处理，就是把每天外业观测结束后，应立即将采集的数据传输到计算机中进行基线解算。基线向量采用随机商品化软件解算。基线解算后，网平差前，应按规范要求对同步环、异步环闭合差和复测边的相对闭合差、相对较差进行检算，合格后方可选取基线参与平差计算。否则应分析原因，采取人工干预方法重新进行基线解算或重测。

（7）由于是在城市环境下进行卫星定位测量，交通因素对卫星定位测量效率的影响很大，应根据投入的卫星定位接收机数量，确定交通工具的数量。4台卫星定位接收机宜投入2辆车，6~8台接收机宜投入3辆车。在进行卫星定位测量前，要组织没有参加卫星定位控制网选点的人员进行点位到点位的路线的熟悉，以保证卫星定位测量效率和测量质量。

5. 卫星定位控制网数据处理及平差计算

全市轨道交通控制网基线解算宜采用精密星历，使用精密基线解算软件，采用多基线解算模式进行解算。线路控制网的基线解算，可使用商用软件。应利用广播星历解算。

6. 卫星定位测量提交成果资料组成

卫星定位测量提交成果资料应包含以下内容：

（1）卫星定位测量技术设计书。

（2）卫星定位测量网图选点图。

（3）卫星定位点点之记。

（4）仪器检定资料。

（5）成果表：包括异步环闭合差、独立基线观测值及精度、三维无约束平差结果、二维约束平差结果、与既有控制点坐标结果比较表。

（6）卫星定位测量技术总结报告，在成果报告中，需有对控制网现状的评价及明确每个控制点的取值。

（7）采用常规测量手段的质量检查验收报告。

二、精密导线测量

1. 精密导线布设

为了确保精密导线具有较高的质量和精度，满足地铁（轻轨）定测，尤其是施工测量的需要，特别是尽量减少因地面测量误差影响而产生在贯通面上的贯通误差，精密导线网布设是关键环节之一。精密导线应采用附合导线、闭合导线或结点网导线形式。

（1）选点原则。

在收集和熟悉设计站位、风井风亭、施工竖井、区间走向、施工方法的基础上结合线路附近的既有城市高等级平面控制点、卫星定位点，选出沿线路呈直伸形既能控制地铁线路和车站位置，又能避开可能施工范围的精密导线点。选点工作既关系到精密导线网的质量，又在精密导线网测量中占有很大的比例，因此应先进行图上选点，然后进行现场核对，通过图上选点与现场核对的反复进行,才能选出既满足精密导线测量要求,通视良好,又方便使用、保护和利于后续测量工作开展的精密导线网点。

(2)点位布设要求。

① 二等线路加密控制网控制点间的附合导线的边数宜少于 12 条,相邻边的短边与长边比例不宜小于 1 : 2,最短边长不宜小于 100 m。当附合导线路线较长时,宜布设结点导线网,节点间角度个数不应超过 8 个。

② 地面导线点应选在施工变形影响区域以外,必应劈开地下结构物,地下管线。

③ 建筑物顶上的导线点应埋设在主体结构上,并便于与高级点联测和向下扩展的位置。

④ 相邻导线点间以及导线点与其相连的卫星定位点之间的垂直角不大于 30°,视线离障碍物的距离不应小于 1.5 m。

⑤ 在不同的线路交叉及同一线路分期建设的工程衔接处布设导线点。

(3)边长要求。

精密导线边长受车站区间施工方法的影响很大。规范规定的精密导线平均边长为 350 m,对于采用明挖和高架施工的地段,为了施工测量使用方便,精密导线平均边长应比 350 m 短,平均边长应小于 300 m。对于采用矿山法施工地段,生产能力小,其贯通距离一般小于 1 km,精密导线平均边长应比 350 m 长,从方便使用与利于贯通来考虑,平均边长 450 m 比较适合,并注意在施工竖井处设点。对于采用盾构法施工地段,其生产能力大、贯通距离长,从有利于贯通来说,精密导线平均边长应比 350 m 更长,平均边长 550 m 比较适合。

2. 精密导线测量精度要求

精密导线网的精度要求应符合表 9.2.1 规定。

表 9.2.1 精密导线网精度要求

控制网等级	闭合环或附合导线平均长度/km	平均边长/m	每边测距中误差/mm	测角中误差/(″)	方位角闭合差/(″)	全长相对闭合差	相邻点的相对点位中误差/mm
三等	3	350	±3	±2.5	±5$\sqrt{n}$	1/35 000	±8

3. 精密导线测量对使用仪器的主要要求

精密导线外业观测既可以使用卫星定位测量进行,也可以使用全站仪进行。从精密导线测量成果具有直接指导工程施工和与后续测量相结合来考虑,精密导线测量宜使用全站仪进行观测,对仪器的主要要求如下:

(1)使用的测量仪器为经省级以上技术监督局授权的仪器检定单位鉴定合格的。

(2)全站仪水平轴不垂直于垂直轴之差,不应超过 10″。

(3)垂直微动螺栓使用时,视准轴在水平方向上不产生偏移。

(4)仪器底部在照准部旋转时,无明显偏移。

(5)对点器对中误差不大于 1 mm。

(6)使用Ⅰ级或Ⅱ级全站仪。

4. 精密导线的观测

精密导线网观测技术要求应符合表9.2.2规定。

表9.2.2 精密导线观测技术要求

控制网等级	水平角测回数		边长测回数	测距相对中误差
	Ⅰ级全站仪	Ⅱ级全站仪		
三等	4	6	往返测距各2测回	1/80 000

（1）观测计划的制订。

在进行精密导线观测时，视测量时的条件和实施方案制订相应观测计划，应遵循以下原则：应根据位于地铁线路附近的卫星定位点和其他卫星定位点的通视情况，选择距地铁线路较近的卫星定位点作为置镜点和后视点，在进行位于两卫星定位点间的精密导线观测时，卫星定位点如果通视，应以这2个卫星定位点互为后视点。

（2）水平角观测。

① 测回数与使用仪器及观测地段的施工方法有关，仪器标称精度高，导线位于明挖和高架段，观测测回数取4；仪器标称精度高，但导线位于暗挖段，观测测回数也应取6。实际观测中采用的测回数应视具体情况定，但在一条线路应力求统一测回数或在一段上统一测回数。

② 水平角观测宜采用方向观测法，当方向数多于3个时，应进行归零，方向少于3个可以不归零。

③ 方向观测法应符合学习情境一，任务1表1.1.2 导线水平角方向法观测的主要技术要求。

（3）距离测量。

距离测量应符合表9.2.3距离测量限差技术要求规定。

表9.2.3 距离测量限差技术要求（mm）

全站仪等级	一测回中读数间较差	单程各测回间较差	往返测或不同时段结果较差
Ⅰ级	3	4	$2(a+bD)$
Ⅱ级	4	6	

① 测距时，应在测前、测后各读取一次温度和气压，并取平均值作为测站的气象数据。温度读至0.2 ℃，气压读至0.5 hPa。

② 当前后视边长观测需调焦时，宜采用同一方向正倒镜观测法，一个测回中不同方向可不考虑$2C$较差要求。

③ 在附合精密导线两端的卫星定位控制点上观测时，以联测两个卫星定位控制点方向，其夹角的平均观测值与其坐标反算夹角之差应小于6″。

④ 精密导线边长应进行气象改正、仪器加、乘常数改正。

⑤ 精密导线测距边应进行高程归化与投影改化。

5. 数据处理及精度评定

（1）数据预处理，每天的测量数据应及时进行处理。采用人工记录的应及时进行观测数据的复核、边长投影改正并输入计算机进行初步平差计算。采用模块记录的应及时将记录的观测数据传给计算机，进行边长投影改正并进行初步平差计算。经初步平差计算不满足要求的测量数据应分析原因并及时进行补测。

（2）平差计算，全部观测完成且观测数据满足要求后，按严密平差方法进行整体平差，完成平差计算与各种报表计算输出。计算各项闭合差与中误差，点位中误差，对精密导线测量做全面精度评价。

根据精密导线测量观测资料，判断既有平面点的稳定情况，明确每个控制点的取值。对联测的其他点的既有坐标情况做出有关说明。

6. 精密导线测量成果资料组成

精密导线测量成果资料应包含以下内容：

（1）技术设计书或实施方案。
（2）精密导线布网图。
（3）精密导线点点之记。
（4）观测原始记录。
（5）精密导线点坐标成果表。
（6）技术总结报告。
（7）测量精度评定成果：精密导线全长相对闭合差统计表、角度闭合差统计表、边长较差统计表、360°不符值测角中误差、角度闭合差中误差、方位角闭合差中误差、边长往返测较差测边中误差、测边平均中误差等。
（8）质量检查验收报告。
（9）联测成果与原测成果对照表。
（10）质量检查情况表。
（11）精密导线坐标使用表。

任务 2　地表高程控制测量

地面高程控制测量分为两个等级，一等为服务全市轨道交通规划、建设所需要的全市轨道交通高程控制网，二等为服务于各条具体线路建设、运营的高程控制网，在一等网的基础上布设。高程控制测量应采用水准测量方法实施。

一、水准测量限差要求

水准测量技术要求应符合表 9.2.1 水准测量技术规定。光学水准仪、电子水准仪实施水准测量的视线长度、视距差、视线高度的要求应符合表 9.2.2 规定。

水准测量测站观测限差应符合表 9.2.3 规定。

表 9.2.1　水准测量技术要求

水准测量等级	每千米高差中数中误差/mm 偶然中误差 M_Δ	每千米高差中数中误差/mm 全中误差 M_W	环线或附和路线最大长度/km	水准仪等级	水准尺	观测次数 与已知点联测	观测次数 附和或环线	往返较差、附和或环线闭合差/mm
一等	±1	±2	400	DS1	铟瓦尺或条码尺	往返各一次	往返各一次	$±4\sqrt{L}$
二等	±2	±1	40	DS1	铟瓦尺或条码尺	往返各一次	往返各一次	$±8\sqrt{L}$

表 9.2.2　水准测量的视线长度、视距差、视线高度要求（m）

等级	视线长度 仪器等级	视线长度 视距	水准仪类型	前后视距差	前后视距累积差	视线高度
一等	DS1	≤50	光学水准仪	≤1.0	≤3.0	下丝读数≥0.3
			电子水准仪	≤1.5	≤6.0	≥0.55且≤2.8
二等	DS1	≤60	光学水准仪	≤2.0	≤4.0	下丝读数≥0.3
			电子水准仪	≤2.0	≤6.0	≥0.55且≤2.8

表 9.2.3　水准测量观测限差（mm）

等级	上下丝读数平均值与中丝读数之差	水准仪类型	前后视距差	前后视距累积差	视线高度
一等	3.0	电子水准仪	≤1.5	≤6.0	≥0.55且≤2.8
二等	3.0	电子水准仪	≤2.0	≤6.0	≥0.55且≤2.8

二、水准点选点原则

在进行水准测量观测前，应先进行水准点网布设。水准点网布设应在收集和熟悉设计站位、风井风亭、施工竖井、区间走向、施工方法的基础上结合线路附近的既有城市高等级水准点进行水准选点。选点工作既关系到水准网的质量，同时又关系到水准网方便使用、长期保存，因此，应先进行图上选点，然后进行现场核对，通过图上选点与现场核对的反复进行，才能选出既满足规范要求，又方便使用与保护的水准点网。选出的水准网点必须能控制线路和车站位置，且要避开可能施工的范围，方便使用，利于长期保存。

三、水准点布设原则

为了方便土建施工期使用，同时考虑到地铁（轻轨）城市环境与土建施工对沿线环境的影响，每个车站应不少于 1 个水准点，沿线路 3 km 左右应布设一对基岩水准点。当站间距在 1 km 左右时，每个车站可布设不少于 1 个普通水准点或墙上水准点。当站间距较大时，每个车站应布设一对基岩水准点或在主要的施工作业区域布设一对基岩水准点。

因普通水准点要经过一个雨季的沉降后，才适合进行水准测量观测，所以水准点选埋应提前一段时间进行。

四、内业处理及精度评定

水准测量的外业数据满足有关要求后，水准网应按严密平差方法进行水准网整体平差。计算各项闭合差符合要求后，计算每 km 高差中数偶然中误差和全中误差以及各点高程的偶然中误差、最弱点中误差和相联系邻点相对高程中误差，对水准测量做全面精度评价。

根据水准观测资料，判断既有高等级水准点的稳定情况。对测设的水准网进行包括精度、可靠性评价，并明确每个控制点的取值。对联测的其他点的既有高程情况做出有关说明。

五、高程控制测量提交成果资料组成

高程控制测量提交成果资料应包含以下内容：
（1）技术设计书。
（2）水准网图。
（3）水准点点之记。
（4）仪器及标尺的检定资料。
（5）外业观测手簿。
（6）水准点成果表和精度评定成果表。
（7）联测有关点成果比较表。
（8）技术总结报告。
（9）质量检查验收报告。

学习情境小结

地铁（轻轨）是一线状轨道交通工程，具有最小半径的特点，各个标段、工点的衔接尤其是横向衔接，对工程的正确复现和建成后的有利运营至关重要。为了准确复现经批准的地铁（轻轨）设计方案，在地铁（轻轨）工程实施过程中，分阶段进行地表控制测量与定期复测很重要。地表控制测量的主要依据国家规范《城市轨道交通工程测量规范》（GB/T 50308—2017）要求，地面平面控制网分为三个等级，一等为全市轨道交通规划，建设所需要的全市轨道交通卫星定位控制网；二等网服务于各条具体线路建设、运营的卫星定位控制网，在一等网的基础上布设；三等为服务于各条线路建设、运营的精密导线网，在二等网的基础上加密布设。地面高程控制网分为两个等级，一等为服务全市轨道交通规划、建设所需要的全市轨道交通规划高程控制网；二等为服务于各条具体线路建设、运营的高程控制网，在一等网的基础上布设。由于地铁建设在城市及其周边环境中，所以地表控制测量系统，采用城市的城建平面坐标系统和城建高程系统。

课后训练

1. 地面平面控制和高程控制采用的方法和测量等级如何？
2. 简述二等水准测量的观测方法和具体要求。
3. 简述精密导线外野观测及技术要求。

学习情境十　施工控制测量实施

【学习目标】

1. 了解加密控制网的目的、意义；
2. 了解加密控制网布设形式；
3. 能进行加密导线、高程传递的作业；
4. 了解竖井联系测量工作流程作业方法。

【学习指南】

施工单位进入现场后，由于征地拆迁、管线迁改、施工现场布置等各方面的原因，先前布设的平面、高程控制点不方便使用或不能满足施工测量的需要，所以要进行加密控制测量来建立方便使用与满足施工测量需要的控制点，加密控制测量主要发生在车站、区间施工井附近。

设计只是完成了工程实施的第一步，施工是把批准的设计方案复现在现场，只有通过施工，地铁（轻轨）才能建成。为了准确复现批准的设计方案，在施工阶段，要通过进行加密控制测量，竖井联系测量，洞内控制测量，明挖/高架控制测量，来保证整体上准确复现批准的设计。本学习情境包括4项任务：加密控制测量、竖井联系测量、洞内控制测量、明挖与高架地段控制测量。

任务1　加密控制测量

加密控制测量的内容有加密平面控制测量、加密高程控制测量。

一、加密平面控制测量

1. 加密导线布设

加密平面控制测量一般采用导线测量完成。因此，加密平面控制测量应根据车站、区间施工井附近已有卫星定位控制点、精密导线点的分布情况，进行加密导线布设。在满足导线测量要求和现场测量需要的情况下，应尽量减少加密平面控制测量工作量。

有条件时，加密导线首先应布设成有两条及以上独立边的附合导线，如图10.1.1所示；其次布设成一点双后视附合导线，如图10.1.2所示；现场没有条件，加密导线也应布设成闭合导线，如图10.1.3所示。加密导线不能布设成支导线。加密导线边长应长短均匀，边长宜长。其与已有卫星定位控制点及精密导线点间的高差不能大于 30°，以减少垂线偏差对方位角和横向贯通误差的影响。

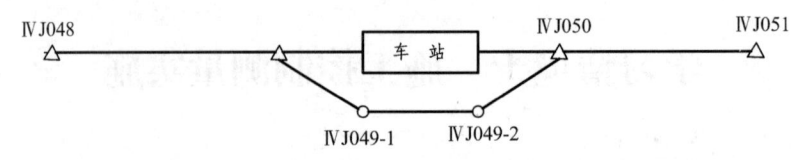

图 10.1.1　有两条及以上独立边的加密附合导线布置示意图

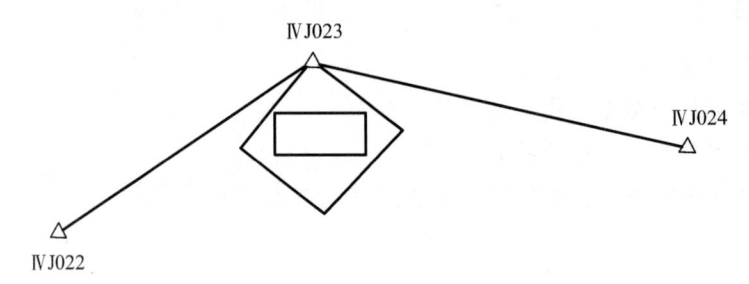

图 10.1.2　一点双后视加密附合导线布置示意图

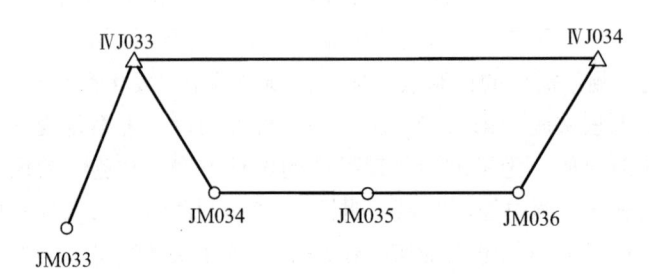

图 10.1.3　加密闭合导线布置示意图

为了减少加密测量对贯通误差的影响，位于竖井附近的加密导线点，应力求直接看见竖井口，方便竖井联系测量，或只需一个转点就可以进行竖井联系测量。

为了减少加密测量对两站一区间平面联测的影响，位于车站附近的加密导线点，应力求直接看见车站底板，方便车站底板长期控制点测量，或只需 1 个转点就可以进行车站底板长期控制点测量。

加密平面控制点埋设，可参考有关规范进行，应做到桩上点位唯一、点位标志清晰，并在现场规范地书写点名。点名在业主有要求时按业主要求进行编写，无要求时结合工程情况编写。

2. 测量要求

为了减小加密测量对横向贯通误差的影响，加密测量的测量要求与精密导线测量要求相同，主要精度指标为：由导线方位角闭合差或角度闭合差计算的测角中误差 ≤ ±2.5″，测回数不少于 4 测回。

3. 使用仪器

根据加密测量的要求，对加密测量使用仪器的要求与精密导线测量相同。主要要求是经省以上技术监督局授权的仪器检定单位鉴定合格的测角标称精度不大于 2″、测距不低于 Ⅱ 级的全站仪及配套精密对点器。

4. 外业作业

外业作业与精密导线测量时要求相同，由于加密导线边长短，测量过程中更应采取措施确保对点精度，如在测量开始和结束用垂球检查对点情况等。作业时应对使用的已知点边的稳定情况进行检查，确保使用的已知点边稳定。

5. 提交成果

外业观测数据满足要求后，进行边长投影改正，利用严密平差商业软件进行平差，计算各个点的坐标，完成加密平面控制测量成果书编写。加密平面控制测量成果书编写应满足业主在测量管理方面的有关要求，如测量日期、使用仪器情况、已知点边的稳定情况、加密平面测量的导线方位角闭合差或角度闭合差、加密导线布置示意图、主要测量人员情况等内容情况。

二、加密高程控制测量

1. 加密点位埋设

加密高程控制测量一般采用水准测量完成。加密点位埋设应根据现场情况进行，埋设的点位要利于保护和方便使用，不因车站、施工竖井的施工等而发生沉降。埋设的点应有明显的突出点。

2. 测量要求

加密高程测量观测与地面二等高程控制测量要求相同，主要精度指标按行业规范对精密水准测量要求进行，往返观测闭合差 $\leq 8\sqrt{L}$。

3. 使用仪器

根据加密测量的要求，对加密测量使用仪器的要求与地面首级高程控制测量要求相同，选用标称精度为 DS_1。

4. 外业作业

外业作业与地面高程控制测量要求相同，进行往返观测，起闭于地面高程控制点，形成闭合水准路线或附合水准路线。作业时应按要求对已知点的稳定情况进行检核，确保使用的已知点稳定。

5. 提交成果

外业观测数据满足要求后，平差计算各个点的高程，完成加密高程控制测量成果书编写。加密高程控制测量成果书编写应满足业主在测量管理方面的有关要求，如测量日期、使用仪器情况、已知点的稳定情况、加密高程测量的附合水准高差闭合差、往返测高差闭合差、加密点布置示意图、主要测量人员情况等内容情况。

任务 2　竖井联系测量

为了把地面测量的坐标、方位角及高程传递到地下，指导地下工程施工测量，需要进行竖井联系测量。它包括平面联系测量和高程联系测量。

一、平面联系测量

平面联系测量的目的就是把地面各类平面控制点边的坐标方位角传递给地下的平面控制点边上。由于地面的各类平面控制点距竖井口有一定的距离，在进行平面联系测量前还要进行近井平面测量，近井平面测量应起闭于地面平面控制点，形成附合导线或闭合导线。作业时应按要求对已知点的稳定情况进行检核，确保使用的已知点稳定。测量要求按行业规范对精密导线测量要求进行，闭合导线角度闭合差 $\leq \pm 5\sqrt{n}''$，主要精度指标为由导线方位角闭合差或角度闭合差计算的测角中误差 $\leq \pm 2.5''$。

平面联系测量方法主要有：联系三角形法（一井定向）、投点仪（或钢丝贴片）陀螺定向联合作业法、两井定向法、导线定向测量法。下面分别进行叙述各方法的测量过程与有关要求。

（一）联系三角形法（一井定向）

联系三角形法是一种适用比较广，大家了解比较多的平面联系测量方法。其具有对竖井大小（保证钢丝间距用）的要求，作业占用竖井时间长，劳动量和劳动强度大的弊端。其测量示意图及观测示意图如图 10.2.1。

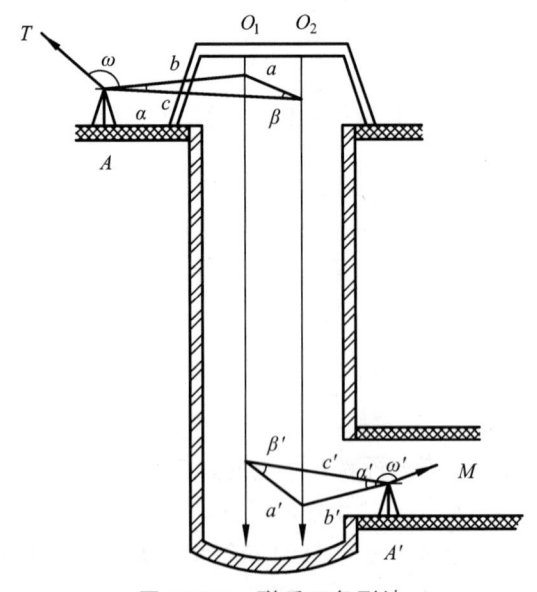

图 10.2.1　联系三角形法

为了确保隧道贯通误差小于规定值，规范根据各种情况下的统计资料，明确规定：钢丝间距不小于 5 m，即 a（或 a'）>5 m；测站与两钢丝构成的夹角宜小于 1°，测站到近处钢丝的间距 b（或 b'）与钢丝间距 a（或 a'）比值小于 1.5，即 b/a（或 b'/a'）<1.5（见图 10.2.2）。

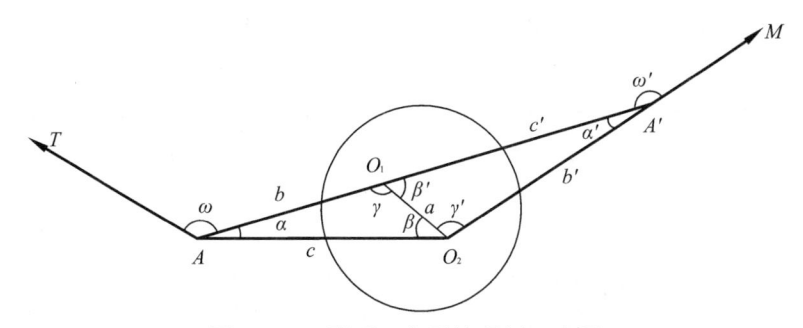

图 10.2.2　联系三角形法观测示意图

（二）投点仪（或钢丝贴片）陀螺定向联合作业法

投点仪（或钢丝贴片）陀螺定向联合作业法，适用于各种条件下平面联系测量，其具有定向精度高、占用竖井时间较少、劳动量和强度小，是一种先进的平面联系测量方法。

1. 准备工作

（1）根据现场的实际情况，制订相应作业方案，包括地面导线测量作业方案和地下导线测量作业方案。根据作业方案，埋设测量桩点，安排布置准备工作，让作业人员明了作业中的重点。参考加密平面控制测量，完成地面趋近导线测量后，即可进行平面联系测量工作，为了给作业创造良好环境，作业前应与施工的有关部门协商，为平面联系测量创造良好条件。

对使用的陀螺仪、全站仪及精密对点器要提前进行日常检查，确保其性能满足要求。

（2）投点工作准备，应根据竖井的大小、井上井下情况进行，主要为投点井架架设准备好材料。因为施工现场一般没有专用的投点井架，所以应提前做好投点井架所用材料准备工作，如长方木或管径较大钢管、厚木板、井上井下投点用来承点的刨好的短木板、铁丝、铁钉等。

2. 投点井架架设

投点井架架设应把安全生产放在首位。

（1）组织人员进行投点井架架设，投点井架的仪器支承台与供作业人员作业的观测台应严格分开。架立的仪器支承台，不但要有足够的强度，还要有足够的刚度，在作业过程中不能发生任何变形。架立的观测台，要有足够的强度，同时不能发生过大的变形，要绝对保证作业人员的安全。井上投点井架要保证井上两投点位于同一水平面内，方便井上两投点间距测量。井上投点井架要保证井上两投点位于同一水平面内，方便用小钢尺进行井上两投点间距测量。

在投点井架架设过程中，应按现场的安全生产规程进行作业，要绝对保证作业人员的安全。

（2）在完成井上井架架设后，进行预投点，确定井下承点位置，并进行井下承点台的埋设工作。埋设的井下承点台，要有足够的强度和足够的刚度，在整个测量作业过程中不能发生任何变形。井上作业人员，身上不能带与投点工作无关的任何物品，如笔、钥匙、小刀等，要绝对保证井上作业人员不掉任何物品下去，确保井下作业人员的安全。井下承点台要保证井下两投点位于同一水平面内，方便用小钢尺进行井下两投点间距测量。

井下作业人员要戴安全帽，作业过程中井上井下应加强联系，确保作业人员的安全。

某城市地铁一号线某竖井测量预投点，采用下放垂球进行，因竖井较深，下放垂球速度过快，在垂球快下放完时，发生线断垂球砸在井下作业人员安全帽上，打伤井下作业人员耳朵的事故。如果井下作业人员没戴安全帽，后果将不堪设想；如果垂球下放慢一点、或先把垂线放下去再挂垂球、或井上井下作业人员加强联系、井下作业人员等垂球下放完时再看井下承点位置，均可能避免事故发生。

某城市在进行一矿山法区间施工时，第一次平面联系测量采用投点仪陀螺定向联合作业法进行，发生因井下承点台刚度不足，导致平面联系测量发生 0.25 m/100 m 方位偏差，在开挖 200 m 后进行变更设计的重大测量事故。其井下承点台为放置在工字钢架上的厚度小于 5 mm 大钢板，人站在钢板上，钢板会发生变形，一方面导致井下测量点与井下投点不一致；另一方面井下测量在整平后，人员离开，仪器设备又不平，对点发生严重偏差。

3. 竖井投点

（1）投点井架架设完成后，用垂准仪置于投点井架的仪器支承台上进行投点。在井上井下各投 2 点，每点按 0°、90°、180°、270° 4 个方向投下 4 点（或 0°、120°、240° 3 个方向投下 3 点），当井下投下 4 点构成的正方形，边长小于 5 mm 时，取正方形对角线交点为井下投点，否则重投，如图 10.2.3 所示。量井上井下两投点间距，井上井下投点间距较差应≤1 mm，否则重投。井上所投点应与地面控制点通视良好，利于边角测量。

（2）投点过程应把安全生产放在首位，要绝对保证井上、井下作业人员的安全。井上作业人员，作业过程中身上不能带与投点工作无关的任何物品，如笔、钥匙、小刀等，要绝对保证井上作业人员不掉任何物品下去，确保井下作业人员的安全。

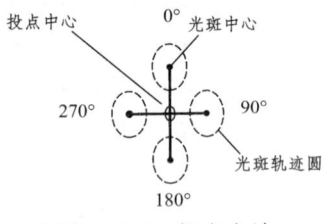

图 10.2.3 投点方法

4. 陀螺定向

（1）地面：选取地面高等级已知边的一端进行陀螺定向。先进行测前零位测量。测前零位测完后，采用逆转点法，测定逆转点读数 5 个，逆转点读数中值符合有关要求后，进行测后零位测定。当陀螺定向完成后，将仪器搬至高等级已知边的另一端，按照上述方法进行陀螺定向。在陀螺定向满足有关规范要求后，取两端定向的平均值作为陀螺定向成果。

（2）地下：在隧道内选取一条比较稳定的、边长较长的导线边进行陀螺定向。先在这条边的一端，依照上述办法进行定向，再搬至另一端进行定向。在陀螺定向满足有关规范要求后，取两端定向的平均值作为陀螺定向成果。

5. 导线边角测量

在定向及投点完成后，按照四等导线对边角测量的要求进行地面和洞内导线边角测量。对竖井投点形成的空间平面夹角用陀螺定向成果及相关的导线角进行推算，使得地上导线和地下导线通过投点形成一个闭合导线或附合导线。

6. 内业计算

（1）对于经竖井联系测量所形成的空间闭合导线或附合导线进行严密平差，得出地下控制点的坐标成果。

（2）也可以通过陀螺定向推算地下定向边的方位角，再通过地下导线测量的角度推算每1条地下边的方位角，根据投点的坐标、导线边的边长和方位角求算各个导线点的坐标。

7. 注意事项

（1）竖井联系测量投点时，应停止向隧道内供风，并禁止人员从竖井上下通过。投点时供观测员、投点员站的架子要确保与仪器支承台（井上、井下投点用）脱离；井上、井下投点用的木板等要钉设牢固，测量作业完成前严禁触动。

（2）竖井联系测量时，要形成空间附合或闭合导线，并应尽可能进行多余观测，以利于检核。

（3）因为竖井联系测量的场地比较狭窄、测量条件差、边长较短、误差来源多，所以在测量工作中应认真对待，选择好的测量时机，并采取多次对中、三联脚架法、测量时停工、尽量延长导线边长等措施以提高测量精度，减少贯通误差，为竣工联测及铺轨基标测设创造条件。

（4）在进行竖井联系测量前 3 h，矿山法区间就应停止爆破作业、以油为动力的设备停止运转，向隧道内供风，排烟降温。

（5）选取地面、洞内定向边时应避开高压电场、磁场的影响。洞内定向时，应关闭洞内高压电源。

（6）地面和洞内定向边应利于保护，以便以后采用同一条定向边进行陀螺定向，提陀螺定向精度。

8. 钢丝贴片代替投点仪投点

由于测量技术的发展，出现了测量贴片，测量贴片贴在钢丝上就能准确测出置镜点到钢丝的距离，从而求出钢丝的准确坐标，完成向地下传递坐标。采用钢丝贴片代替投点仪投点具有以下优点：

（1）不需要进行工作量很大的井上投点井架架设，从而减少准备工作量。

（2）由于不需要进行工作量很大的井上投点井架架设，减少井上投点井架拆除工作量。

（3）不需要进行井下承点台架设，减少井下承点台拆除工作量。

（4）无特殊情况，可减少井上井下看守投点稳定的人员。

（5）不需要投点工作，减少投点工作量。

（6）由于不需要投点，整个工作变得安全。可以缩小工作时间 3 h 以上。

（三）两井定向法

两井定向法平面联系测量，顾名思义要有 2 个自地面垂直到地下的测量井，该测量井要有足够大的直径，一般不小于 30 cm，同时测量井要有一定的垂直度，以方便自地面向地下传递坐标工作顺利进行，保证坐标传递足够准确。

两井定向法特别适合矿山法施工的地铁浅埋隧道或车站主体施工已完成的盾构区间。该方法测量作业简单，作业质量有保证，在广州地铁 1 号线和南京地铁 1 号线矿山法施工的隧道应用此法进行平面联系测量较多，尤其南京地铁一号线矿山法施工的隧道几乎全用此法进行平面联系测量。缺点就是一般要在隧道上钻 1 个以上测量井，由于钻井位置大都位于交通繁忙地段，钻井手续审批麻烦、钻井和测量作业对交通影响大，所以限制了其在广州地铁 2、3 号线和深圳地铁一期工程中的广泛应用。为了减少工程费用，1 个测量井可利用生产竖井兼作或结合投料孔进行钻孔完成。因大家都比较了解，下面仅对其保证地铁隧道横向贯通，测量作业过程中的有关注意事项进行说明。

（1）坐标传递可使用投点仪、钢丝及测量贴片完成。对两投点工作的要求，井上井下投点应注意安全，所投之点应稳固，不能因测量工作的进行发生位移等变形。有关坐标传递的要求与铅垂仪（钢丝及测量贴片）、陀螺经纬仪联合定向法相同。

（2）对两投点间距的要求，当两投点通视（特别是洞内）时，投点间距应大于 100～120 m；当两投点不通视（特别是洞内）时，投点间距应大于 150 m。

（3）对两投点位置的要求，两投点仅可能都在正线上。投点位置最好在洞内洞外都能通视，以提高洞内洞外相应测量工作的测量精度。

（4）对两投点坐标测量的要求，洞外投点坐标测量，尽可能按附合导线进行测量，有困难可按闭合导线进行测量，不能采用支导线测量投点坐标。另外，洞外投点坐标测量应在同一测量路线中完成，使洞外投点形成一个整体。

某城市地铁 1 号线某区间采用矿山法施工，区间长度 1.2 km，区间线路平面设计情况是区间中部设一半径 $R = 1\,000$ m 曲线。使用 TC1610 全站仪及配套精密对点器、投点仪，按两井定向法进行坐标和方位传递。1 个测量井是生产竖井，另在隧道上方钻 1 个测量井。洞内组成无定向导线，洞外测量情况如图 10.2.4 所示。最大横向平面贯通情况是：25 mm，可见贯通情况非常好。

某城市地铁 3 号线某区间采用盾构法施工，区间长度为 2 520 m，区间线路平面设计情况是：设计有 3 个曲线，最小半径为 1 000 m，其曲线长

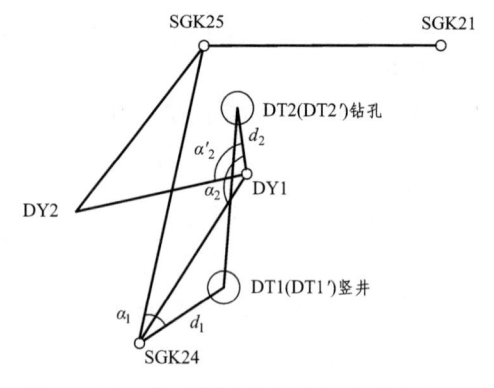

图 10.2.4 某区间两井定向洞外导线布置

192 m，其余 2 个曲线半径均为 4 000 m。始发车站两端均是盾构始发井，且车站主题已完工，盾构始发边埋设简易强制观测墩，使用 TC1800 全站仪及配套精密对点器、钢丝及测量贴片，按两井定向法进行坐标和方位传递，按规定进行 3 次两井定向法测量，其平面横向贯通情况，左线 57 mm，右线 31 mm，贯通情况非常好。

（四）导线定向测量法

导线定向测量法就是采用导线测量方法进行坐标和方位传递，是一种大家了解较多，比较普及的平面联系测量方法，它具有导线测量的特点。盾构始发井比较长，因此，特别适合盾构法施工区间利用车站主体（车站主体的某一层可设转点）作始发井的情况，也适合有斜坡拉槽的地段进行平面联系测量。下面以某地铁为例说明导线定向测量方法。

（1）井上、井下导线布置图如图 10.2.5 所示。
（2）投点方法如图 10.2.5 所示。

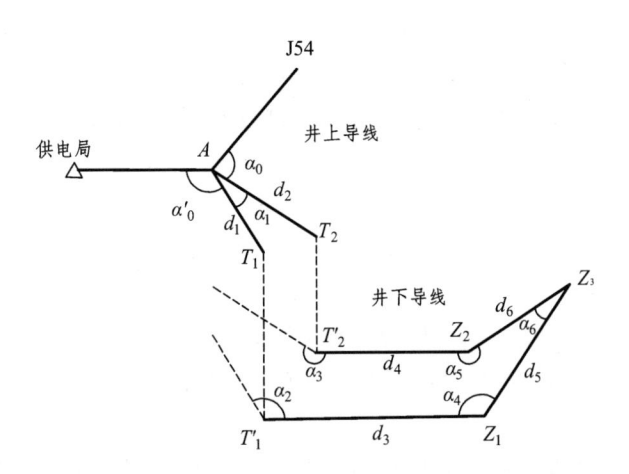

图 10.2.5 某地铁竖井联系测量导线布置示意图

投点完成后，井上、井下导线通过投点 T_1（T_1'）和 T_2（T_2'）就连成一体。形成导线

$$A \rightarrow T_1(T_1') \rightarrow Z_1 \rightarrow Z_3 \rightarrow Z_2 \rightarrow T_2(T_2'') \rightarrow A$$

（3）陀螺经纬仪定向。

用 T1 + T2 陀螺经纬仪定向采用递转点法观测，对一条边往返定向各 1 次为一测回，半测回连续跟踪递转点读数 5 个。由于定向工作需要时间长，有时往返定向不闭合，加上井筒上下不宜安置陀螺经纬仪，故井上选 A—J54 为定向边，且以后每次均以此固定边为井上定向边，井下根据实际情况选择固定边 Z_1Z_3 作为定向边，下井前由 1 名观测员对 A—J54 进行一测回定向；下井后对 Z_1Z_3 分别由两名观测员各完成一测回定向，再到井上由另 1 名观测员对 A—J54 进行一测回定向。陀螺方位角要满足上下半测回间互差≤±15″，测回间互差≤±8″的精度要求。在达到精度要求的前提下，陀螺方位角采用两测回的平均值作为观测成果。在上下 2 次定向时间相隔不长，应取上下 2 次陀螺定向的均值作为本次竖井平面联系测量的陀螺定向采用值。

（4）导线边角测量。

在检测地面已知点供电局，A、J54 成果准确无误的前提下，用 TC1610 全站仪按不低于四等导线的测角要求进行作业，测量井上、井下导线的边角：α_0、α_0'、α_1、α_4、α_5、α_6 角值，d_1、d_2、d_3、d_4、d_5、d_6 边长。推算连接角 α_2，α_3：

$$\alpha_2 = N_5 - N_0 - \alpha_0 - \alpha_1 - \alpha_4 \tag{10.2.1}$$

$$\alpha_3 = N_0 - N_5 + \alpha_0 - \alpha_5 - \alpha_6 \tag{10.2.2}$$

式中　N_0——井上定向边 A—J54 陀螺方位角；
　　　N_5——井下定向边 Z_1Z_3 陀螺方位角。

（5）平差计算。

根据导线测量成果，进行导线严格平差计算角，求算井下导线点 Z_1、Z_2、Z_3 的坐标及 Z_1Z_3、

Z_2Z_3 的方位角。依据 Z_1Z_3（或 Z_2Z_3）边的测量成果，利用测得洞内导线的边角，求出洞内导线点的坐标，据此指导施工。

（6）测量作业过程中的有关注意事项。

① 使用的全站仪、对点器在作业前要进行对点误差等日常检查。

② 要使用高精度的全站仪（如测角为 1″，测距仪是 1 类测距仪）和精密对点器（带圆水准器和管水准器）。

③ 规范规定垂直角应小于 30°。实际工作中应区别对待，当盾构法施工区间长度在 1 km 左右时，垂直角可小于 30°；当盾构法施工区间长度在 1.5 km 左右及以上时，垂直角应小于 20°。井口边长应尽量长，最好大于 50 m。

④ 导线应形成附合导线或闭合导线，有尽可能多的观测，测回数不少于 6 测回。

⑤ 为了确保对点精度，减小对点误差对传递的方位角的影响，对点可以采用如大头针等进行对点。

⑥ 导线传递测量埋设的桩点应具有小于 1 mm 的点位。有条件时，从地面井口点到地下盾构始发边点应埋简易强制观测墩进行测量，以便尽可能减小对点误差。

某城市地铁 3 号线某区间采用盾构法施工，区间长度 2 100 m，区间线路平面设计情况是半径 350 m 曲线长 650 m、半径 600 m 曲线长 286 m、半径 1 000 m 曲线长 650 m。使用 TC1800 全站仪及配套精密对点器，按导线定向测量法进行坐标和方位传递，按规定进行 3 次导线定向测量，其平面贯通情况是：左线 17 mm，右线 26 mm，贯通情况非常好。

二、高程联系测量

高程联系测量的目的，就是把地面各类高程控制点的高程传递给地下（如隧道、明挖车站的底板）的高程控制点上。由于地面的各类高程控制点距竖井、明挖车站有一定的距离，所以在进行高程联系测量前还要进行近井高程测量，近高程测量应起闭于地面高程控制点，形成闭合水准路线或附合水准路线。作业时应按要求对已知点的稳定情况进行检核，确保使用的已知点稳定。测量要求按行业规范对精密水准测量要求进行，往返观测闭合差 $\leq 8\sqrt{L}$。选用标称精度为 DS1 或 DS3。

高程联系测量方法有：使用 1 台水准仪的固定钢尺法、使用 2 台水准仪的移动钢尺法、沿斜坡拉槽的水准测量法。下面主要介绍固定钢尺法和移动钢尺法。

1. 固定钢尺法

固定钢尺法使用 1 台水准仪，钢尺固定不动，通过调整水准仪在井上井下的高度，测得井上近井点与井下近井点的高差，高差满足要求后取均值作为井上近井点与井下近井点高差的采用值，进而推算出地下高程控制点的高程。图 10.2.6 所示，为固定钢尺法测量过程。井上后视读数 a_1，井上前视读数 b_1；井下后视读数 a_2，井下前视读数 b_2。当钢尺的零数位于井下时，井上近井点与井下近井点高差 h：

$$h = (a_1 - b_1) + (a_2 - b_2)$$

（10.2.3）

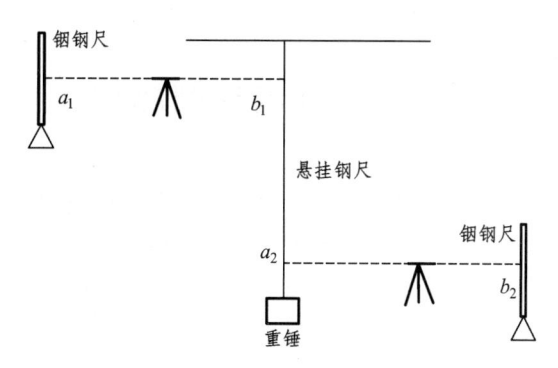

图 10.2.6 固定钢尺法测量示意图

当钢尺的零数位于井上时，井上近井点与井下近井点高差 h：

$$h = (a_1 + b_1) - (a_2 + b_2) \quad (10.2.4)$$

为了防止悬挂钢尺在高程联系测量中出现松动而影响高程联系测量质量，固定钢尺法测量顺序为：井上观测→井下观测→井上观测。高差测量应不少于 3 组。

2. 移动钢尺法

移动钢尺法使用 2 台水准仪，井上井下水准仪固定不动，通过移动钢尺，测得井上近井点与井下近井点的高差，高差满足要求后取均值作为井上近井点与井下近井点高差的采用值，进而推算出地下高程控制点的高程。测量过程如图 10.2.6 所示，计算方法与固定钢尺法相同。井上后视读数 a_1 与井下前视读数 b_2 在观测过程中不变，井上前视读数 b_1 和井下后视读数 a_2 在观测过程中要变化。为了防止悬挂钢尺在高差观测中出现松动、仪器发生沉降等影响高程联系测量质量，移动钢尺法测量时，井上井下应同时进行观测，测出的高差应及时与前面测的高差进行核对，及时消除测量中出现的问题。高差测量应不少于 3 组。

3. 测量作业要求

在进行高程联系测量时，为了保证高程联系测量质量及工作顺利进行，除应按行业规范对精密水准的要求进行观测外，还应注意以下几点：

（1）钢尺悬挂重量应与钢尺检定时重量相等。
（2）除钢尺悬挂点外，钢尺不能与任何物体接触。
（3）悬挂钢尺应确保安全，严禁违规作业。
（4）在进行钢尺读书观测时，应注意测微器状态。

4. 提交成果

高程联系测量观测数据满足要求后，应完成高程联系测量成果书编写。高程联系测量成果书应满足业主在测量管理方面的有关要求，如测量日期、使用仪器情况、已知点的稳定情况、高程联系测量观测方法、近井点测量的附合水准高差闭合差或往返测高差闭合差、有关示意图、主要测量人员变动的情况等有关内容。

任务3 洞内控制测量

通过竖井联系测量，把地面控制点的坐标和方位及高程传递到隧道内，随着隧道开挖向前延伸，洞内布设的控制点也向前延伸，需要进行洞内控制测量来指导施工放样测量。一般情况下洞内控制测量分为洞内平面控制测量和洞内高程控制测量。洞内平面控制测量一般采用导线测量进行，洞内高程控制测量一般采用水准测量完成。当隧道贯通距离较长时，还要进行陀螺定向测量，以消除洞内导线边方位误差积累。

一、平面控制测量

1. 埋桩布点

埋设的平面控制桩应牢固、方便使用、利于保护，同时要保证点间连线到隧道边墙距离不小于 0.5 m，以减弱旁折光影响。桩上要做到点位唯一、点位标志清晰，并在现场规范地书写点名。点名在业主有要求时按业主要求进行编写，无要求时结合工程情况编写。

由于洞内长年潮湿，积水也很多，钢板等很容易生锈。在埋设的钢板上敲打铁钉作点位，时间稍长，钢板生锈，点位将无法辨认，所以应在埋设的钢板上钻孔镶铜心作点位或埋设不易生锈的材料作桩作点位。

矿山法施工的隧道，应利用左右线间的横通道，使埋设在左右线隧道里的导线点构成洞内导线环。盾构隧道左右线间的横通道施工在正线完成后进行，因此，在盾构隧道内应埋设双导线。一排导线可位于有管线一侧的盾构管片上，另一排导线可位于盾构管片底部。

2. 测量要求

平面控制测量采用导线等形式，导线小于 1500 m 时，导线测量应采用不低于Ⅱ级全站仪施测，左右角各测 2 个测回，左、右平均值之和与 360°较差应小于 4″，边长往返观测 2 个测回，往返平均值较差应小于 4 mm。测角中误差不应超过 2.5″，测距中误差不超过 ±3 mm。

3. 使用仪器

根据洞内导线测量的要求，选用仪器的主要要求是经省级以上技术监督局授权的仪器检定单位鉴定合格的测角标称精度不大于 2″、测距不低于Ⅱ级的全站仪及配套精密对点器。

4. 外业作业

由于洞内导线边长短，测量过程中更应采取措施确保对点精度，如在测量开始和结束用垂球检查对点情况、加强照明、测量过程中加强通风等。作业时应对使用的已知点边的稳定情况进行检查，确保使用的已知点边稳定。

当洞内导线为单导线时，应取导线边角 2 组观测值均值作为本次测量的采用值。第 1 次对点时，对点器的目镜应与线路垂直，以利于第 2 次目镜转 180°对点。

5. 提交成果

外业观测数据满足要求后，进行边长投影改正，利用严密平差商业软件进行平差，计算各个点的坐标，完成洞内平面控制测量成果书编写。洞内平面控制测量成果书编写应满足业主在测量管理方面的有关要求，如测量日期、使用仪器情况、已知点边的稳定情况、洞内导线环测量的导线方位角闭合差或角度闭合差、洞内导线布置示意图等内容情况。

6. 平面控制测量的定期复测

由于隧道在开挖后本身存在变形，隧道内出渣送料车辆碾压等作业，埋设的洞内导线点在使用中有可能发生位移，所以应根据隧道的施工情况，对洞内导线进行定期复测，确保使用成果资料正确。同一个边角的重复测量次数应不少于3次。

二、高程控制测量

1. 埋桩布点

埋桩布点可结合洞内导线点进行，即与洞内导线点位于1个钢板上或1个桩上。埋设的洞内高程控制点应有突出的球面。

2. 测量要求

洞内高程控制测量观测与地面高程控制测量要求相同，采用二等水准测量，主要精度指标按规范对精密水准测量要求进行，往返观测闭合差 $\leq 8\sqrt{L}$。

3. 使用仪器

根据洞内高程控制测量的要求，对洞内高程控制测量使用仪器的要求与地面高程控制测量要求相同，选用标称精度为 DS_1。

4. 外业作业

外业作业与地面首级高程控制测量要求相同，往返观测。起闭于洞内高程控制点，形成闭合水准路线或附合水准路线。作业时应按要求对已知点的稳定情况进行检核，确保使用的已知点稳定。

5. 提交成果

外业观测数据满足要求后，平差计算各个点的高程，完成洞内高程控制测量成果书编写。洞内高程控制测量成果书编写应满足业主在测量管理方面的有关要求，如测量日期、使用仪器情况、已知点的稳定情况、洞内高程测量的附合水准高差闭合差、往返测高差闭合差、洞内控制点布置示意图、主要测量人员的变动情况等内容情况。

6. 高程控制测量的定期复测

由于隧道在开挖后本身存在变形，隧道内出渣送料车辆碾压等作业，埋设的洞内高程控制点在使用中有可能发生沉降，所以应根据隧道的施工情况，对洞内高程进行定期复测，确保使用成果资料正确。同一个高程点的重复测量次数应不少于3次。

三、矿山法施工隧道洞内控制点引测

矿山法施工的隧道，在隧道还没有贯通前已开始进行隧道衬砌施工，位于初支上的平面高程控制点将被破坏，为了给后续工作留下测量控制点，减少测量工作量，应按洞内控制的原则要求，把平面高程控制点引测到已完成衬砌施工的点位符合前述要求的桩点上来。

引测时要对使用的控制点进行稳定性检查，满足要求方可使用。引测路线应为附合路线，仅需 1 站完成引测的，可采用支路线进行。支路线测量应进行不少于 3 次的对中整平观测，各次测得的同一个边长、角度、高差满足要求后方可使用，然后计算引测点坐标和高程。

任务 4　明挖与高架地段控制测量

一、明挖底板控制测量

行业规范有这样的规定，当区间及其两端的车站主体竣工后，应以位于车站的控制点为已知点，联测区间已知点，组成两站一区间测量单元进行整体联测与平差，当区间已知点的联测与既有坐标高程关系满足要求后，方可进行下一道测量工序工作。因此，在明挖车站与区间的施工过程中，为了满足下一道工序对测量的要求，应根据业主在测量管理和行业规范的要求及时进行控制测量，把地面测量控制点的坐标和高程传递到设在明挖底板上的控制点上。

（一）平面控制测量

由于测距仪的普及，明挖底板平面控制测量一般采用导线测量完成。

1. 埋桩布点

应根据行业规范和业主在测量管理方面的规定确定埋设桩点的位置，埋设的平面控制桩应牢固、方便使用、利于保护，一般埋于线路中线上，在同一断面左右线均应埋桩。曲线影响要保证点间连线到隧道边墙距离不小于 0.5 m，以减弱旁折光影响。桩上要做到点位唯一、点位标志清晰，并在现场规范地书写点名。点名在业主有要求时按业主要求进行编写，无要求时结合工程情况编写。

明挖底板在竣工前具有与前述隧道相同环境条件，因此，应在埋设的钢板上钻孔镶铜心作点位或埋设不易生锈的材料作桩作点位。

应根据测量时的具体情况布设测量控制导线。有条件时，导线首先应布设成有 2 条及以上独立边的附合导线，如图 10.1.1 所示；其次布设成一点双后视附合导线，如图 1.0.1.2 所示；现场没有条件时，导线也应布设成闭合导线，如图 10.1.3 所示。不应采用支导线进行测量。

2. 测量要求

边角观测应按四等导线的测量要求进行观测，且测回数不少于 4 测回。角度或方位角闭合差不低于一级导线的要求。

当测站仅有 2 个方向时，应在观测总测回数中以奇数测回和偶数测回分别观测导线前进方向的左角和右角，因此，左角平均值与右角平均值之和与 360°的差值不应大于 5″。

3. 使用仪器

根据导线测量的要求，选用仪器的主要要求是经省以上技术监督局授权的仪器检定单位鉴定合格的测角标称精度不大于 2″、测距不低于 Ⅱ 级的全站仪及配套精密对点器。

4. 外业作业

明挖工程，在主体工程没有完成前，支撑多，从地面到底板通视差，常要在基坑边设测量转点。基坑边转点与底板点点间高差大，导线边长短，测量过程中应采取措施确保对点精度，如在测量开始和结束用垂球检查对点情况、采用三联脚架法、用铅笔和大头针对点等。作业时应对使用的地面卫星定位控制点、精密导线点、加密平面点等已知点边的稳定情况进行检查，确保使用的已知点边稳定。

5. 提交成果

外业观测数据满足要求后，进行边长投影改正，利用严密平差商业软件进行平差，计算各个点的坐标，完成明挖平面控制测量成果书编写。平面控制测量成果书编写应满足业主在测量管理方面的有关要求，如测量日期、使用仪器情况、已知点边的稳定情况、导线测量的方位角闭合差或角度闭合差、导线测量示意图、桩位描述等内容情况。

（二）高程控制测量

高程控制测量的埋桩布点、观测计算可参考前述的有关内容按精密水准测量及高程联系测量的有关内容与要求进行作业。

（三）明挖测量特点

由明挖施工过程可知，明挖结构是一段一段完成，相邻段之间在施工过程中通视条件差，各控制点在进行测量时均无联系，均是从地面已知点（卫星定位控制点、精密导线点、加密点、二等水准点、精密水准点）上直接引测，相邻点间关系是否协调不知道。

二、高架桥面控制测量

高架桥施工段完成架梁工作后，要进行铺轨前的断面测量及铺轨基标测量。因此要在前述工作开展前，把沿线的平面高程控制点引测到高架桥面上来。高架段一般远离核心城区，平面控制测量可采用导线测量完成，也可采用卫星定位测量完成。从方便后续工作开展来考虑，平面控制测量采用导线测量较为有利。高程控制测量还是采用水准测量进行。

（一）平面控制测量

1. 埋桩布点

应根据行业规范和业主在测量管理方面的规定确定埋设桩点的位置及间距。埋设的平面控制桩应牢固、方便使用、利于保护。左右线位于同一个桥墩上，桩点埋在左线或右线均可；左右线不位于同一个桥墩上，为方便使用，左右线均要埋桩。曲线影响要保证点间连线到高架桥边墙距离不小于 1 m，以减弱旁折光影响。桩上要做到点位唯一、点位标志清晰，并在现场规范地书写点名。点名在业主有要求时按业主要求进行编写，无要求时结合工程情况编写。

应在埋设的钢板上钻孔镶铜心作点位或埋设不易生锈的材料作桩作点位。

应根据测量时的具体情况布设测量控制导线。导线布设形式可参考前述有关导线布设进行。严禁采用支导线进行测量。

2. 测量要求

边角观测应按四等导线的测量要求进行，测回数不少于 4 测回。角度或方位角闭合差不低于一级导线的要求。

当测站仅有 2 个方向时，应在观测总测回数中以奇数测回和偶数测回分别观测导线前进方向的左角和右角，因此，左角平均值与右角平均值之和与 360° 的差值不应大于 5″。

3. 使用仪器

根据导线测量的要求，选用仪器的主要要求是经省以上技术监督局授权的仪器检定单位鉴定合格的测角标称精度不大于 2″、测距不低于 II 级的全站仪及配套精密对点器。

4. 外业作业

由于高架线路两侧建筑物少，加上地铁施工的影响，在进行测量作业时，沿线控制点发生位移变化的点不少，所以应加强对使用的地面卫星定位点、精密导线点、加密平面点等已知点边的稳定情况检查，确保使用的已知点边稳定。

5. 提交成果

提交成果可参考前述有关内容完成，应注意桩位描述。

（二）高程控制测量

高程控制测量的埋桩布点、观测计算可参考前述的有关内容按精密水准测量及高程联系测量的有关要求进行作业。由于高架桥面距地面的高度在 6 m 左右，由地面向桥面进行导高测量，要特别注意风的影响，或选择无风的时候进行。

（三）高架桥面测量特点

由高架桥施工过程可知，桥面测量可在高架桥完成一段或完成一个标段后进行，桥面控制测量是一次性完成，相邻点间关系是否协调可知。相邻点间关系不协调，可进行完善。

学习情境小结

联系测量是将地面点坐标、方位和高程传递到地下隧道,使地面与地下建立统一的坐标系统和高程基准,应通过平峒、斜井及竖井将地面的坐标系统及高程基准传递到地下,该项地下起始数据的传递工作称为联系测量。

联系测量的方法有:联系三角形(一井定向)、导线传递法、投点仪(或钢丝贴片)陀螺定向联合作业法、两井定向法。洞内平面控制测量采用导线形式,按精密导线测量要求进行。

高程传递方法主要有:移动钢尺法、固定钢尺法。

课后训练

1. 施工控制测量对主要仪器设备应满足哪些要求?
2. 平面联系测量的目的是什么?有哪些方法?
3. 高程联系测量的目的是什么?有哪些方法?

学习情境十一　地铁施工测量实施

【学习目标】

1. 了解明挖施工测量方法及测规限差要求；
2. 了解盾构施工测量工作内容；
3. 能进行明挖施工测量；
4. 能进行基坑围护结构、基坑开挖与结构施工测量；
5. 能进行断面测量。

【学习指南】

在施工控制测量的基础上，通过施工测量能保证局部工程按设计位置复现。施工测量就作业对象而言有：明挖车站区间施工测量，高架车站区间施工测量，矿山法施工车站区间施工测量，盾构法施工区间施工测量。施工放样均是依据控制点坐标及施工图计算出放样点的坐标，然后采用全站仪坐标放样标定中线、结构物角点。本情境学习主要是了解明挖施工测量、盾构隧道施工测量、结构断面测量的工作内容和规范规定的限差要求。

盾构隧道施工测量的内容主要有：盾构机始发反力架定位测量、盾构机始发定位测量、盾构机自动导向系统的检查检验、盾构掘进时盾构姿态测量（自动导向系统的日常操作及护理和人工测量盾构机姿态）、隧道环片姿态测量。本学习情境包括3项任务：明挖施工测量、盾构隧道施工测量、结构断面测量。

任务1　明挖施工测量

明挖法是目前城市轨道交通工程车站采用最多的一种施工方法，对于埋深不大，地面无建筑物（结构物），地面交通和环境保护无特殊要求的区间隧道通常也采用该方法。明挖车站施工测量包括：基坑围护结构、基坑开挖和结构施工测量。

一、基坑围护结构施工测量

1. 连续墙围护结构施工测量

地下连续墙施工工艺是利用特制的成槽机械在泥浆护壁的情况下，进行一定长度沟槽的开挖后，将在地面上制作好的钢筋笼放入槽段内，采用导管法进行水下混凝土浇筑，完成一段单元墙施工，各墙段之间以特定的接头方式连接，形成一道连续的地下钢筋混凝土墙。

基坑围护结构形式多样，不同围护结构施工测量基本方法相同，放样精度一样，但考虑不同围护结构施工工法不同，测量放样要求不同。这里介绍常用方法：连续墙围护结构施工测量、人工挖孔桩和钻孔灌注桩围护结构施工测量。

在计算维护结构放样点坐标前，应先对监理提供的图纸进行几何关系、坐标等复核。地下连续墙施工测量的控制要点是导墙平面位置的测设和成槽垂直度的控制，连续墙围护结构施工测量要求如下：

（1）连续墙的中心线放样允许误差不应超过 ± 10 mm。
（2）内外导墙应平行于地下连续墙中线，其放样允许误差不应超过 ± 5 mm。
（3）连续墙成槽施工过程中要根据设计和施工规范要求测量其深度、宽度及垂直度。
（4）连续墙竣工后，应测定实际中心线与设计中心线的偏差，偏差值应小于 30 mm。

2. 人工挖孔桩和钻孔灌注桩围护结构施工测量

人工挖孔桩和钻孔灌注桩两种施工方法均是采用排桩桩墙来挡土和防水，实现基坑的围护。其中人工挖孔桩适合于地下水位较深或无水底层，钻孔灌注桩施工是机械施工，速度快、方便等优点，具有较广的适用范围。人工挖孔桩和钻孔灌注桩施工测量主要是桩位平面位置测设和垂直度的控制。施工放样要求如下：

（1）首先，以施工加密控制点为依据，在钻孔桩中线的延长线上测设 2 个控制点，控制点检查满足要求后，在控制点上架设仪器，按照 10 根或者 20 根的间隔测设一点，然后在两点之间拉一根直线，用钢尺进行放样，并将每隔钻孔中心标定出来。
（2）桩位放样应依据线路中线控制点或精密导线点进行。放样允许误差纵向不应大于 100 mm，横向为 0 mm ~ + 50 mm。
（3）桩成孔过程中，要根据设计要求测量其孔深、孔径及其铅垂度。

二、基坑开挖与结构施工测量要求

（1）基坑开挖到底部时，应采用附合导线将线路中线引测到基坑底部。基坑底部线路中线纵向允许误差不应超过 ± 10 mm，横向允许误差不应超过 ± 5 mm。
（2）高程传入基坑底部可采用水准测量方法，光电测距三角高程测量方法，水准测量和光电三角高程测量应小于 $±8\sqrt{L}$。光电测距三角高程应对向观测，垂直角观测、距离往返测距各 2 测回，仪器高、觇标高量至 mm。
（3）依据中线，在底板垫层上标定出钢筋摆放位置，放线允许误差不应超过 ± 10 mm。
（4）结构边墙、中墙模板支立前，应按设计要求，依据线路中线放样边墙内侧和中墙两侧线，放样允许偏差应为 0 ~ + 5 mm。
（5）顶板安装过程中，应将线路中线点和顶板宽度测设在模板上，并应结合模板板跨预拱度进行高程放样和模板高程调整，其高程测量误差为 0 ~ + 5 mm，中线允许误差不应超过 ± 10 mm，宽度测量误差为 – 10 ~ + 15 mm。

任务 2 盾构隧道施工测量

施工测量内容主要有：盾构机始发反力架定位测量、盾构机始发定位测量、盾构机自动导向系统的检查检验、盾构掘进时盾构姿态测量（自动导向系统的日常操作及护理和人工测量盾构机姿态）、隧道环片姿态测量。盾构隧道洞内温度高、湿度大、不良地质及盾构机掘进时振动的影响，盾构机的实际位置与设计位置之间会有一定的偏差。为了保证设计线路的准确复现，每隔一定的时间必须对盾构机的姿态和管片姿态进行测定，以便使盾构机和管片能正确归位。

一、始发托架的定位测量

图 11.2.1 为某盾构机始发托架图，此构件是根据盾构机的外径尺寸预制而成的，并且整体吊装下井，几何尺寸在安装过程中可不考虑变形。

某盾构机始发台座的设计高度是 590 mm，但是此尺寸最后是多少应根据洞门环实际中心而定。洞门环的实际中心应在托架定位前进行重新测量，求得的实际中心若不大于设计限差，则可按照设计隧道中心线放样台座高程。高程可用先定 4 个周边点（必要时也可增加中间 2 个点），再定其他各点的方法。以轨面高程为准，高程中误差为 ±2 mm（见图 11.2.2）。

台座平面设计值是 1 574 mm，此值应和高程一样一并考虑设计限差，中线中误差为 ±2 mm。考虑到盾构始发后，盾构机有可能下沉，故在始发托架放样过程中整体抬高 30 mm。

待台座完成后，放样出隧道中心线点 3~4 个，并且测量出混凝土浇筑后台座实际高程，根据此高程数据决定是否需要增设垫片，然后吊装托架放置台座上，依据设计测量托架的位置关系，做好调整工作，使托架实际位置与设计相符，托架定位后必须连接牢固且可以抬高 2~3 cm。

由于始发托架的定位，存在定位后盾体（质量约 300 t）放置其上且不能再移动的特点，盾构始发定位是否准确关系到盾构机开始掘进时，盾构机的实际中线和设计中线的偏差大小以及盾构机的掘进姿态是否理想等问题，所以应该给予足够的重视，就整个放样过程包括内业资料计算，都必须有相应的检查和复核，确保定位准确，一次成功，为顺利始发打好基础。

二、反力架定位测量

反力架的定位，反力架的四脚位置可事先放样出来，全站仪放样精度控制在 ±2 mm，高程放样精度控制在 ±2 mm，高程可事先凿低于设计高程 2~3 cm 再垫钢板，钢板必须和混凝土用螺栓固定牢固。其前后倾斜应和始发托架的倾斜程度相对应。其最后位置应根据盾构机安装时的实际中心线进行相应调整，使得盾构始发时反力架受力均匀，不能发生扭曲变形现象。图 11.2.3 中的 5、6、7 为反力架的支架，其长度是可变的，定位主要是定出 4 个支架的准确位置，根据四角支架与反力架中心的位置关系，对支架放样，确定了支架位置就固定了反力架的中心位置。

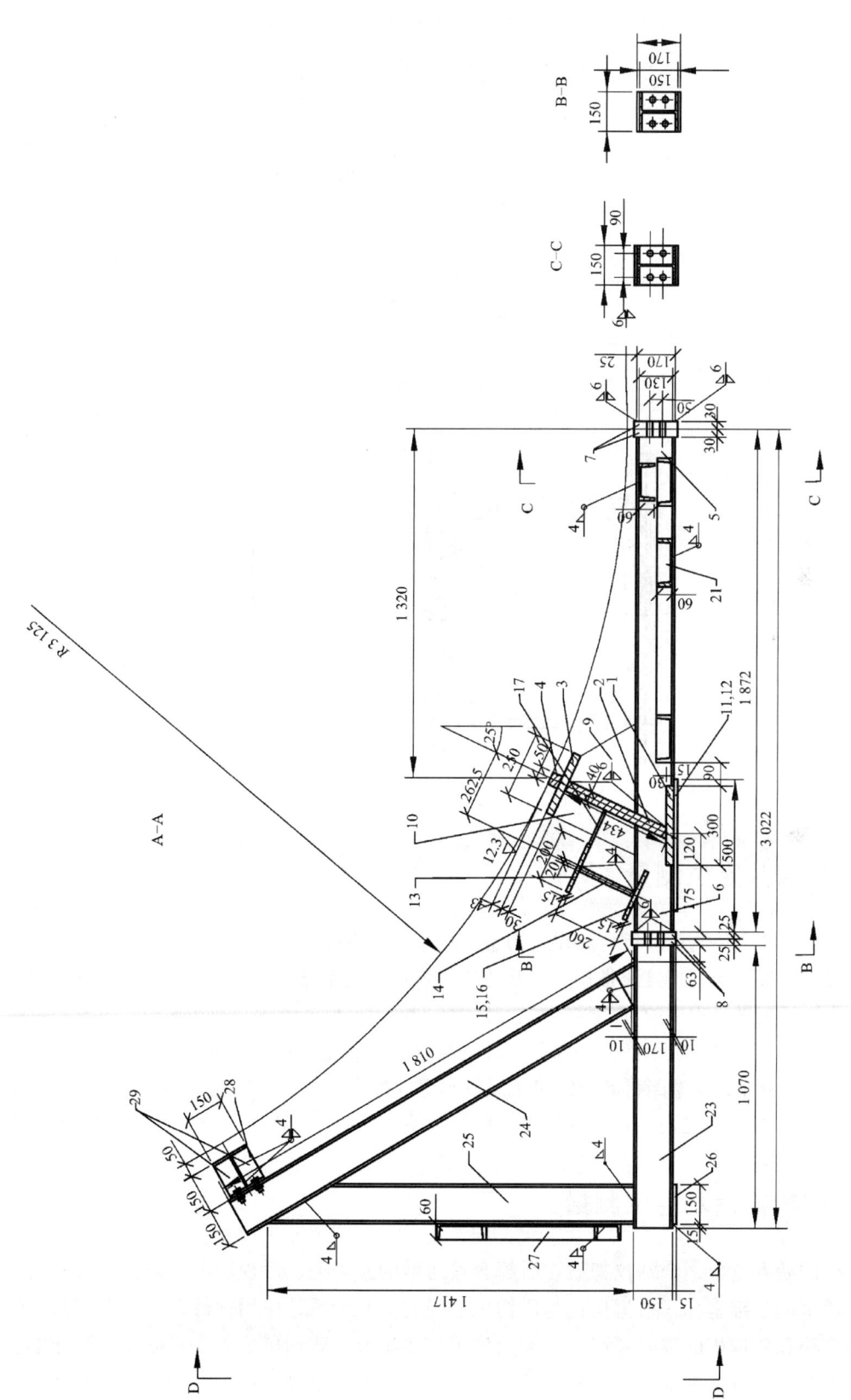

图 11.2.1 某盾构机始发托架图

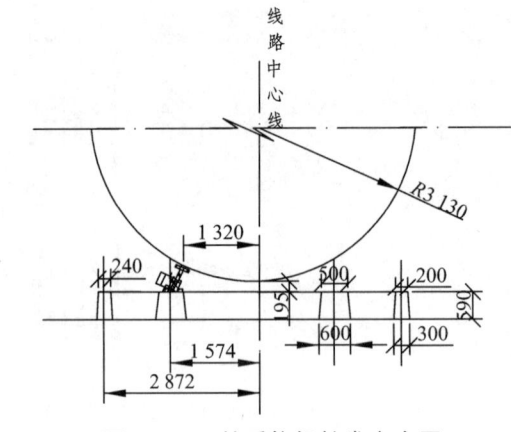

图 11.2.2 某盾构机始发台座图

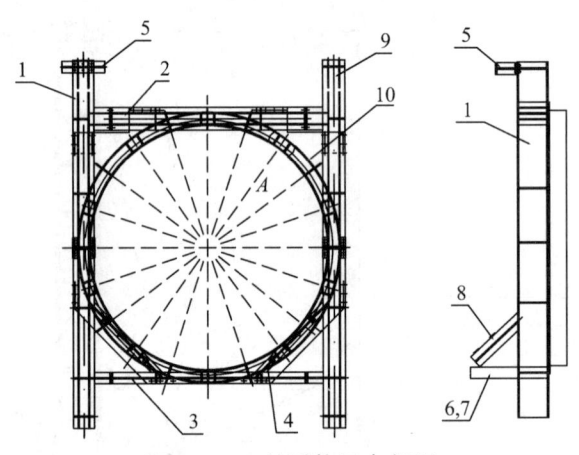

图 11.2.3 某盾构反力架图

三、负管片定位测量

始发前负管片定位测量，负管片在盾构始发前应安装到位，其一端与反力架相连接，另一端与盾构机相连接，起到连接纽带作用，是盾构机掘进时的主要受力部件，其定位是否准确，直接影响盾构机掘进过程中的姿态控制和管片安装准确等问题。负管片在组装时，主要测量管片在垂直于隧道设计中心线上的同一断面，计划负管片共测 2~3 个断面，每一个断面测设 6 个点，测点均匀分布，根据测得的三维坐标反算出管片的实际中心与隧道中心的偏差，进行调整，限差控制在 ±2 mm 之内。负管片的长度应根据始发井的尺寸而定，预计需要 7 环管片。

四、盾构机始发定位测量

盾构机的始发定位，全站仪架设在后配套输送器的架子上，后视后参考棱镜，精确测定盾构机上棱镜的三维坐标，根据棱镜与盾构机之间的固有关系，应用软件系统，来判断盾构机的实际直径和盾构机的零参考面是否和始发里程相吻合，盾构机的中心和隧道的设计中心线是否相重合，若符合要求，盾构机的始发定位就完成了，记录下盾构机此时的位置坐标即为始发定位。始发定位时要用人工测量和自动测量系统 2 种方法相互检验，以确定自动测量系统的正确性。盾构机掘进中的方向控制，盾构机上的自动导向系统虽然能满足盾构机掘进中对方向的控制，为确保该自动导向系统的准确性，还要利用人工测量对该自动导向系统进行定期和不定期检查（尤其是在掘进初期），避免因系统自身原因而引起施工误差，从而确保隧道的顺利贯通。定位三维坐标偏差控制在 ±2 mm 之内。

五、盾构机姿态控制测量

盾构机姿态测量，用 2″级测量仪器预先测出固定在盾构机内的棱镜点的三维坐标，然后反算出刀盘中心点的三维坐标和盾尾中心的三维坐标，这样就可以计算出掘进过程中瞬时盾构机中线与相应里程的隧道设计中线的平面、高程的偏差值，与自动导向系统屏幕上所显示的相关信息比较更有利于指导掘进。一般在掘进前 50 m 每天测量 1 次，以后每隔 30~50 环测量 1 次，贯通前 50 m 每天测量 1 次。如果在弯道上，测量次数将适当增加。人工对盾构机姿态检测结果及时与自动测量系统的测量结果进行比较，就能看出 TBM 运行是否正常。表 11.2.1 为盾构机姿态测量的误差技术要求。

表 11.2.1 盾构机姿态测量的误差技术要求

测 量 项 目	测 量 误 差
平面偏离值/mm	±5
高程偏离值/mm	±5
纵向坡度/‰	1
横向旋转角/(′)	±3
切口里程/mm	±10

六、管片姿态测量

管片姿态测定：直接测定管片前沿中心的三维坐标与轴线设计坐标相比较，得出管片的平面与高程偏离，即为管片姿态。管片姿态在掘进开始和结束前的一段时间应适当加大测量频率，一般情况下可视掘进时对盾构机姿态控制状况和掘进速度而定，每隔 10~20 环测定 1 次。

七、自动导向及调向系统

1. 自动导向系统原理

盾构机的掘进方向是由日本 ENZAN KOUBOU 公司提供的一套 RSS 自动导向系统来控制的，RSS 是 ROBOTEC SURVEY SYSTEM 的英文缩写。该系统能向广大用户提供关于 TBM 在掘进时其自身的空间位置和方向的连续实时信息，通过 RSS 提供的即时数据，获得正确方向控制的操作，能使 TBM 与隧道设计轴线的误差控制在较小的范围内。图 11.2.4 为自动导向系统原理图。

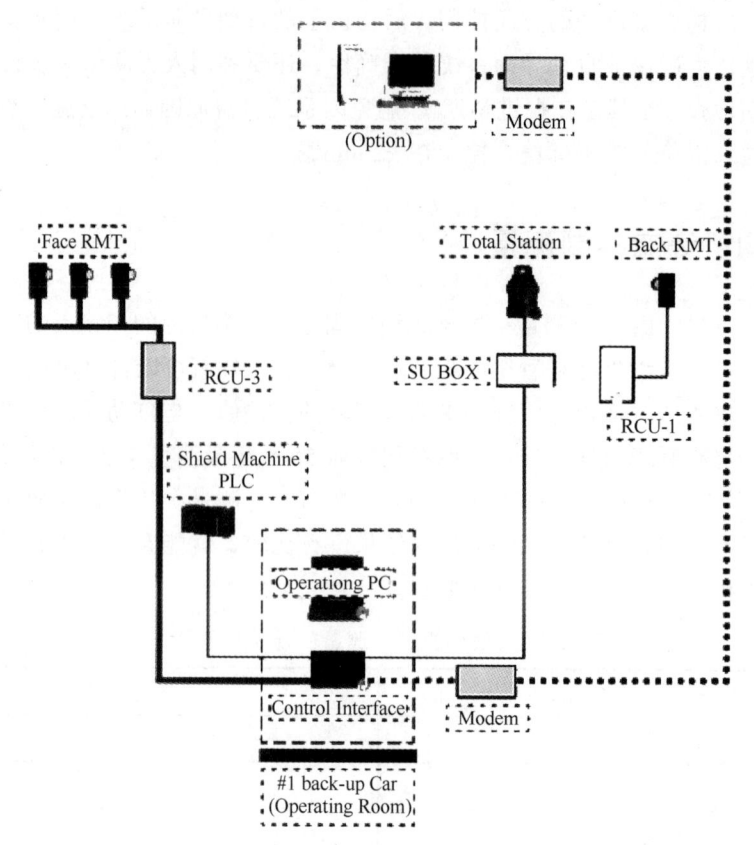

图 11.2.4 自动导向系统原理图

2. RSS 系统组成

RSS 系统（见图 11.2.5）的主要参照是由安装在隧道壁上侧的 1 个相对稳定的全自动全站仪，它通过自身红外线感知追踪器来寻找锁定目标，锁定目标后，全站仪对准目标点上的三棱镜发射光波，再接收从三棱镜反射回来的光波，从而完成测量任务。此系统可高精度的测出距离和角度，通常 2.5 km 之内的误差为 $3 \text{ mm} + 2 \times 10^{-6}$。

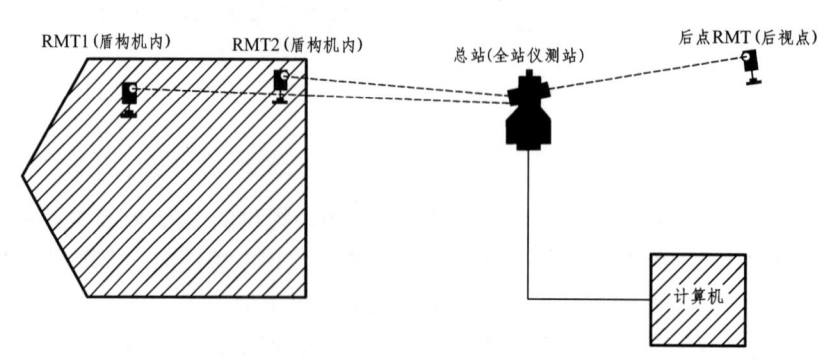

图 11.2.5 RSS 系统组成

3. 自动化测量功能概述

（1）目标点、后视点（RMT），安装在盾构机上的目标点 RMT1 和 RMT2，也被称作 RemoteTargetModule，具有以下功能：

① 小型三棱镜能把从测站发出来的管波精确的反射到相应的位置。

② 遮蔽物在测站进行距离测定时用于从目标点反射回来的光波可自动关闭。

③ 红外线 LED 是为了易于全站仪捕捉到目标点而发出和自身同样波长的光波，全站仪追踪并锁定，红色 LED 灯也调成指示用。

（2）总站（全站仪测站）用于自动化测量的总站具有以下功能：

① 目标点搜索功能：总站的追踪系统通过感知目标点上的 LCD 发出的红外线来自动寻找目标。

② 目标点自动锁定功能：锁定已找到的目标点，同时锁定总站 2 个轴的角度（水平角和垂直角）。

③ 目标点距离测定功能：目标锁定后，总站对准目标点的三棱镜发射光波，然后接收从三棱镜反射回来的光波，由于空气中的光速一定，通过测定光波从发射到反射回来所经过的时间就可以算出从总站到目标点的距离。

④ 目标点角度测定功能：总站在 2 个轴上的角度由自身的伺服马达的角度值决定。

（3）点位功能。

① 后视点：又称后点，为已知点。

② 总站：又称测站点，为已知点。

③ 目标点：这 2 个坐标点是事先安装在盾构机上的目标点，伴随掘进的进行而移动，并非一般的不动点。由于盾构机长度一定，所以设置复数个目标的目的就是通过 2 点以上的坐标来确定盾构机的正确方向。

a. 在盾构机掘进前，首先要测定盾构机的始发位置，设置测站全站仪的各项参数，输入测站三维坐标和后视点坐标，根据后视点反算出施工方位，应用自动化测量系统精确照准后视点，然后由总站来自动观测目标点 RMT1 和 RMT2，测定出总站到目标点的距离和角度，从而最终确定盾构机的三维坐标，这样 TBM 的始发位置就确定了，TBM 始发位置中心应与隧道的设计中心线相重合。

b. TBM 在掘进过程中，随着掘进的进行，总站到 TBM 的距离也随之增加，这样自动测量系统的精度就会受到隧道长度及隧道弯曲程度的限制，因此，每过一定时间就必须把总站向前移动，地下导线应按测量规范严格执行并往前传递。

（4）RSS 自动导向系统的特点。

RSS 自动测量系统不仅能够及时提供 TBM 的精确位置，它还向操作人员提供清楚明了的数据和图表，操作人员通过观察分析，确定 TBM 的实际位置，并与隧道设计轴线相比较，确定是否需要采取校正措施，使得盾构机的实际轴线尽可能和隧道设计轴线相一致。RSS 自动导向系统的特点有：

① 计算盾构机的位置并以图像和数字的形式显示出来。
② 计算并显示各环管片安装后的位置。
③ 计算并显示 TBM 的倾向，并设定修整蛇行量。
④ 计算并显示管片的倾向，并输入环管片组计划。
⑤ 计算 TBM 向设计线路靠近的校正曲线。
⑥ 根据校正曲线事先计算将要安装的管片环。
⑦ 全面记录数据，并能制出图表。
⑧ 显示根据校正曲线设计的千斤顶行程值。
⑨ 隧道设计轴线（DTA）计算。
⑩ 自动检查后视方位。
⑪ 可以设定自动测量的间隔时间。
⑫ 可通过联网在办公室电脑上显示结果。
⑬ 可实现高精度测量。
⑭ 操作界面简便。
⑮ 在测量的过程中，当 1 个目标丢失时，它会自动寻找另 1 个目标。
⑯ 以图表的形式显示过去的测量结果，让操作者一目了然。

上面介绍了某一盾构机在进行盾构隧道掘进时施工测量项目及内容，对其他盾构隧道施工测量具有参考价值。

任务 3　结构断面测量

地铁隧道不同于一般的铁路、公路隧道，土建工程完工后，不但有轨道工程，还有工作量较大的设备安装与装修、竣工验收要进行。为了满足轨道工程对调线调坡的要求，要进行结构断面测量。具体为要对地下线路进行隧道净空断面测量，对高架线路要进行横断面测量。根据结构断面测量对象有：明挖（盖挖）法施工的车站结构断面测量、区间结构断面测量，暗挖法施工的区间结构断面测量，高架车站区间结构横断面测量。不论何种结构断面测量，但他们的测量作业过程与原理是相同的。

一、测量密度要求

行业规范规定：直线地段每 6 m 设 1 个净空测量断面；曲线上包括曲线主点每 5 m 设 1 个净空测量断面。

在实际工作中，曲线段向直线上延长 1 个车辆长度按曲线上的要求进行净空断面测量。对于管片长度为 1.2 m 的盾构隧道，曲线段每 4 环，设 1 个净空测量断面。对于管片长度为 1.5 m 的盾构，曲线地段每 3 环，设 1 个净空测量断面。

对于直线段测量密度，有些城市是 8～10 m 设 1 个测量断面。同一个城市，当前一条地铁线选用的机车车辆尺寸大，后一条线选用的机车车辆尺寸小，为了满足盾构隧道施工的需要，会出现有些线是 8～10 m 设 1 个测量断面，有些线是 6 m 设 1 个测量断面；在同一条也会出现盾构隧道和矿山法隧道在直线段测量密度不相同的情况。

归纳总结各城市地铁断面测量，以下位置还需要进行断面测量：变坡点、区间隧道起终点、隧道结构变化点、泵房中心点、隔断门，车站、联络线、渡线地段的结构变化点及控制点，车站起终点（与区间隧道起终点同一里程，但不同结构形式）、站台两端起终点、站台面高程变化点、站中心点、高架起、终点，道岔岔尖、岔心等断面突变处，双线隧道或高架处 2 条线路之间有柱子等突出物，需按照断面类型测量设计线路中心线至突出物内壁的横距，业主要求的其他位置均要进行结构横断面测量。

二、测点要求

测点的具体位置，与选用的机车车辆有密切的关系。应以设计的具体要求为准。下面介绍一些城市结构断面测量对测点的要求。

1. 广州地铁与深圳地铁一期工程

矩形、圆形共计 8 点，具体为底板面、顶板底各 1 点，左右侧各 3 点；马蹄形底板 3 点、顶板 1 点，左右侧各 3 点；车站站台范围等具体位置如图 11.3.1 所示。

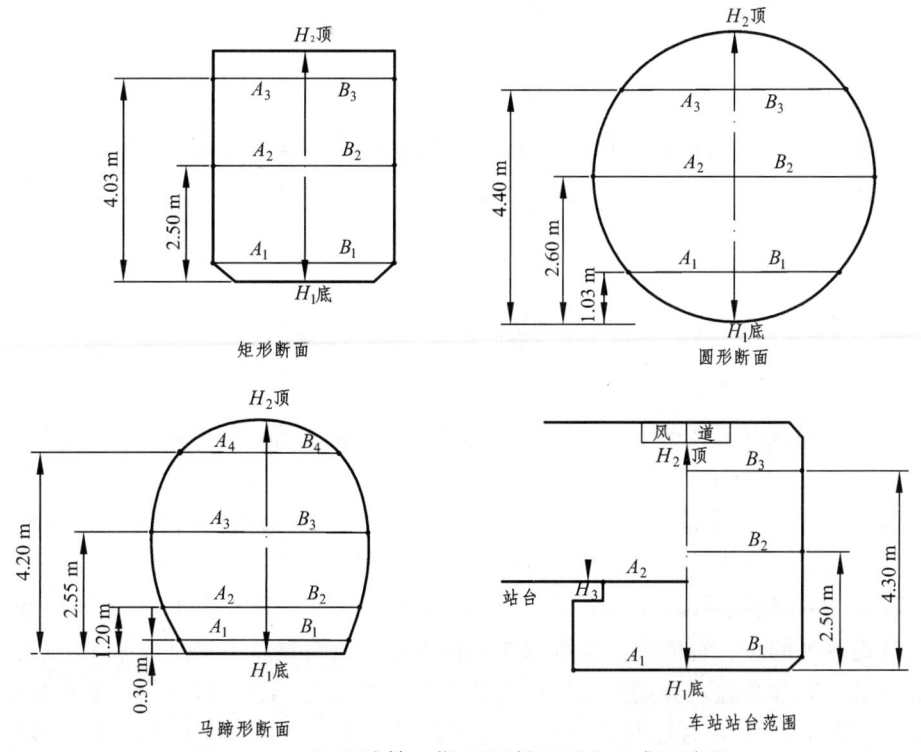

图 11.3.1 深圳地铁一期工程断面测点要求示意图

另外，对一些特殊地段如单洞双线和重叠隧道等又做了专门规定：单洞双线分别以左右线路中线为基准线，左线测至左边墙的横据，右线测至右边墙的横据，并测量左右线间距及左右中线对应的各自的底板顶板高程，在浮置板道床段根据增加道床厚度测点高度改为距底板 0.90 m、1.80 m、3.10 m、4.80 m；在重叠隧道段根据隧道结构形式的不同而有不同的要求，深圳地铁一期工程重叠隧道结构共有 3 种类型组合，各类型测量要求如图 11.3.2 所示。

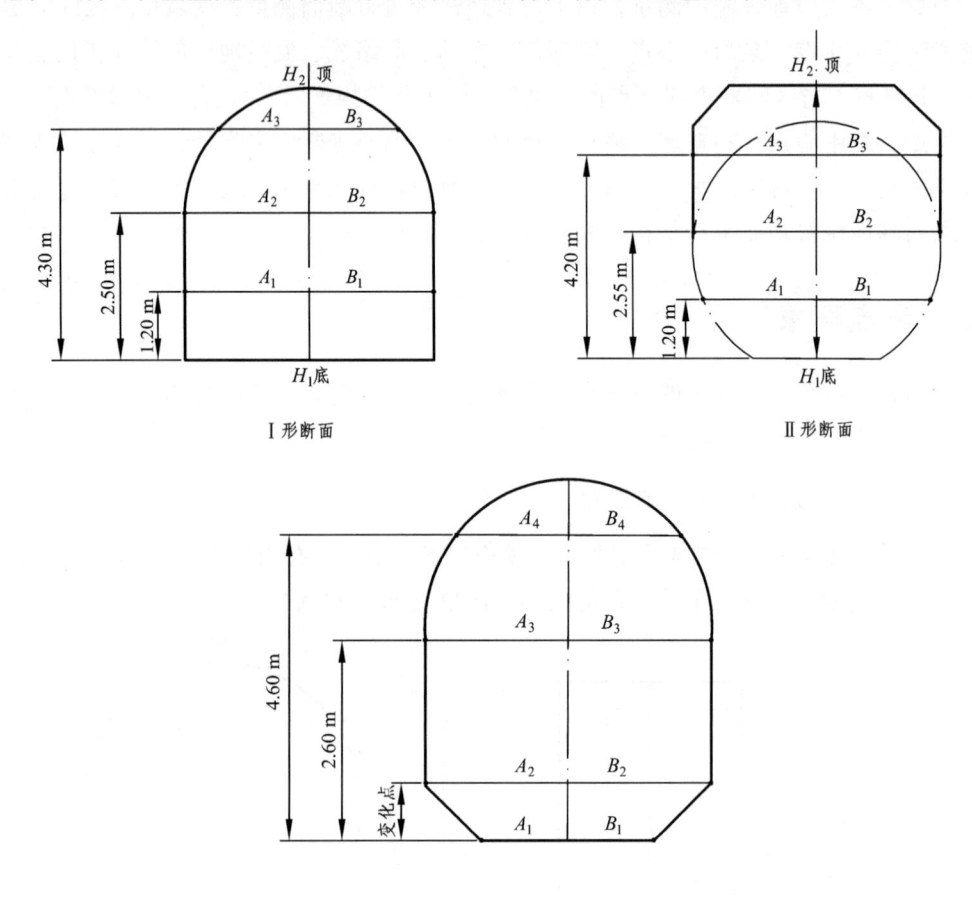

图 11.3.2　深圳地铁重叠隧道段断面测点要求示意图

2．南京地铁 1 号线

矩形隧道须测量以下测点（共 8 点）：线路中心线处的顶部、底部高程，分别位于轨顶设计高程以上 3.50 m、1.00 m 和轨顶设计高程以下变化处的左、右横距；矩形隧道车站测点（共 7 点）：线路中心线处的顶部、底部、站台高程，分别位于轨顶设计高程以上 3.50 m、1.00 m 和轨顶设计高程以下变化处的横距和站台边缘横距；单洞单线马蹄形隧道需测量以下测点（共 10 点）：线路中心线处的顶部、底部高程，分别位于轨顶设计高程以上 1.95 m、3.65 m、4.32 m 和轨顶设计高程处的左、右横距；单洞双线马蹄形隧道需测量以下测点（共 10 点）：隧道中心线处的顶部、底部高程，分别位于轨顶设计高程以上 1.95 m、3.64 m、4.42 m 和轨顶设计高程处的左横距（左线）、右横距（右线）；圆形隧道需测量以下测点（共 8 点）：线路中心线处的顶部、底部高程，分别位于轨顶设计高程以上 3.67 m、4.26 m 和轨顶设计高程处的左、右横距；高架桥测量以下测点（双线6点，单线5点）：线路中心线处梁顶部高程，电缆槽、护栏顶处的左、右横距。

3. 测量精度要求

行业规范规定：测定净空断面点的里程允许误差应在±50 mm之内，净空断面测量精度（指测点到线路中心线的横距）允许误差应为±10 mm，矩形断面测点高程误差应小于20 mm，圆形断面测点高程偏差应小于10 mm。

4. 作业要求

作业要求指对用于断面测量的平面、高程控制点的坐标和高程值的要求。行业规范要求用于断面测量的平面、高程控制点的坐标和高程，是经两站一区间测量单元联测平差，与既有坐标高程满足要求或经处理满足要求的坐标与高程。由于两站一区间测量单元一般不是由同1个施工单位完成施工任务，所以两站一区间测量单元联测平差坐标和高程取得，一般由业主另外委托的具有地铁测量经验，同时在地铁施工期对重要测量环节进行检测的专业测量组织完成。

5. 使用仪器的要求

依据上述测量精度，断面测量一般采用经鉴定合格的Ⅲ级全站仪、断面仪进行，也可采用其他与测量方法相配套的测量设备。

三、断面测量

在明白了结构断面测量要求后即可进行结构断面测量，不同的测量设备有不同的测量方法，下面分别讲述使用全站仪、断面仪进行结构断面测量的过程。

使用全站仪（这里指非测量机器人型全站仪）进行结构断面测量，要做2项工作：第一是标注断面测量位置，即将设计线路按测量密度要求放样在结构底板或高架桥梁面上；第二是依据标注的断面测量位置，进行断面测量点位标注。

1. 标注断面测量位置

依据标段线路施工图，在复核设计要素相互关系无误后，确定待测断面里程并计算各个待测断面处的中线设计坐标与高程、断面测点设计高程。直线地段不需要计算每个待测断面处的中线设计坐标。

置镜联测平差后满足要求的已知点，按要求对使用的已知点间的边角关系、高差关系进行检测，确认边角关系、高差关系满足要求后，点位正确后，方可进行测量作业，同时根据三角高程测量求出仪器高程（置镜点高程已知时不需要）。

依据待测断面处的中线设计坐标与置镜点和后视点间的关系，把待测断面标定在现场，也就是根据测量密度要求把线路标定在现场。在标定的同时，三角高程测量或水准测量线路中心处的底板高程，准确到毫米。

直线段可标定线路平行线，既可减少待测断面处的中线设计坐标计算量，又可以减少现场标定工作量。依据平行线偏移线路中心线的距离，三角高程测量或水准测量线路中心处的底板高程，准确到毫米。

置镜标定的线路中心线点或线路平行线点，根据置镜点与后视点间的线路关系，标定出线路法线方向及断面测量设计距轨面最近的点位。位于直线段同1个坡度上（竖曲线除外）的线路，可每25 m左右标出离轨面最近的点，用墨线弹出轨面平行线，然后用钢尺量出断面测量设计点位，或用钢尺根据每25 m左右标点，直接标出不同里程处距轨面最近的断面测量设计点位。同一里程处的其他断面测量点位置标定，可根据到已标出的距轨面最近点位的距离来标出，即可根据测点间距做一系列长度的杆来标出断面测点，加快测点标定速度。要注意，不同断面结构形式断面测量设计点间距是不相同的。

盾构隧道还具有以下特点：直线段，其环缝即是法线方向；曲线段，不同的盾构施工方法，其环缝与法线方向在最不利的情况下有≤5 cm的误差。不论是几环1个测量断面，在同一坡段非竖曲线处距轨面高差相同的断面测点距环片上的同一参照物的高差是相同的，利用这一特点可减少很多断面测量工作。在竖曲线部分也可利用竖曲线的特性，标出断面测量设计点位，减少断面测量工作量。

2. 断面数据收集

在断面测量点位置标注出来后，即可进行断面测量的外业数据收集。

（1）曲线段。

置镜联测平差后满足要求的已知点，在确认已知点间边角关系、高差关系满足要求、点位正确后，方可进行测量作业，同时根据三角高程测量求出仪器高程（置镜点高程已知时不需要）。实测各断面测点的三维坐标，并记录在全站仪PC卡或模块上。为了保证断面测量精度，视线长度不要超过100 m。

（2）直线段。

同样先进行点位确认和根据三角高程测量求出仪器高程（置镜点高程已知时不需要）。既可按曲线段那样实测各断面测点的三维坐标，也可按假定坐标，直接测出各断面测点到线路中线的横距和高程。

按假定坐标进行测量时，应依据置镜点A的联测坐标(x_a, y_a)，里程为L的中线点B的设计坐标(x_b, y_b)，直线段线路设计方位角α_0，计算出A—B的距离S和方位角α_1，然后计算出置镜点到线路中线的偏距a和对应里程l。置镜点在假定坐标系中的坐标为(a, l)。

拨出线路平行线，输入置镜点在假定坐标系中的坐标(a, l)，仪器高程和后视方位α_0即可直接测出各断面测点到线路中线的横距和高程，如图11.3.3所示。

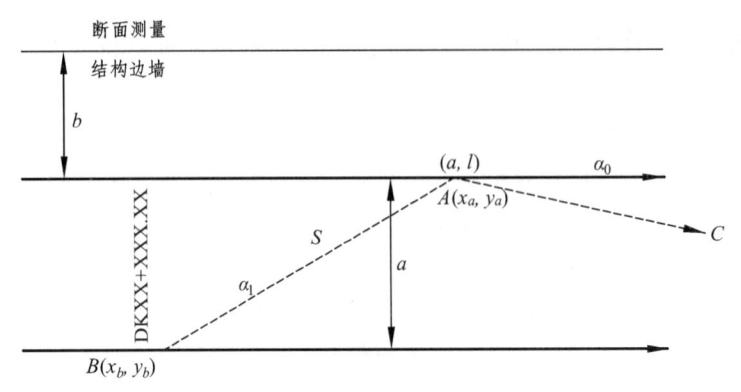

图11.3.3　假定坐标断面测量

使用全站仪进行断面数据收集，由于每站作业时间长，操作多，仪器的稳定状态可能发生变化，故在作业过程中，应对仪器的稳定状态多进行检查，及时消除由于仪器的不稳定对断面数据收集的影响，减少不必要的返工。

3. 内业计算与资料整理

收集的断面数据，应及时传给计算机保存，以防数据丢失；同时及时进行内业计算与资料整理。

（1）直线段断面横距计算。

按假定坐标进行测量时，可将保存的偏距和高程填入行业规范或业主规定的格式中，完善有关测量情况即可。

当实测各点的三维坐标时，根据点到直线距离公式，利用 Excel 编程计算各测点到线路中线的距离，即得各测点的断面横距。将横距和高程填入行业规范或业主规定的格式中，完善有关测量情况即可。

（2）曲线段断面横距计算。

圆曲线部分，根据点到点距离公式，利用 Excel 编程计算各测点到圆心的距离并减去设计线路半径，即得各测点的断面横距。将横距和高程填入行业规范或业主规定的格式中，完善有关测量情况即可。

缓和曲线部分，应先根据线路平面图编程计算各断面处的线路中心坐标，然后根据点到点距离公式，利用 Excel 编程计算各测点到线路中线的距离，即得各测点的断面横距。将横距和高程填入行业规范或业主规定的格式中，完善有关测量情况即可。

（3）完成断面横距计算后，一方面应与设计值进行比较，判断结构断面是否满足要求，为铺轨调坡调线提供依据；另一方面，因断面数据量太大，测点位置不同，对断面测量结果有影响，故同一位置前后左右的相邻断面进行比较，以发现断面数据有没有出现突变，为断面测量资料验收提供依据。

（4）标定点位对断面测量的影响，主要体现在测点高程不准确对断面横距影响上。断面测量完成后，应根据测点的实测高程与设计高程的偏差，依据测点在断面上的位置，对断面横距进行一定的调整。横距调整可参考设计横断面图，计算每 1 cm 的高差对断面横距的影响。

（5）当使用棱镜配合全站仪进行测量时，应计棱镜框宽度对断面横距的影响。使用无棱镜全站仪则无此影响。

四、断面仪或测量机器人型全站仪结构断面测量

使用断面仪或测量机器人型全站仪进行结构断面测量前，也有两项工作要做：一是标注断面测量位置即将设计线路按测量密度要求放样在结构底板或高架桥梁面上；二是为了测量位置准确，应标出线路法线方向（测量机器人型全站仪不需要）。断面仪或测量机器人型全站仪结构断面测量作业过程如下。

1. 断面数据搜集

在断面测量位置及线路法线方向标出来后，即可用断面仪进行断面测量的外业数据搜集。

置镜线路中线点（直线段还可置镜线路平行线上的中线点），照准线路法线方向，确定测量范围和测量步长，大断面测量步长应小些，小断面测量步长可大些，同时采用的测量步长要保证测点间距小于 30 cm。输仪器高程，即可进行断面测量。断面仪自动将测量数据记录在仪器 PC 卡上。

2. 内业计算与资料整理

搜集的断面测量数据，应及时传给计算机保存，以防数据丢失，同时利用仪器提供的处理软件及时进行内业计算与资料整理。仪器软件处理出来的数据是测点距线路中线的横距和测点在城建坐标系下的高程，同时提供由测点连线构成的断面，可从整体上判断施工出来的断面是否满足要求。

将断面设计测点的实测横距和高程填入行业规范或业主规定的格式中。一方面与设计值进行比较，判断结构断面是否满足要求，为铺轨、调坡、调线提供依据；另一方面，因断面数据量太大，测点位置不同，对断面测量结果有影响，故同一位置前后左右的相邻断面应进行比较，以发现断面数据有没有出现突变，为断面测量资料验收提供依据。

断面测量完成后，应根据测点的实测高程与设计高程的偏差，依据测点在断面上的位置，对断面横距进行一定的调整。横距调整可参考设计横断面图，计算每 1 cm 的高差对断面横距的影响。

学习情境小结

明挖隧道和车站施工测量包括：基坑围护结构、基坑开挖和结构施工测量。盾构隧道施工测量内容主要有：盾构机始发反力架定位测量、盾构机始发定位测量、盾构机自动导向系统的检查检验、盾构掘进时盾构姿态测量（自动导向系统的日常操作及护理和人工测量盾构机姿态）、隧道环片姿态测量。

对于车站施工，一般有大量的预留洞、预埋管、预埋件等，结构非常复杂测量前测量人员要认真阅读图纸，找出预留洞、预埋管、预埋件等与线路中线、轴线的关系，并根据这些关系，以地铁线路中线为基准，将其测设在实地。

课后训练

1. 结构断面测量的密度有哪些要求？
2. 怎样进行断面测量点位的标注？
3. 盾构施工测量包括哪些内容？
4. RSS 自动导向系统有哪几部分组成？
5. RSS 自动导向系统有哪些特点？

参考文献

[1] 王兆祥. 铁道工程测量[M]. 北京：中国铁道出版社，2005.

[2] 张正禄. 工程测量学[M]. 武汉：武汉大学出版社，2013.

[3] 徐霄鹏. 公路工程测量[M]. 北京：人民交通出版社，2005.

[4] 周建郑. GPS定位原理与技术[M]. 郑州：黄河水利出版社，2005.

[5] 中国铁建. 工程测量工培训教材（内部），中国铁建股份有限公司人力资源部，2018.

[6] 中华人民共和国行业标准 TB10101—2018《铁路工程测量规范》.

[7] 中华人民共和国国家标准 GB/T50308—2017《城市轨道交通工程测量规范》.

[8] 中华人民共和国行业标准 JTG C10—2007《公路勘测规范》.